Rachel Elliott

Bären füttern verboten

Roman

Aus dem Englischen
von Claudia Feldmann

mare

Die Originalausgabe erschien 2019 unter dem Titel
Do Not Feed the Bear bei Tinder Press, ein Imprint
von Headline Publishing Press, London.

Copyright © 2019 Rachel Elliott

1. Auflage 2020
© 2020 by mareverlag, Hamburg
Typografie Iris Farnschläder, mareverlag
Schrift Plantin
Druck und Bindung CPI books GmbH, Germany
ISBN 978-3-86648-624-9

www.mare.de

Für Doris

Inhalt

Erster Teil

Nennen Sie es, wie Sie wollen, es stinkt trotzdem 13
Du könntest mich hart und glatt und schön machen 22
Bären füttern verboten 25
Die Tatsachen des Lebens 30
Date-Abend 35
Bezugspunkt 39
Ich ♥ Otter 47
Mark Rothko 60
Schneefrau 63
Es tut gut, im Dunkeln das Meer zu hören 70
Barry, das Frettchen 85
Ich mag Sie 95
Apokalypse 110
On the Rocks 112
Henry Moore 115
Es könnte mich überfordern 118
Ein Einmachglas mit Blumen 125
Känguru 130
Durch Rasensprenger laufen 134
Die Antwort auf alle Fragen 141

Zweiter Teil

Engel 155
Groucho 157
Hallo du 170
Seewetterbericht 172
Ein zuckerfreies Stückchen Rebellion 177
Ilas blauer Parka 187
Lego-Welt 194
Kleiner Mann 197
Flut und ein rotes Hemd 202
Schokokekse 212
Ein fallender Groschen 218
Waren Sie nie ein Kind, Mister Smith? 225
Bergziege 230
Dusty Springfield 235
Dein Feuer 248
Sich vor allen Leuten ausziehen 254
Crumpets, ein Schaffellmantel, ein Kieselstein, ein Gedicht 263
Entweder man verträgt es, oder man verträgt es nicht 281
Macht 286
Planlose Muße 289
Und er massiert ihr die Füße, und sie hören Radio 306
Dieses Mädchen, dieser Junge 310
Eine erstaunliche Information 313
Der Abend, als wir uns im Park geküsst haben 317
Seine Wahrheit oder ein Teil davon 322

Wollten Sie nie vor Freude tanzen,
Ihrem Körper freien Lauf lassen,
umhertoben, springen?

… Erster Teil

Nennen Sie es, wie Sie wollen, es stinkt trotzdem

Ich bin acht, als ich zum ersten Mal einen toten Menschen sehe. Mum und ich sind im Flannery's, dem Kaufhaus, in das wir jeden Sommer gehen. Bevor wir den Toten finden, suchen wir nach einem Geburtstagsgeschenk für Dad.

Ich hab's, sagt Mum. Autohandschuhe.

Diese Worte setzen einen schwierigen Entscheidungsprozess in Gang, der dreiundfünfzig Minuten dauern wird.

Wir stehen vor einem langen gläsernen Tresen und betrachten fünf Paar lederne Autohandschuhe, die alle mehr kosten, als Mum ausgeben möchte.

Drehen wir eine Runde?, sagt sie. Das ist ihr Geheimcode für *Ich glaube, wir zwei müssen uns mal unterhalten*. In diesem Fall bedeutet er *Lass uns ein bisschen umhergehen, damit wir in Ruhe überlegen können*:

schwarz oder braun

schick oder praktisch

langlebig oder preisgünstig

oder sollen wir ihm eine Origami-Eule basteln?

oder sollen wir ihm eine Pilz-Quiche backen?

Wir durchqueren einen Dschungel aus Unterwäsche, und ich höre ihr zu, ohne sie zu unterbrechen.

Als wir am Aufzug vorbeikommen, taucht wie aus dem Nichts ein Mann auf und hält uns ein Sprühfläschchen mit Parfüm entgegen.

Auf keinen Fall, sagt Mum und hebt die Hand.

Jasmin und Iris, sagt der Mann.

Das bezweifle ich sehr, sagt Mum. Das ist alles künstlich, und wahrscheinlich enthält es Pferdeurin.

Ganz bestimmt nicht, sagt der Mann.

Ist nicht Ihre Schuld. Sie müssen ja auch Ihren Lebensunterhalt verdienen.

Ich schäme mich in Grund und Boden. Das ist nicht das erste Mal, dass sie in aller Öffentlichkeit über Pferdeurin spricht.

Mum?, frage ich.

Ja, Sydney.

Wonach riecht Pferdeurin?

Nach Jasmin und Iris. Und ich will nicht, dass du das in deine Lunge kriegst, womöglich geht das nie wieder raus.

Ich bin verwirrt.

Jetzt stehen wir erneut vor dem Glastresen und betrachten die Handschuhe.

Da sind Sie ja wieder, sagt die Verkäuferin. Haben Sie sich entschieden?

Mum holt entschlossen Luft, als wollte sie etwas sagen.

Doch es kommt nichts.

Oje, seufzt sie schließlich.

Die Verkäuferin lächelt. Sie heißt Vita, wie das Namensschild auf ihrer Seidenbluse verrät. Vitas Haare sehen sehr seltsam aus, als wäre ein schwarzer Helm aus dem All gefallen und auf ihrem Kopf gelandet. Sie sind vollkommen glatt und wie eine Kugel geschnitten, mit einem schnurgeraden Pony, der bis zu ihren Augen reicht. Ein Bob, so heißt das. Das weiß ich da noch nicht, aber ich werde den Ausdruck später verwenden, wenn ich mich an den Toten erinnere und Ruth davon erzähle.

Ich suche nach Antennen, die aus dem Helm ragen, nach außerirdischer Überwachungstechnik. Nein, nichts zu sehen.

Nur makellos glänzendes Plastik. Hübsch und zugleich enttäuschend.

Sie sehen aus wie eine von meinen Playmobilfiguren, sage ich. Sie haben genau die gleichen Haare.

Ist das gut oder schlecht?, fragt Vita.

Ich spüre, dass ich mit der Antwort etwas falsch machen könnte, und schaue zu Mum.

Oh, sie *liebt* ihre Playmobilfiguren, sagt Mum. Sie bindet ihnen Schnüre um den Bauch und lässt sie sich an der Hauswand abseilen. Gleich wollen wir noch einen Cowboy dazukaufen.

Wie nett, sagt Vita. Sie blickt auf die Handschuhe. Sind die für Sie?, fragt sie.

Nein, sagt Mum. Es sind ja Männerhandschuhe, nicht?

Natürlich, sagt Vita, die merkt, dass sie vom Weg abgekommen ist, ihren Part vergessen hat.

Also gut, sagt Mum.

Sie ist gestresst, wie meistens, wenn sie Geld ausgeben soll. Ich stehe auf den Zehenspitzen, und wir starren alle drei auf die Handschuhe, als würden wir darauf warten, dass sie etwas Aufregendes tun, zum Beispiel von allein den Platz wechseln.

Doch Vita ist keine Zauberin. Zumindest nicht während der Arbeitszeit. Niemand weiß, was sie tut, wenn sie nach Hause kommt.

(Wir ahnen zu diesem Zeitpunkt nicht, dass Vita zum Beispiel eine Polizeiuniform anzieht, die sie in einem Kostümgeschäft gekauft hat, und damit spätabends durch die Straßen geht. Ein paar Tage später, als Mum es in der Lokalzeitung liest, bezeichnet sie es als *absolut faszinierend*.

Mum findet alles Mögliche faszinierend, und sie versucht, diese Begeisterungsfähigkeit auch in meinem Bruder und mir zu wecken.

Sie, während wir durch den Wald gehen: Findest du dieses Blatt nicht faszinierend, Sydney?

Ich, mit dem Blick nach unten: Geht so.)

Ich glaube, ich nehme die, sagt Mum zu Vita und zeigt auf Paar Nummer drei, das in der Mitte. Das ist ungewöhnlich, denn normalerweise nimmt Mum immer das Billigste.

Ausgezeichnete Wahl, sagt Vita.

Ich wette, das hätten Sie bei jedem Paar gesagt, sagt Mum. Dann wird sie nervös und fängt an, ganz schnell zu reden. Das war unhöflich, sagt sie. Aber so habe ich es nicht gemeint, ich dachte nur, Sie müssen bestimmt den ganzen Tag nette Sachen zu den Leuten sagen. Das gehört zu Ihrer Arbeit, so was zu sagen wie *ausgezeichnete Wahl*, nicht?

Ohne zu antworten, packt Vita die Handschuhe erst in Seidenpapier und dann in eine Tüte. Die Tüte ist steif und eckig und pfirsichfarben, mit dem Aufdruck Flannery's in großen, geschwungenen Buchstaben auf der Seite. Nächste Woche, wenn wir aus den Ferien zurück sind, wird Mum darin Umschläge sammeln und in dem Seidenpapier das Einzugsgeschenk für eine Freundin verpacken. So was nennt man einfallsreich und kreativ, wird sie zu Jason und mir sagen, während wir unsere Cornflakes essen und uns ihren endlosen Vortrag über *unsere Wegwerfgesellschaft* anhören. Mum hält uns gerne Vorträge. Ihre Lieblingsthemen sind Verschwendung, Profitgier und die Bedeutung von Langeweile für Kindergehirne. Was den letzten Punkt angeht, bräuchte sie sich keine Sorgen zu machen – mein Gehirn und Jasons sind supergesund, vor allem dank dieser Vorträge.

Endlich sind wir fertig. Wir lassen Vitas Helm und ihre Parfümwolke hinter uns und machen uns auf den Weg in die Spielzeugabteilung im vierten Stock. Vor uns liegt jetzt eine Bahn, eine Piste, ein Labyrinth aus Teppichwegen. Ich bewege mich, so schnell ich kann, ohne zu laufen, und Mum sagt, langsam, Sydney, *renn doch nicht so.* Sie weiß, was los ist, was in mir vorgeht: dass ich vorausstürmen will, die Hände ausgestreckt nach allem, woran ich hochklettern und wovon ich runterspringen kann. Gleich wird sie mir wieder einen Vortrag halten, über Sicherheit und darüber, was man tut und was nicht, es sei denn, man ist a) ein deutlich jüngeres Kind auf einem Spielplatz oder b) eine Sportlerin, die für die Olympiade trainiert. Ich bin weder a) noch b), also welcher Buchstabe bin ich? Manchmal n) wie nervtötend oder w) wie wild, aber meistens u) wie unartig. Aber ich verstehe einfach nicht, warum die Leute sich so komisch bewegen, so roboterartig, immer nur kleine Schritte. Warum springen sie nicht umher, erkunden all die Oberflächen, probieren unterschiedliche Geschwindigkeiten aus, machen neue Bewegungen anstatt immer nur rechts, links, schön ordentlich und immer auf dem Boden?

Um zu den Spielsachen zu kommen, muss man durch die Bettenabteilung. Meine Augen werden ganz groß. Lauter Trampoline und weiche Landemöglichkeiten. Ihr könnt eure Süßigkeiten, eure Puppen und euer Fernsehen behalten. Viel lieber wäre mir eine halbe Stunde allein auf diesem Hindernisparcours, wo ich von Matratze zu Matratze springen kann.

Aber heute bin ich brav. Ich stelle Mums Geduld nicht auf die Probe, wie sie es nennt. Ich gehe, wie es sich gehört.

Bis ich einen Mann auf einem der Betten liegen sehe, auf zwei Kissen gestützt. Er fällt mir auf, weil er Schuhe anhat, und man darf nicht mit Schuhen ins Bett.

Woher ich das weiß? Weil Jason sich mal mit seinen neuen Turnschuhen ins Bett gelegt hat. Kurz davor war er im Garten, wo der Hund vom Nachbarn herumgelaufen ist, und da ist er mit seinen Pumas in Hundescheiße getreten – beziehungsweise in *A-A*, wie wir das während des ganzen dramatischen Zwischenfalls nennen sollten. Als Mum nach oben kam, um uns Gute Nacht zu sagen, gab es erst Geschnüffel und dann lautes Geschrei. Sie lief hinaus und kam mit Dad zurück, der Gummihandschuhe anhatte und sehr ernst dreinschaute. Jasons Laken, Bettwäsche und Decke wurden in drei Plastiksäcke gepackt und in die Mülltonne gestopft, weil Dad meinte, selbst mit Desinfektionsmittel würden sie nicht wieder richtig sauber. Die Sachen waren noch ziemlich neu, deshalb hat Mum geweint und Gin Tonic getrunken und Stevie Wonder gehört (Mum liebt Stevie Wonder). Am nächsten Tag kam eine Frau in einem weißen Overall, um die Teppiche sauber zu machen. Sie hieß Lulu. Ist das Ihr richtiger Name?, fragte Mum. Ist Ila *Ihr* richtiger Name?, fragte Lulu zurück. Ja, schon, sagte Mum. Lulus Overall war pieksauber, wie unsere Tischdecke. Darf ich mal anfassen?, fragte Mum. Wenn's Sie glücklich macht, sagte Lulu. Um die Taille trug sie den breitesten Gürtel, den ich je gesehen hatte; die goldene Schnalle war so groß wie mein Kopf. Ich mache die Scheiße von anderen Leuten weg, sagte sie. In diesem Haus sagen wir dazu *A-A*, sagte Mum. Nennen Sie es, wie Sie wollen, es stinkt trotzdem, sagte Lulu.

Ich bleibe stehen und sehe den Mann an, der da auf dem Bett liegt, sodass Mum auch stehen bleibt.

Es ist unhöflich, jemanden anzustarren, sagt sie.

Aber dann sieht sie, was ich sehe.

Der Mann bewegt sich nicht.

Wir stehen nebeneinander am Fußende eines Doppelbetts und schauen auf seinen offenen Mund und die offenen Augen. Ich strecke die Hand aus und berühre seine schwarzen Lederschuhe, die blitzblank poliert sind.

Ich mag seine roten Socken, sage ich. So welche möchte ich auch. Was macht er da?

Du liebe Güte, sagt Mum. Sie weicht zurück, als hätte sie sich erschreckt, nimmt meine Hand und zieht mich weg zur Kasse, wo sie flüstert: Da liegt ein Mann im Bett, der ist womöglich tot. Und ich denke, das klingt wie der Anfang von einem der Gedichte, die Dad mir abends vorliest.

> *Da liegt ein Mann im Bett, der ist womöglich tot.*
> *Was mag passiert sein? Hat er große Not?*
> *Hol doch jemand den Herrn Doktor*
> *Hier hilft kein Spielzeughelikopter.*

Dass ich den toten Mann gesehen habe, macht mir nichts aus, aber Mum denkt, es wäre so, und das ist prima, denn um mich zu trösten, kauft sie mir statt des versprochenen Cowboys einen Playmobil-Krankenwagen. Ich kann es gar nicht glauben. So was kriegt man sonst nur zu Weihnachten, nicht an einem ganz normalen Tag.

Na, sagt Mum, als wir ins Auto steigen, das war ja vielleicht ein Morgen. Alles in Ordnung, Sydney?

Mir geht's gut, sage ich und schnuppere an meinem Krankenwagen.

Mum klappt die Handtasche auf, nimmt zwei Schokokekse heraus, die sie in ein Papiertaschentuch gewickelt hat, und gibt mir einen davon.

Sollen wir das Radio anmachen?, fragt sie. Es tut uns vielleicht gut, ein bisschen zu singen.

Warum tut das gut?

Weil es befreit.

Während sie uns zum Zeltplatz in St. Ives zurückfährt, singen wir zu »Matchstalk Men and Matchstalk Cats and Dogs«, »Rivers of Babylon« und ›Take a Chance on Me«.

Woher kennst du die ganzen Texte?, frage ich.

Liedtexte kann ich mir leicht merken, sagt Mum.

Wir parken neben unserem Zelt und gehen direkt zum Strand, um Dad und Jason zu suchen.

Die beiden sitzen auf einer Decke, die Blicke gesenkt, beschäftigt. Jason nimmt ein kaputtes Radio auseinander, das er extra für diese Reise aufgehoben hat.

Was ist das?, fragt er und blickt auf.

Ein Geschenk, sage ich und gebe ihm den Satz Mini-Schraubenzieher, den Mum bei Flannery's für ihn gekauft hat.

Oh, *super*, sagt er, denn Jason liebt Werkzeug genauso wie ich Stifte. Übrigens hat mein Bruder eine echt seltsame Angewohnheit: Manchmal vergräbt er seine Lieblingssachen im Garten. Ja, wie ein Hund seinen Knochen. Nur dass Jason seine Sachen vorher in Tupperdosen packt, damit sie nicht schmutzig werden. Das macht er schon seit Jahren. Angefangen hat es mit seinem Action Man und Lego. Mum und Dad wissen nichts davon. Wenn wir wieder zu Hause sind, wird Mum fragen, wo die Schraubenzieher sind. An einem ganz sicheren Ort, wird Jason sagen, während ich meine Buchstabennudeln esse und den Mund halte. Jeder hat ein Recht auf ein paar Geheimnisse, selbst mein seltsamer Bruder.

Dad lackiert seine neueste Kreation: eine Holzkiste mit lauter offenen Fächern, und in jedem davon steckt ein Haken.

Was ist das denn?, frage ich.

Ach, nichts, sagt er. Habt ihr was Schönes gekauft?

Ich erzähle ihm von dem Mann auf dem Bett, der womöglich tot ist, und zeige ihm meinen Krankenwagen. Er fragt, ob ich was Süßes will, Zucker tut bei einem Schock immer gut. Ja, bitte, sage ich. Er greift in die Kühltasche und holt eine Dose mit pudrigen Bonbons heraus.

Danke. Warum tust du die in die Kühlbox?, frage ich.

Warum nicht?, sagt er.

Was hast du denn noch da drin?, fragt Mum.

Hm, sagt er und kramt ein bisschen.

Würstchen im Schlafrock, Eier-Sandwiches, Käse-Zwiebel-Chips, Weingummi, Schokoküsse und eine Flasche Orangenlimo.

Nicht übel, sagt Mum.

Wir machen es uns bequem, setzen uns nebeneinander, essen unser Picknick und schauen aufs Meer.

Ganz schön frisch hier, nicht?, sagt Jason.

Reine Einstellungssache, sagt Mum.

Ich bin zehn, als ich zum zweiten Mal einen toten Menschen sehe.

Da ist nichts, was befreit.

Da wird nicht zur Radiomusik gesungen.

Du könntest mich hart und glatt und schön machen

Ich erinnere mich gut an dich, Sydney Smith. Du hast meine Schuhspitze gedrückt. Ich *liebte* diese italienischen Schnürschuhe und habe sie dauernd poliert, bis man sich darin spiegeln konnte.

Bei deinem Reim musste ich schmunzeln. Aber um ehrlich zu sein, hätte mir weder ein Spielzeughelikopter noch der Herr Doktor geholfen, weil ich tatsächlich tot war, mausetot. Den Löffel abgegeben und ins Gras gebissen, wegen so einem blöden Schlaganfall. Und was für ein Timing, Sydney. Ich war auf der Suche nach einem Bett für meine Freundin und mich, eine Woche später wollten wir heiraten.

Ich hatte schon alle möglichen Betten ausprobiert, bevor ich zu Flannery's kam, aber bei dem wusste ich sofort, das ist es, noch bevor ich mich darauf ausgestreckt hatte. Noch nie hatte ich mich so getragen gefühlt. Ich sank hinein, ich schwebte, ich war glücklich.

Ich bin eine Leseratte, Sydney. Ich liebe es, im Bett zu lesen. Deshalb wollte ich wissen, wie es wäre, in diesem Bett zu lesen. Ich schüttelte die Kissen auf, lehnte mich dagegen und stellte mir vor, ich hätte meinen Schlafanzug an und ein Buch in der Hand und würde zu Maria sagen: Der Satz hier ist wunderbar, soll ich ihn dir vorlesen?

Und während ich mir das vorstellte, ist es passiert.

Irgendwie bin ich einfach gestorben.

Verdammte Scheiße, Sydney. Was soll man da anderes sagen als verdammte Scheiße?

Und dann trat ein Mädchen ans Fußende des Betts und drückte meine Zehen. Das konnte ich übrigens spüren. Noch hatte das Leben mich nicht ganz verlassen. Das dauert ein paar Tage. Wenn die Lebenden bloß darum wüssten. Dann würden sie die Sterbenden, die frisch Verstorbenen und die richtig Toten unterschiedlich behandeln. Ich war frisch verstorben und noch nicht richtig tot, und du warst eine süße Kleine in einer Latzhose und einem gestreiften T-Shirt, die meine roten Socken bewunderte.

Während du mit deiner Mum im Auto gesungen hast, hat ein Polizist bei Marias Eltern an die Tür geklopft. Seine Worte drangen in das Haus ein wie ein Waldbrand: eine lodernde Feuerwalze, die wie aus dem Nichts den Stadtrand überrollte.

Du weißt nie, was als Nächstes passiert. Das sagen die Leute ständig. Aber ich würde sie am liebsten schütteln oder ihnen ans Schienbein treten, damit sie den Satz wirklich ernst nehmen, erkennen, dass es keine Floskel ist, sondern eine Tatsache, die alles auf den Kopf stellen kann. Denn glaub mir, es kann *in jedem verdammten Augenblick* vorbei sein. Vergiss das nicht, okay? Nimm nie etwas für selbstverständlich.

Ich sollte mich wohl bei dir bedanken, Sydney Smith, weil du mich für autobiografische Zwecke verwendest. Deine Zeichnung ist großartig. Ich sehe aus, als würde ich schlafen. Ich wünschte, ich *würde* schlafen. Ich war noch nie Teil eines Graphic Memoir. Oder überhaupt irgendeines Buchs. Hätte ich das gewusst, als ich noch lebte, dass ich gleich am Anfang eines Buchs vorkommen würde, hätte ich das groß gefeiert. Das habe ich zum Glück richtig gemacht. Ich habe einfach *alles* gefeiert. Natürlich nicht mit großem Pomp. Schließlich kann man ja auf alle möglichen Arten feiern. Indem man Brot backt. Oder alle Fenster öffnet. Oder ihr sagt, wie schön sie ist.

Ihr.

Ja.

Meine Güte, du hast mich aufgerüttelt, Sydney Smith. Darf ich dich im Gegenzug um einen Gefallen bitten? Kannst du mich in die Hände einer Frau namens Maria Norton geben? Ich wäre so gerne noch einmal in ihren Händen. Ich weiß, ich bin klein und unbedeutend, was das große Ganze und diese Geschichte angeht, aber vielleicht könntest du aus mir ja einen Kieselstein an einem Strand machen? Du könntest mich hart und glatt und schön machen. Angenehm in der Hand, von bläulichem Weiß. Und eine Frau namens Maria Norton könnte mich aufheben und bewundern, mich zwischen ihren Fingern hin und her bewegen und dann ins Meer werfen. Ich würde mit einem kaum hörbaren Plätschern versinken.

Bitte gib mich in ihre Hände.

Vielen Dank schon mal, Sydney.

Ich würde mich freuen, von dir zu hören.

Herzliche Grüße

Andy

PS: Ich war für Maria mehr als ein Kieselstein. Ich war der ganze verdammte Strand. Ich war der Sand und das Wasser, die Fische und der Meeresboden, die Wolken, die Möwen, der Müll. Ich weiß nicht mal, was aus ihr geworden ist. *Ich weiß nicht mal, wo sie ist.*

Bist du für jemanden der ganze Strand, Sydney?

Ich hoffe es. Ich hoffe es wirklich.

Bären füttern verboten

Sag mal, was möchtest du eigentlich an deinem Geburtstag machen?, fragt Ruth.

Ach, wahrscheinlich das Übliche, sagt Sydney, die am Herd steht und Kaffee kocht.

Das Übliche, sagt Ruth.

Wenn das okay ist, sagt Sydney.

Beide schweigen.

Sydney schenkt den Espresso in zwei blau-weiß gestreifte Tassen und stellt eine davon vor Ruth auf den Tisch.

Vielleicht können wir ja *nach* deinem Geburtstag irgendwo essen gehen, sagt Ruth. Bevor du wegfährst?

Gute Idee, sagt Sydney.

Sie weiß, dass gerade etwas Wichtiges geschehen ist: ein Augenblick liebevoller Rücksicht. Ruth hätte ihren Frust, ihre Missbilligung zeigen können, hat es aber nicht getan.

Aber ich bin ja nur eine Woche weg, sagt sie.

Ich weiß. Hast du schon ein Zimmer gebucht?

Ja, gestern. Sorry, hab ich vergessen zu sagen.

Hast du das B&B bekommen, das du haben wolltest?

Ja, hat alles geklappt.

Ich glaube, das tut uns beiden mal gut, sagt Ruth.

Meinst du?

Ruth nickt. Es tut doch jedem gut, wenn er mal ein bisschen für sich ist.

Wahrscheinlich hast du recht, sagt Sydney. Ich sollte mich

jetzt besser wieder an die Arbeit machen. Wenn du willst, reden wir später noch mal darüber. Reservier uns doch irgendwo einen Tisch.

Okay, sagt Ruth.

Oben setzt Sydney sich an ihren Schreibtisch und zeichnet Ruths Unzufriedenheit als einen Braunbären, der den Kopf bis zum Boden hängen lässt. Dieser Bär ist ein unausgesprochenes Wesen, aber sie spürt manchmal, wie er durch das Haus tapst, kann beinahe seine schweren Schritte auf der Treppe hören. Wenn sie ehrlich ist, freut sie sich darauf, ihm zu entkommen, wenn sie für eine Woche zum Freerunning und Zeichnen runter an die Küste fährt. Ist das schlimm? Sie fügt ihrer Zeichnung ein Schild hinzu: BÄREN FÜTTERN VERBOTEN.

Dann legt sie das Blatt in eine Holzkiste und macht sich an die Arbeit. Sie betrachtet die Zeichnung von Vita, wie sie in einer Polizeiuniform durch eine dunkle Straße schleicht. Dann Jason, wie er sorgsam die Innereien eines alten Radios in einen Plastikbehälter packt und ihn dann im Garten vergräbt. Sie legt die beiden Zeichnungen beiseite und konzentriert sich auf die, die noch nicht fertig ist, von ihrer Mutter, wie sie in einem Café auf eine Fremde zugeht.

Unten in der Küche flucht Ruth leise: *Herrgott noch mal.*

Warum muss es jedes Jahr gleich ablaufen? Ein paar Tage vor Sydneys Geburtstag stellt sie die immer gleiche Frage, in der Hoffnung, dass sie vielleicht einen langen Spaziergang machen werden, essen gehen, irgendwohin fahren, wo sie noch nie waren. In der Hoffnung, dass sie den Tag zusammen verbringen.

Aber nein.

Sydney will das tun, was sie immer tut: auf eine Wand zurennen, mit zwei Schritten daran hochlaufen, sich abstoßen und mit einem Rückwärtssalto landen. *So* will sie ihren siebenundvierzigsten Geburtstag verbringen. Sie benutzt ein Geländer als Achse, um die ihr Körper eine Dreihundertsechzig-Grad-Drehung vollführt. Natürlich nicht in Rock und Pullover. Sie wird eine locker sitzende Hose anziehen, dazu ein Langarmtop mit einem T-Shirt darüber und eine Mütze, und allein in die Stadt ziehen wie ein halbwüchsiger Junge. Das ist ihr Ritual. Wird sie das auch noch machen, wenn sie sechzig oder siebzig ist? Wenn ihre Knochen das nicht mehr so leicht mitmachen werden?

Ruth knirscht mit den Zähnen. Ist es denn so falsch, sich einfach ein bisschen Normalität zu wünschen?

Wobei Normalität natürlich Definitionssache ist. Was für den einen normal ist, ist für den anderen seltsam. Ja, ja, das weiß Ruth alles. Und Freerunning ist beeindruckend, klar. Das endlose Training, die spezielle Ernährung, die Sit-ups und Pushups, die Disziplin und der Drive. Man muss stark sein, körperlich wie seelisch, und natürlich anmutig. Aber wie würdest du dich fühlen, wenn deine Lebensgefährtin jedes Mal, wenn ihr zusammen in die Stadt geht, eine Art Superheldinnen-Akrobatik veranstaltet? Es ist atemberaubend und nervtötend, fantastisch und peinlich. Parkour ist die dritte Person in ihrer Beziehung, und nächste Woche wird sie wieder einmal mit Sydney in der Stadt verschwinden, um ihren Geburtstag zu feiern. Déjà-vu. Wenigstens ein Mal in den vierzehn Jahren, die sie jetzt zusammen sind, würde Ruth gerne diejenige sein, die sie ausführt. Nur sie beide. Keine locker sitzende Hose, keine Turnschuhe und vor allem keine *Backflips*.

Ruth trinkt ihren Kaffee und versucht sich zu beruhigen.

Nein, es ist keine gute Idee, raufzugehen und Sydney anzubrüllen. Sie arbeitet an ihrem Buch. Es hat ewig gedauert, bis sie mit diesem Projekt angefangen hat, bis sie sich überhaupt dazu durchringen konnte. Sei nicht egoistisch. Ha! Ich, egoistisch? Wer von uns ist denn hier egoistisch! Hör auf, Ruth. Denk an was Positives.

Okay, hier ist etwas Positives:

Sydney abends beim Freerunning mit ihrer Gruppe zuschauen. Es ist schwer, von diesem Anblick nicht berührt zu sein. Im Schein der Straßenlaternen sieht Ruth ihre Biegsamkeit vor der harten Geometrie der Stadt. Sydney nutzt eine gerade Linie als Sprungbrett, um durch die Luft zu kurven. Sie ist zwei zugleich, ihr Schatten tanzt über die Mauern. Es könnte der Schatten eines mädchenhaften Jungen oder eines jungenhaften Mädchens sein, doch das ist er nicht. Er gehört einer Frau, die auf die fünfzig zugeht. Einer Cartoonistin, die ihre Arbeitstage oben in ihrem gemeinsamen umgebauten Loft verbringt, während auf dem Sessel neben ihrem Schreibtisch ein Foxterrier namens Otto schnarcht. Einer Frau, die ab und an mit ihrem fünfunddreißig Jahre alten Skateboard in den Park geht, aber nur, wenn Ruth unterwegs ist, weil sie denkt, ihre Freundin wüsste nichts von diesen nostalgischen Ausflügen auf abgenudelten Rollen. Aber vor allem *einer Frau, die sich weigert, an ihrem Geburtstag irgendetwas Normales zu tun.*

Geburtstage sind ein Reizthema, eine Gefahrenzone. Den Tag zu feiern, an dem Sydney geboren wurde, ist definitiv nicht angesagt.

Warum?

Weil man damit die Tatsache feiern würde, dass Sydney noch am Leben ist, und das ist ein schwieriges Terrain für sie, eines, das sie lieber überspringen würde, als darin zu landen.

Das Dumme ist nur, diese Tatsache *nicht* zu feiern, ist für Ruth schwierig. Dadurch fühlt sie sich zugleich ausgeschlossen und in eine Vergangenheit gezogen, die nicht ihre ist.

Kann ich dir nicht wenigstens einen Kuchen backen?, hat sie in der Anfangszeit gefragt.

Mir wär's lieber, wenn du das nicht tätest, hat Sydney gesagt. Ich finde, Geburtstage sind was für Kinder.

Wie deprimierend, hat Ruth gedacht.

Und außerdem, denkt sie jetzt, ist das Ganze absurd: Du machst ein Riesentheater darum, dass du kein Theater willst. Und selbst wenn wir die Tatsache *nicht* feiern, dass du widerstrebend und mit schlechtem Gewissen in ein weiteres Lebensjahr gekrochen bist, sorgst du mit deiner störrischen Weigerung, dich wie ein normaler Mensch zu benehmen, dafür, dass dieser Tag aus allen anderen herausragt.

Nicht mal ein Minikuchen mit einer einzigen Kerze?, hat Ruth gefragt.

Nicht mal das, hat Sydney gesagt.

Also gut, ausnahmsweise, hat Ruth gesagt. Aber das muss sich ändern. Ich mache das nicht bis in alle Ewigkeit mit, okay? Irgendwann gehen wir zwei an dem Tag schön essen, sonst kriege ich schlechte Laune.

Einverstanden, hat Sydney gesagt. Das war vor dreizehn Jahren.

Die Tatsachen des Lebens

Es ist der sechste Tag unserer Ferien. St. Ives zum fünften Mal hintereinander, also bedeutet *Ferien* für mich: Du suchst dir einen Ort aus und fährst jeden Sommer hin. Letztes Jahr haben wir in unserem Zelt geschlafen, und ich habe einen Mann auf einem Bett gefunden, der tatsächlich tot war. Dieses Jahr *haben wir uns verbessert*, wie Dad sich ausdrückt. Wir haben einen Wohnwagen gemietet. Als er ihn zum ersten Mal betreten hat, musste er sofort zehn Pence in die Fluchdose tun. Heilige Scheiße, hat er gesagt, hier kann ich mir ja im Stehen die Hose anziehen. Und was ist daran so toll?, hat Mum gefragt.

Heute gibt es ein besonderes Abendessen. Mum hat den Tisch in unserem Wohnwagen gedeckt. Eine weiche Baumwolltischdecke, blau-gelb kariert. Küchenrolle zu Dreiecken gefaltet. Gläser und Besteck und ein Krug Limonade.

Essen ist fertig, ruft sie von der Tür aus. Kommt, ihr drei, rein mit euch.

Auf dem Tisch steht eine Speisekarte, von Mum geschrieben.

Vorspeise: Cracker mit Käse und Pickles
Hauptgericht: Schellfisch in Soße mit Kartoffelkroketten, Erbsen,
   Möhren und Bohnen
Nachspeise: Karamellcreme

Fisch-Fertiggerichte gibt es bei uns oft, aber nie drei Gänge, Küchenrollenservietten, eine Speisekarte und Limonade.

Dieses Essen, sagt Mum, während die Cracker in unserem

Mund knuspern, ist der Beginn einer neuen Tradition. Wenn wir wieder zu Hause sind, werden wir uns jeden Freitagabend zusammen an den Tisch setzen und einander erzählen, was wir während der Woche erlebt haben. Ich glaube, das wird uns guttun.

Dads brauner Pulli ist schon übersät mit Cracker- und Cheddarkrümeln. Er isst immer so, als hätte er seit Tagen nichts mehr gekriegt, und dann landet jedes Mal etwas auf seinen Sachen oder auf dem Tisch. So wie bei Mum, wenn sie morgens ihre Frühstücksflocken isst: Dann hat sie meistens einen Milchtropfen in ihrem Kinngrübchen.

Ich habe eigentlich keine Lust, von meiner Woche zu erzählen. Ich würde mich viel lieber mit dem Essen vor den Fernseher setzen, wie wir es sonst auch machen. Jeder hat sein eigenes Tablett. Meins ist klasse, mit einem Jungen darauf, der mit einer Rakete durchs All fliegt. Ich habe auch eine Brotdose mit Hulk und Spider-Man darauf, das ist eine von meinen absoluten Lieblingssachen, und die will ich für immer behalten. Jason hat eine *Star Wars*-Brotdose und eine Trinkflasche mit Darth Vader, Luke Skywalker und R2-D2 darauf.

Sydney, wo bist du denn schon wieder mit deinen Gedanken?, fragt Mum. Wenn Leute sich unterhalten, sollte man wenigstens so *tun*, als würde man zuhören.

Ich hab ja zugehört.

Und was habe ich gerade gesagt?, fragt Dad.

Du hast gesagt, du hast eine sehr entspannte Woche gehabt, und wenn wir wieder zu Hause sind, willst du dein Fahrrad reparieren.

Sie merken einfach nicht, dass ich immer zuhöre. Außer wenn ich laufe und klettere. Dann gibt es nur mich und den Boden oder die Mauer oder irgendeine andere Oberfläche, und ich bin so stark, viel stärker als im *normalen* Leben. Es ist, als würde ich mich in ein Tier verwandeln, in einen Leoparden oder einen Affen oder so.

Mum erzählt als Letzte von ihrer Woche, und ich lerne eine Menge daraus. Wir müssen nämlich nicht die ganze Woche beschreiben, von Anfang bis Ende, sondern können auch nur eine Sache schildern, die passiert ist, einen kurzen Augenblick. Darauf bin ich gar nicht gekommen. Ich habe mir viel zu viel Mühe gegeben und versucht, mich genau zu erinnern, was wir an jedem Tag gemacht haben. Aber indem man einen Augenblick beschreibt, kann man alles beschreiben, wie Mum uns erklärt. Man versteht die ganze Geschichte auch, wenn man nur eine Reihe von Augenblicken betrachtet – man muss daraus keine Geschichte machen, weil sie die Geschichte *sind* und alles schon miteinander verbunden ist.

Und das erzählt uns Mum:

Ihr wisst ja, am Dienstag bin ich bummeln gegangen. Ich war in einer Galerie, einem Antiquariat und ein paar Wohltätigkeitsläden. Danach war ich erschöpft, deshalb bin ich in das Café neben der Bibliothek gegangen, da, wo wir am Montag gewesen sind, um einen Kaffee zu trinken und ein Stück Kuchen zu essen. Und da ist etwas Wichtiges passiert. Da war nämlich eine junge Frau.

Wer denn?, frage ich.

Ihren Namen habe ich nicht erfahren. Sie saß allein an einem Tisch und weinte. Ich überlegte, ob ich sie in Ruhe lassen sollte oder zu ihr gehen und fragen, ob ich etwas für sie tun kann. Manche Leute mögen das nämlich nicht, die wollen lieber für sich bleiben. Aber wenn man sich nicht um jemanden kümmert, der Hilfe braucht, kann einen das noch lange verfolgen, und man schämt sich sehr, das könnt ihr mir glauben.

Während wir ihr zuhören, essen alle weiter, außer mir. Ich sitze ganz gebannt da. Jason schiebt mit der Gabel seine Erbsen hin und her und lässt sie durch einen See aus gelber Soße schwimmen. Dad isst mit besorgter Miene seinen Fisch.

Warum kann einen das verfolgen?, frage ich.

Nun ja, vielleicht hat sie sich ganz allein auf der Welt gefühlt, ohne jemanden, der sich um sie kümmert. Vielleicht war sie kurz davor, sich das Leben zu nehmen.

Glaubst du, sie *wollte* sich das Leben nehmen?, frage ich.

Ila, sagt Dad. Das ist ganz schön düster. Und völlig überzogen. Wie kommst du nur auf so einen Gedanken? Wir weinen alle mal, aber das heißt doch nicht –

Das sind die Tatsachen des Lebens, sagt Mum.

Du weinst nie, sagt Jason.

Natürlich tue ich das, sagt Dad.

Wann denn?

Das weiß ich doch jetzt nicht so genau.

Ich dachte, die Tatsachen des Lebens hätten was mit Sex zu tun, sagt Jason, und wir sehen ihn alle an.

Es gibt lauter verschiedene Tatsachen des Lebens, sagt Mum. Nicht alle haben was mit Sex zu tun.

Dad lacht.

Wie auch immer, sagt Mum, kann ich jetzt weitererzählen? Ich wollte nicht mit einem schlechten Gewissen nach Hause gehen, also bin ich aufgestanden und habe sie gefragt, ob ich ihr irgendwie helfen kann.

Und hat sie dir gesagt, warum sie geweint hat?, frage ich.

Ja, hat sie. Ihr Hund ist gestorben.

Warum weint sie denn wegen einem Hund?, fragt Jason.

Weil der Hund zu ihrer Familie gehörte, sagt Mum. Er ist angefahren worden und musste eingeschläfert werden. Sie hatte ihn gerade beim Tierarzt zurückgelassen und hat es nicht über sich gebracht, ohne ihn nach Hause zu gehen.

Liebes, sagt Dad, ich finde, das ist wirklich nicht –

Nein, sagt Mum. Ich habe lange darüber nachgedacht, und ich finde, sie sollten so etwas hören.

Da bin ich mir nicht so sicher.

Es ist wichtig, sagt Mum.

Wer hat den Hund angefahren?, frage ich.

Kommt er ins Gefängnis?, fragt Jason.

Hat er das mit Absicht gemacht?

Wie lange muss man dafür ins Gefängnis?

Später am Abend hören wir ihre Stimmen von oben aus der winzigen Schlafnische. In unserem Wohnwagen hört man alles. Also wirklich, Ila, sagt Dad, das war vollkommen unnötig, du machst ihnen nur Angst. Das sehe ich anders, sagt Mum. Kinder müssen lernen, wie man über schwierige Themen spricht, und vor allem, was man tut, wenn es jemandem nicht gut geht. Aber muss es denn gleich der Tod sein?, fragt er. Ja, sagt sie. Erinnerst du dich an letzten Sommer, als Sydney und ich den toten Mann gefunden haben? Ich hätte die Erfahrung dazu nutzen können, ihr etwas beizubringen, und stattdessen habe ich alles unter den Teppich gekehrt. Ein Toter im Kaufhaus? Hier, da hast du einen Spielzeugkrankenwagen, jetzt vergiss das Ganze. Was habe ich ihr denn da für eine Botschaft vermittelt? Ich schäme mich immer noch deswegen.

Ihr Streit ging noch eine Weile weiter, aber diesmal hatte – im Gegensatz zu sonst – offenbar Dad gewonnen, denn wir hörten nie wieder eine traurige Geschichte von Mum, und vom Sterben wurde auch nicht mehr gesprochen.

Als das Thema dann wieder aufkam, versuchten wir gar nicht, darüber zu reden.

Es hätte ohnehin nichts genutzt.

Date-Abend

Er lässt sich im beleuchteten Becken treiben und blickt hoch zu den Sternen. Sein Gesicht wirkt jünger als sonst. Da ist eine jungenhafte Leichtigkeit, oder vielleicht eine leichte Jungenhaftigkeit. Das liegt an ihr. Seiner Frau Ila. Selbst nach all den Jahren weckt sie in ihm immer noch das Verspielte, Alberne, Übermütige.

Er dreht sich auf den Bauch und schwimmt zum Rand. Dort legt er die Arme auf die Mosaikfliesen, das Kinn auf die Arme und wartet.

Heute ist Date-Abend. Jeden Monat treffen sie sich an einem Donnerstag im Schwimmbad.

An diesem Abend kommt sie spät, aber das stört ihn nicht. Wahrscheinlich zieht sie sich gerade um und trödelt dabei. Sie lässt sich gerne Zeit.

Er lässt sich zurück in das warme Wasser gleiten, taucht unter, kommt wieder hoch.

Howard liebt das Schwimmbad. Das Beste daran ist die Form des Beckens, denn es ist ungewöhnlicherweise rund. Es gibt keine Länge und Breite, die man schwimmen könnte, sondern nur einen Umfang, einen Radius und einen Durchmesser. Man kann natürlich auch einen Bogen oder eine Wellenlinie schwimmen, wenn man will. Man kann sich in der Mitte treiben lassen, in dem Wissen, dass man sich im tiefsten Innern des Kreises befindet und von hier aus jeder Weg gleich lang ist. Perfekte Symmetrie, die sich unter ihm abzeichnet. Er würde das Becken gerne mal sehen, wenn kein Wasser darin ist, um das geometrische Handwerk auf dem Boden zu bewundern, die Punkte und Linien, Abmessungen und Pfeile.

Um das Becken herum eine Reihe von konzentrischen Kreisen. Erst die Mosaikfliesen, blau und weiß. Dann ein gelber Pfad. Dann wieder Mosaikfliesen in blassem Orange, die ein paar Stufen hinauf zum äußeren Kreis aus Umkleiden führen, pastellfarbenen Holzgebilden, die aussehen wie kleine Strandhütten.

In einer davon ist sie.

Hinter welcher Tür steckst du, Liebes?

An jeder zweiten Tür hängt, mit Kreide auf eine Tafel gemalt, ein Bild mit dem Titel *Die Eigenschaften eines Kreises*. Darunter die Worte DIE ZEIT IST EIN HERVORRAGENDES BEISPIEL FÜR EINEN KREIS.

Er denkt eine Weile darüber nach, während er wartet. Bis eine Tür aufschwingt.

Da ist sie. Ila, die in ihrem Pünktchen-Bikini aus einer Umkleide tritt.

Sie sieht ihn lächeln.

Das Licht fällt auf sie, als sie die Stufen hinuntergeht und dann über die orangen Fliesen, den gelben Weg, die blauen und weißen Fliesen.

Jetzt steht sie vor ihm am Beckenrand. Sie setzt zu einem Kopfsprung an, hält die Position länger als nötig und versucht, nicht zu lachen.

Angeberin, sagt er.

Dann ist sie direkt über seinem Kopf, ihr Bauchnabel auf der Höhe seiner Nase.

Er blickt hoch zu ihren Füßen, ihren Beinen, ihren ausgestreckten Armen.

Dann ein Platschen, und sie ist weg.

Er dreht sich um, betrachtet ihre dunkle Silhouette unter Wasser, die von ihm weggleitet.

Das kann sie gut, den Atem anhalten und verschwinden.

Und dann, wie immer, ihr tropfnasses, lächelndes Gesicht.

Er stößt sich ab und schwimmt zu ihr.

Jetzt wartet sie auf ihn, tritt Wasser.

Hallo du, sagt sie, nimmt sein Gesicht in die Hände und küsst ihn.

Hallo du.

Ich mag deine neue Badehose. Knallrot – ganz schön gewagt in deinem Alter.

In meinem Alter?

Du bist jetzt alt, sagt sie. Du bist mein alter Mann.

Die habe ich aus dem Schlussverkauf. Alle anderen Farben waren schon weg.

Weißt du noch, als du dir die von Speedo gekauft hast? Und gleich beim ersten Mal hast du sie im Meer verloren.

Jetzt fang nicht wieder davon an, sagt er.

Das war unglaublich komisch.

Wenn ich mich recht entsinne, hast du dir ziemlich lange Zeit gelassen, mir ein Handtuch zu holen.

Ich weiß nicht, was du meinst, sagt sie.

Das ist achtunddreißig Jahre her, denkt er. Was absurd und unmöglich erscheint, aber nur, wenn man so naiv ist zu glauben, Zeit sei gleichbedeutend mit Entfernung, und je weiter man von einem Augenblick weg sei, desto kleiner und blasser werde er.

Sie spritzt Wasser in seine Richtung.

He, sagt er.

Sie tut es wieder.

Also tut er es auch.
Das Wasser ist jetzt überall
keiner von beiden kann irgendetwas sehen
und ihre Hände sind feste, rotierende Paddel
die die Jahre davonspritzen
und dann sind sie einfach nur ein Mädchen und ein Junge
in einem Kreis.

Bezugspunkt

Seltsam, wie ein Ort sich verändert und zugleich überhaupt nicht.

Gestern ist Sydney in St. Ives aus dem Zug gestiegen, der Stadt, die sie seit zwei Jahren zeichnet und malt. Oben in ihrem Arbeitszimmer hat sie diese Straßen, diese Küste, dieses Meer wiederauferstehen lassen – ihre eigene Version davon, aus dem Gedächtnis. Jetzt ist sie wirklich hier, und sie hat alle angelogen, eine andere Küstenstadt genannt, behauptet, sie sei anderswo.

Die Lüge war ihr leichtgefallen, was sie überraschte. Sie hat immer gedacht, sie sei eine schlechte Lügnerin. Diese Entdeckung war befreiend, aber auch verstörend.

Sie war froh, dass sie den Januar gewählt hatte. Es war kalt und ruhig, und das fühlte sich richtig an. Und trotz des Winters war das Licht dasselbe. Ihre Mutter hatte immer gesagt, das Licht hier unten würde Farben hervorbringen, die das Auge sonst nicht sehen könne. Deshalb kommen die ganzen Künstler hierher, sagte sie. Und wenn ich mir deine Bilder so anschaue, wirst du bestimmt auch noch hierherkommen, lange nachdem wir damit aufgehört haben.

Da hatte ihre Mutter sich geirrt.

Sie hatten alle genau zur selben Zeit aufgehört, hierherzukommen, nämlich nach dem sechsten Mal, das so abrupt endete.

Sind wir wirklich sechs Mal hierhergekommen, Liebes?

Ja, Mum.

Meine Güte. Da waren wir aber nicht sehr abenteuerlustig.

Das stimmt nicht, Mum. Wir haben jeden Winkel hier erforscht, weißt du nicht mehr? Wir sind meilenweit an der Küste entlanggegangen und haben uns alles ganz genau angesehen. Und wir haben gelesen, Ausstellungen besucht und Federball und Tennis gespielt. Wir hatten Drei-Gänge-Menüs, Picknicks, Pasteten und Fish & Chips. Wir waren im Kino und angeln und in der großen Stadt mit dem Kaufhaus.

Tut mir leid, Liebes. Ich wusste nicht, dass du immer noch so an diesem Ort hängst.

Soll das ein Witz sein?, sagte Sydney.

Es war eine dunkle Verbindung. Ambivalent. Eine, die sie wollte und auch wieder nicht.

Sie fragte sich oft, was sie sagen würde, wenn jemand ihr anböte, die Erinnerungen an diesen Ort aus ihrem Gedächtnis zu löschen, wie in dem Film *Vergiss mein nicht!*. Würdest du Erinnerungen loslassen, die zugleich deine schönsten und deine schlimmsten sind?

Die Zeichnungen für ihr Buch sind an einem kritischen Punkt angelangt.

Sie gehen bis zum Urlaub Nummer fünf, danach ist Schluss.

Wenn sie sich Urlaub Nummer sechs zuwendet, setzt der Stift aus, bricht die Mine.

Das Storyboard ist erstarrt. Ihre Gedanken wollen da nicht hin.

Okay, hat sie zu ihrem unordentlichen Zeichentisch gesagt. Was, wenn meine Füße dahin gehen? Wenn mein Körper dahin geht? Hilft das?

Aber ich will da nicht hin, hat sie gedacht, wie ein störrisches Kind.

Sydney läuft durch den Sand. Sie hat bis jetzt drei von den Stränden des Ortes besucht, und dieser ist immer noch ihr Lieblingsstrand. Die anderen sind zu hübsch, zu ruhig. Der hier lässt ihre Haare in alle Richtungen fliegen. Der Untergrund ist steiniger und dunkler, und die Wellen können durchaus gefährlich sein.

Sie bleibt stehen und sieht den Hunden bei ihrer Morgenrunde zu. Bewundert, wie sie rennen oder springen, die Umgebung erforschen oder bei Fuß bleiben, den Gerüchen und Ablenkungen folgen, sich dabei aber immer wieder umschauen, nach ihrem Besitzer, ihrem Bezugspunkt, den sie auf keinen Fall verlieren dürfen. Manche sind schlank und muskulös, andere wuselig und kurzbeinig. Da ist ein anhängliches kleines Wollknäuel, das eifrig den Gummistiefeln seiner Besitzerin folgt und sich für nichts anderes interessiert als für sie. Andere sagen mit spielerischen Gesten, komm, fang mich, oder ich fange dich, egal, Hauptsache, wir haben Spaß. Hunde fragen nicht nach dem Warum. Sie fressen, weil der Napf vor ihnen steht. Sie rennen, weil ihr Körper rennen will.

Sie vermisst Otto. Eigentlich albern, schließlich ist sie erst einen Tag fort. Sie blickt auf die Uhr. Jetzt ist er bestimmt mit Ruth draußen, tobt über die Felder und denkt nicht an sie. Und so soll es ja auch sein. Beim nächsten Gedanken krampft sich ihr Magen zusammen: Ruth, die auch nicht an sie denkt. Sie bekommt Panik. *Was ist, wenn.* Was ist, wenn Ruth auszieht, während sie hier ist. Wenn sie ihre Sachen packt und sie irgendwo einlagert. Wenn sie zu Howard zieht, was nicht so abwegig ist, wie es klingt – wahrscheinlich hätte er lieber sie als Tochter.

Diese Gedanken kommen nicht von ungefähr. Sydney hat eine Ahnung, ein leises Gefühl, dass Ruth sich von ihr entfernt. Dass es irgendwo da draußen eine Frau gibt, die sie glücklicher machen könnte, und auch wenn Ruth diese Frau noch nicht gefunden hat, könnte sie sich nach ihr sehnen. Sollte es sogar. Es wäre furchtbar und schmerzhaft, wenn sie ginge, aber auch verständlich. Sydney hat Schuldgefühle, weil sie sich schon so lange an Ruth festhält, und so ein Gefühl zieht einem wie feuchtes Wetter bis in die Knochen und beeinträchtigt alles. Auf jeden Fall beeinträchtigt es ihr Freerunning, das merkt sie. Sie ist angespannter als sonst. In ihren Muskeln steckt eine neue Vorsicht.

Sie sprintet die Stufen zur Galerie hoch, zahlt den Eintritt, nimmt sich ein Infoblatt. Aber Sydney ist nicht wegen der Kunst hier.

Mir gefällt die Form des Gebäudes, sagt sie.

Aha, sagt der Galeriemitarbeiter.

Das ist selbst schon Kunst, wenn auch auf hässliche Weise, sagt sie.

Hmm, sagt der Galeriemitarbeiter und fingert an seinem Hemdkragen herum. Das Thema ist außerhalb seines Zuständigkeitsbereichs. Er ist nicht hier, um über das Gebäude zu sprechen. Er ist hier, um über Öffnungszeiten, Wechselausstellungen und Dauerexponate zu sprechen. Er blickt auf seine Computertastatur und hofft, dass die Frau weitergeht.

Sydney betritt den Ausstellungsraum. Ihr Körper ist bereit, loszulaufen. Er ist *immer* bereit. Schon von Geburt an war sie so, unablässig in Bewegung, ist aus ihrem Bettchen geklettert und später über den Esstisch gelaufen und auf die Arbeitsfläche gesprungen. Von der Arbeitsfläche auf den Hocker. Vom Hocker auf das kleine Sofa in der Küchenecke. Wunderbar federnde Landung, und dann noch einen Vorwärtssalto, einfach so. Radschlagen über den Teppich, durch den Flur laufen, am Treppengeländer hochklettern und wieder runterrutschen.

Überall Kratzer und blaue Flecken, aber es fühlt sich so gut an. Die ganze Welt gehört ihr, aus jeder Oberfläche kann sie etwas machen. Darauf kann man rutschen, und das ist ein Sprungbrett und das eine Rennbahn und –

Sydney Oriel Smith, sagte ihre Mutter mal, während sie sie mit Jod und einem Pflaster verarztete. Warum kannst du nicht mehr fernsehen, so wie andere Kinder? Was ist mit Sooty? Magst du den nicht mehr gucken?

Sooty ist doof, sagte Sydney, zog ihre weißen Strümpfe hoch und wickelte sich den Schal ihres Vaters um den Hals.

Warum trägst du Dads Schal?

Weil ich ihn schön finde.

Ist das nicht gefährlich für ein Mädchen, das gerne am Geländer hochklettert und wieder runterrutscht?

Das ist eine sehr kluge Bemerkung, sagte Sydney.

Oh, vielen Dank, sagte ihre Mutter.

Als sie ein Kind war, gab es nur wenige Worte für das, was sie so gerne tat. Es gab *akrobatisch*, *lebhaft*, *gefährlich*. Es gab *hyperaktiv*, *furchtlos*, *präzise*.

Später, als sie erwachsen war, veränderte sich die Sprache. Sie lernte die Ursprünge, die Fachbegriffe, die Konzepte, die erklärten, wer sie war.

Und sie hörte, wie die Leute von *Flow* sprachen. Damit meinten sie völliges Aufgehen in dem, was man tut, sich in einer angenehmen Beschäftigung verlieren, ohne jedes Gefühl für die Zeit.

Einmal sprach sie mit einem Freund darüber, einem Freistilkletterer.

Geht es nur mir so, fragte sie ihn, oder fühlst du dich auch wie ein anderer Mensch, wenn du kletterst?

Ich fühle mich überhaupt nicht wie ein Mensch, sagte er.

Das hatte sie auch schon von anderen gehört – dass der Verstand abschaltet und man aufhört zu denken. Die Welt um einen herum wird intensiv und langsam, und der Körper bewegt sich mit animalischer Präzision. Je größer das Risiko, desto stiller der Kopf. Es gibt keine Angst, keine Sorgen, keine Vergangenheit und keine Zukunft. Nur dieses Anheben des Beins. Nur dieses Ausstrecken des Arms.

Es ist die reinste Form von Freiheit, die Sydney je erlebt hat.

Sie dreht eine Runde durch die Galerie, bleibt ein paarmal kurz stehen, um ein Gemälde, einen Holzschnitt, einen Druck zu betrachten, dann geht sie die Treppe hinauf und sucht sich ihren eigenen Weg, über eine Toilette, ein Fenster, eine Feuerleiter und ein Gerüst, um zum höchsten Punkt des Gebäudes zu gelangen, einem halbrunden Vorsprung, einem Dach auf dem Dach, weiß gestrichen. Privat. Zutritt verboten. Ein illegaler Höhepunkt.

Sie setzt sich in den Schneidersitz, legt ihren Rucksack ab und nimmt ein Sandwich, eine Flasche Wasser, zwei in Küchenpapier gewickelte Kekse und eine Tüte Chips heraus. Dies ist der perfekte Ort für ein Picknick – niemand, der sie stört, und nichts, was ihr den Ausblick auf Meer, Sand und Klippen versperrt.

Manchmal ist eine Kunstgalerie keine Kunstgalerie, sondern ein Klettergerüst, ein Ausguck, ein Leuchtturm.

Von hier oben nimmt ihr Auge statt kleiner Details Muster und Bewegungsabläufe wahr. Kinder und Heranwachsende, die Surfen lernen: erst ein Gewimmel von Neoprenanzügen, dann einzelne schwarze Punkte, die in das Blau hineinhüpfen. Erwachsene, die sich in diagonalen Linien vorwärtsbewegen wie Figuren auf einem Brettspiel, Hunde, die Achten um ihre Beine malen.

Sie holt ihren Skizzenblock heraus.

Klar denken kann sie seit jeher am besten, wenn sie hoch oben ist, fernab vom Lärm und Tempo des Lebens anderer Leute, diesen Rhythmen, die ihren eigenen überlagern. Hier oben auf dem Dach, oder auf irgendeinem anderen, kommen die Erinnerungen ohne Mühe zurück. Zum Beispiel, wie ihre Mutter lauter Kaninchen aus rotem Wackelpudding gemacht hat. Oder wie sie freihändig mit Jasons Rad die ganze Straße hoch und wieder runter gefahren ist, weil sie eine Wette gegen ihn verloren hatte. Oder wie sie zu viel Ingwerwein getrunken hatte und alle mit ihr zusammen »You're the One That I Want« aus *Grease* singen mussten.

Sydney zeichnet eine Cartoon-Version von Ila Smith, die sich die Fernbedienung wie ein Mikrofon vor den Mund hält. Sie zeichnet ein Wackelpudding-Kaninchen und eine Frau auf einem Jungenfahrrad.

Schluss mit den Erinnerungen. Schluss mit der Comicfamilie.

Sie isst ihr Picknick und beugt sich über den Rand des Vorsprungs. Irgendwie fühlt sie sich hier wie am sichersten Ort der Welt. Sie beugt sich noch ein Stück weiter vor und sieht hinunter auf die Straße. Dann erstarrt sie.

Jemand beobachtet sie durch ein Fernglas. Eine Frau. Wie lange steht sie schon da? Hier gibt's nichts zu sehen, Madam, denkt sie.

Jetzt ruft die Frau etwas. Haben Sie vor zu springen?

Sydney ist noch keine vierundzwanzig Stunden in St. Ives, und schon gibt es jemanden, dem es nicht egal ist, ob sie lebt oder stirbt. Gar nicht so schlecht, oder?

Nein, auf keinen Fall. Aber danke!, ruft sie zurück.

Was?

Ich mache nur ein Picknick!

Was?

Ich sitze hier nur!

Geht es Ihnen gut?, ruft die Frau. Sind Sie sicher, dass es Ihnen gut geht?

Was für eine nette Frau, denkt Sydney, aber hätte ich denn wirklich mein Essen mit hier raufgenommen, wenn ich vorhätte zu springen? Sie blickt wieder nach unten, holt ihr Handy aus dem Rucksack, schaltet die Kamera ein und zoomt den Kopf der Frau, ihr Fernglas und den Schaffellmantel heran.

Jetzt kann ich Sie besser sehen, ruft Sydney.

Sie hebt die Hand mit hochgerecktem Daumen. Die Frau sieht es und erwidert die Geste, was beide auf eigentümliche Weise tröstlich finden.

Dann rutscht Sydney wieder ein Stück zurück, außer Sichtweite, damit die Frau nicht auf die Idee kommt, Hilfe zu holen, oder noch mehr Leute auf sie aufmerksam macht. Sie skizziert kurz, was gerade passiert ist.

Maria Norton lässt ihr Fernglas sinken und starrt auf die Stelle, wo eben noch eine Fremde gesessen hat – nur eine gebogene Linie auf dem Dach, bevor sie durch die Linsen geblickt hat, eine dunkle Linie mit flachsblonder Spitze, wie eine in Gold getauchte Klammer. Etwas, das sie innehalten und hochschauen ließ. Jemand, der ihr ein Daumen-hoch-Zeichen gegeben hat. Sonst fühlt sich ihr Leben meistens an wie Daumen runter, wie ein Lied der Missbilligung, das in Dauerschleife in jeder Zelle ihres Körpers läuft, aber eben hat ihr jemand für einen kurzen Moment ein Zeichen gegeben, das sagte *du bist okay* und *ich bin okay* und *das, was hier gerade passiert, ist okay*.

Ich ♥ Otter

Jon Schaefer hört sich Marias Geschichte an, die von der Frau auf dem Dach, einer Frau mit blondem Haar und schwarz-grauen Kleidern. Seiner Frau mit diesem Grad an Aufmerksamkeit zuzuhören, erfordert beträchtliche Mühe, und er ist zufrieden mit sich, wie gut es ihm gelingt. Er produziert eine Reihe von Gesichtsausdrücken und Tönen, jeweils genau zum richtigen Zeitpunkt eingesetzt, um die Geschichte voranzutreiben, in der Hoffnung, dass sie bald ihren Höhepunkt erreicht und dann ausläuft. Jon nimmt an, dass jeder sich so viel Mühe gibt, um seinem Partner zuzuhören, das ist eben so, überall auf der Welt, wie ein zweiter Job, oder nicht?

Wie konntest du die Frau denn so genau sehen?, fragt er.

Ich hatte dein Fernglas dabei, sagt Maria.

Mein Fernglas? Wieso das denn? Ich denke, du hasst mein Fernglas.

Ich wollte mal sehen, was es mit dem ganzen Theater auf sich hat.

Welches Theater.

Das, was du wegen dem verdammten Fernglas veranstaltest.

Jon seufzt. Er legt seinen Pinsel hin. Das kann dauern. Erst hat sie nur den Kopf zur Tür hereingestreckt, aber jetzt ist der Rest gefolgt, Hals, Rumpf, Arme, Beine und Füße, die ganze Frau, aber vor allem ihre *Stimme*, immer ihre Stimme, während er versucht, das Meer zu malen. Er blickt auf das große runde Fenster neben seinem Arbeitstisch, das Beste an diesem Raum –

wenn er hindurchsieht, fühlt sich sein Leben tipptopp an –, dann wendet er sich wieder seiner Frau zu. Sie redet von einer Fremden. Einer Frau, die sie wahrscheinlich nie wiedersieht. So ist es hier nun mal. Klar gibt es auch Einwohner, aber all die Massen, die hier kommen und gehen, all die Ferienwohnungen, Ferienhäuser, B&Bs. Diese Frau ist also auf ein Dach geklettert. Wahrscheinlich betrunken. Na und? Bestimmt ist sie längst wieder unten und trinkt Pfefferminztee für drei Pfund die Tasse oder kauft eine Schachtel Karamellbonbons. Vielleicht sieht sie sich in einer Galerie eins von seinen Bildern an, denkt, dass es gut in ihr Wohnzimmer passen würde, und überlegt, ob sie sich etwas Gutes tun soll.

Sie hören, wie die Haustür auf- und wieder zugeht. Dann schwere Schritte auf der Treppe. Es ist Stuart, ihr Irischer Wolfshund, der von seinem Spaziergang zurück ist und sich bei ihnen ein Klopfen und ein Kraulen abholt, bevor er wieder nach unten läuft, zu seinem Abendessen.

Sie haben sich Stuart nicht ausgesucht, so lautet zumindest die Geschichte, aber wie bei allen Geschichten kommt es darauf an, wer sie erzählt.

Er war am Strand, räudig und mager, mit einem Namensanhänger, auf dem nur STUART stand. Maria ging dort spazieren. Zuerst hatte sie Angst, als sie in der Ferne das seltsame große Wesen erblickte, das langsam auf sie zukam. Er war violett-grau mit schwarzen Flecken, hatte große, traurige Augen, und sein Gesicht schien sanft zu lächeln. Sie streckte vorsichtig die Hand aus. Er kam näher, ignorierte die Hand und drückte den Kopf an ihren Bauch. Sie legte die Arme um seinen Rücken und fragte sich, ob alle Riesenhunde das taten, ob er vielleicht fror oder Schmerzen hatte, ob er imstande war, sie zu töten.

Das finde ich also am Strand, dachte sie. Keine seltene

Münze, keine Flaschenpost, keine Wrackteile von einem alten Schiff. Sondern *das hier*. Einen Hund mit einer enormen körperlichen Präsenz. Dabei wirkte er so ätherisch, beinahe wie ein Fabelwesen.

Sie brachte ihn zum Tierarzt. Er ist leider nicht gechipt, Maria. Und auf seiner Marke ist keine Telefonnummer, was höchst nachlässig ist.

Schlimm, sagte sie.

Stuart trottete neben ihr her, als sie nach Hause ging. Es fühlte sich an, als wären sie diesen Weg schon hundert Mal zusammen gegangen.

Ich gebe ihn nicht weg, sagte Maria. Auf keinen Fall. Er hat mich *ausgesucht*.

Na ja, sagte Jon, eigentlich seid ihr euch nur zufällig über den Weg gelaufen. Es hätte genauso gut jemand anders sein können. Und er ist *riesig*. Meine Güte, Maria, das ist, als hätten wir ein Pony im Haus. Das Futter wird uns ein Vermögen kosten.

So wie deine Leinwände und Farbtuben, dachte sie. Wie all die Pinsel und Skizzenblöcke.

Maria wurde nicht leicht wütend, aber seine Bemerkung, sie und Stuart wären nur durch einen Zufall miteinander verbunden, machte sie fuchsteufelswild. Die Stimme, die aus ihrem Mund kam, war so laut, dass sie erschrak. Hinterher musste sie darüber lächeln. Am nächsten Tag kaufte sie einen XXL-Hundekorb für die Küche, mit blau kariertem Fleecefutter.

Jon greift wieder nach seinem Pinsel. Er hat genug gehört von dieser Frau auf dem Dach. Gut, gut, sagt er.

Maria hasst es, wenn er das tut. Wenn er ohne jeden Grund *gut, gut* sagt. Obwohl überhaupt nichts gut ist, und erst recht nicht *gut, gut*. Und wenn er eigentlich meint, *genug jetzt, geh schon, lass mich in Ruhe*.

Belle Schaefer geht am Strandcafé vorbei und den schmalen Pfad hoch zu dem Haus, wo sie immer noch mit ihren Eltern lebt.

Schäm dich, Belle. Das war doch nicht der Plan, oder? Mit neunundzwanzig immer noch zu Hause zu wohnen. Ihr Gefängniswärter ist Unentschiedenheit, ein schnittiger kleiner Kerl, schick angezogen, der mit den Fingern schnippt und sagt, du könntest dahin gehen oder dorthin, du könntest dies tun oder das, du könntest alles Mögliche tun, Belle, sieh doch nur, wie viele Optionen du in dieser sich ständig verändernden Welt hast. Die Musik der Unentschiedenheit ist schräger, frenetischer Jazz, manchmal so wild und laut, dass Belle gar nicht mehr denken kann. Wohin wirst du gehen, Belle? Wie wirst du dich entscheiden? Sollen wir einfach eine Nadel in eine Landkarte stecken? Ich bin der Pianist im Foyer jedes Augenblicks, Belle. Komm, setz dich zu mir, wir singen ein Lied der Möglichkeiten, oder wir schauen auf Instagram, was die anderen alle tun. Warum hältst du dir die Ohren zu?

Unentschiedenheit macht süchtig. Du kannst überallhin reisen, ohne dich von der Stelle zu bewegen. Du kannst in jeder beliebigen Stadt leben, ohne auch nur eine Tasche zu packen. Belle hat ein Notizbuch voller Möglichkeiten, und darin zu blättern, ist so jazzig und erschöpfend, dass sie zu nichts anderem kommt.

Nein, das stimmt so nicht. Ihr Gefängniswärter *war* die Unentschiedenheit. Sie *war* durcheinander und überfordert, damals als Teenager, zu vernünftig und sexlos für diesen bizarren Lebensabschnitt. Ihre Hormone setzten einfach nichts in Gang, keine Lust, kein ewiges Verschlafen, keine Poster an der Wand. Warum klebten sich ihre Freundinnen plötzlich Fotos von völlig Fremden an die Zimmertür? Was zum Teufel war bloß mit allen los? Die Aufregung, das Schminken, die Knutschereien. Die Zeitschriften, obwohl die viel langweiliger waren als Comics. Das ständige *Hast du dies schon gemacht?* und *Hast du das schon gemacht?*. Wann war der Startschuss gefallen? Wann waren alle verrückt geworden? Eben haben wir noch fröhlich mit Lego gespielt und in Priele geschaut, und jetzt wollen wir alles sofort, und wenn wir das nicht kriegen, bringen wir uns um.

Als Mädchen las Belle viel und half ihrer Mutter gern im Garten. Sie sammelte Muscheln am Strand und fragte die Fischer, welche Haken und Köder die besten waren. Sie hatte sieben T-Shirts mit der Aufschrift ICH ♥ OTTER, für jeden Wochentag eine andere Farbe, und jeden Morgen zog sie ein frisches davon an, dazu entweder Jeans oder Cordhose. (Sie ist ziemlich *uninspiriert*, sagte ihr Vater. Lass sie einfach so sein, wie sie ist, sagte ihre Mutter.) Das Leben war schön und einfach.

Dann kam die Pubertät. *Chaos*. Die Mädchen angemalt und völlig aufgedreht. Die Jungen mürrisch und überhitzt, ständig blöde Sprüche auf den Lippen. Alle riechen anders und kompliziert, nicht mehr nach Waschmittel. Und das Allerschlimmste: Es ist nicht mehr akzeptabel, T-Shirts von der Otter-Schutzstation zu tragen.

BELLE: Ich möchte dieses Stadium bitte überspringen.
LEBEN: So funktioniert das leider nicht, meine Liebe. Zieh einfach den Kopf ein und warte ab, was passiert.
BELLE: Aber die sind alle verrückt geworden. Es gibt plötzlich Regeln, wie man aussehen und sich verhalten muss. Sogar, welche Musik man hören darf und welche nicht. Überall eckt man an.
LEBEN: Wie ich schon sagte, zieh einfach den Kopf ein. Du kannst immer noch Elvis hören, wenn du willst.

BELLE: Ich mag seine Stimme. Aber außer mir hört ihn keiner.
LEBEN: O doch, meine Liebe. Ältere Leute. Anderswo auf der Welt.

Dann, endlich, verstummte der Lärm, und der Himmel klarte auf. Ihre Freundinnen gingen weg zum Studieren, und sie saß mit Halsschmerzen und Krisellocken am Strand.

BELLE: Darf ich jetzt wieder Otter lieben? Ist es vorbei?
LEBEN: Ja, Belle. Es ist vorbei. Nur noch eine letzte Hürde.
BELLE: Was?
LEBEN: Sie warten zu Hause auf dich, in der Küche.

Maria und Jon tranken Tee und schauten auf die Uhr.

Du warst aber lange weg, sagte Jon und musterte die schlabbrige Hose seiner Tochter, die ein gutes Stück zu lang war.

Ist was passiert?, fragte sie.

Nein, keine Sorge, sagte Maria. Wir wollten nur mal mit dir reden.

O Gott.

Worüber?

Über dein Leben.

Mein Leben.

Ja.

Was ist damit?

Nun ja, genauer gesagt, über deine Ausbildung.

Deine berufliche Laufbahn.

Welche berufliche Laufbahn?

Eben.

Was?

Liebes, bist du *sicher*, dass du nicht studieren willst?

Nicht schon wieder.

Aber Liebes.

Mir geht's gut, so, wie es ist. Ich will nicht in so einen Pferch, lieber sterbe ich.

Was?

Pferch?

Ich will nicht an die Uni.

Aber Belle.

Das kostet ein Vermögen, und eine Jobgarantie gibt dir trotzdem keiner. Außerdem habe ich schon einen Job, der mir gefällt. Ich will weiter in der Buchhandlung arbeiten. Kann ich nicht einfach hier bleiben?

Du willst wirklich hier bei uns bleiben?

Unglaublich, ich weiß, aber ja. Jedenfalls fürs Erste.

Maria und Jon sahen sich an.

Ich habe keine Ahnung, was gerade in ihr vorgeht, denkt Jon, während er das Gesicht seiner Frau betrachtet, aber ich hoffe, sie ist genauso enttäuscht wie ich. Unsere Tochter ist eindeutig zurückgeblieben.

Jippiee, denkt Maria. Jippiee.

Belle ist jetzt die Jüngste in dieser Stadt, die einen Schrebergarten hat. Letztes Jahr hat sie einen Preis für den besten Kürbis, die größte Möhre und den leckersten Schlehenlikör gewonnen. Sie trinkt im Black Hole Bier mit ihren Freunden, von denen die meisten mindestens sechzig sind. Sie arbeitet ehrenamtlich in der Otter-Schutzstation. Sie wohnt im Anbau. Keine eigene Haustür, aber man kann schließlich nicht alles haben, oder?

An diesem Abend schließt Belle die Tür auf und löst die Leine von Stuarts Halsband. Ein Duft von Gebackenem, vermischt mit einem Hauch Ölfarbe, Musik vom Klassiksender, der den ganzen Tag leise läuft. Sie geht in die Küche und füllt Stuarts Schale mit Trockenfutter.

Wie er sie ansieht. Wer würde es fertigbringen, ihn zurückzulassen? Was für ein Leben könnte besser sein als eines mit Stuart?

Ihre Mutter kommt in einem roten Schlafanzug in die Küche.

Wow, der ist aber knallig, sagt Belle. Ist der neu?

Den habe ich schon seit Jahren, sagt ihre Mutter. Ich ziehe ihn nur nie an.

Hast du das von der Frau auf dem Dach gehört?, fragt Belle.

Ja.

Anscheinend wäre sie beinahe gesprungen.

Maria schüttelt den Kopf. Sie saß da und aß ein Sandwich, sagt sie. Aber wer weiß, vielleicht hatte sie *vor* zu springen.

Du hast sie gesehen?

Ja.

Oh.

Hmm.

Kann ich einen davon haben?, fragt Belle und schnuppert an dem Tablett mit Blaubeermuffins.

Zwei Frauen, zwei Generationen. Die eine trägt seidene Nachtwäsche, um sich aufzumuntern, die andere eine Oversize-Hose und ein lila kariertes Hemd. Sie setzen sich und trinken Tee und sprechen über die Frau, die vielleicht vorhatte zu springen oder auch nicht. Sie fragen sich, was jemanden wohl dazu treibt, so etwas zu tun – sich das Leben zu nehmen, schwere Verletzungen zu riskieren. Belle meint, einen Ausdruck auf dem Gesicht ihrer Mutter zu sehen, den sie nicht erkennt, weil sie ihn schon ihr Leben lang sieht.

Hast du schon mal?, fragt Belle.

Was meinst du?, fragt ihre Mutter.

Ich weiß nicht, sagt Belle und beißt in den Muffin.

Sie sitzen da und schweigen.

Zwei Schafe, vollkommen reglos, die an einem frostigen Morgen auf einer Wiese stehen. Das ist das Bild, das Belle jetzt im Kopf hat. Komisch, denkt sie. Es gelingt ihr nie, sich Schafe vorzustellen, wenn sie es will, wenn sie im Bett liegt und nicht schlafen kann, aber an diesem Abend sind definitiv zwei Schafe hier in der Küche, und sie hat das Gefühl, sie ist eines davon.

Sie sieht ihre Mutter an. Geht's dir gut, Mum?, fragt sie.

Natürlich, Liebes, sagt ihre Mutter. Mir geht's doch immer gut.

Belle ist heute mit mir rausgegangen. Hat sich bei der Arbeit krankgemeldet, angeblich eine plötzliche Erkältung. Es klang wie eine Ausrede, aber warum sollte ich mich beschweren, wenn ich bei ihr im Bett liegen kann und einen Extraspaziergang kriege?

Obwohl es Winter ist, steht ein Eiswagen am Strand. Die Leute gehen mit hochgeschlagenem Kragen und flatterndem Schal am Wasser entlang, eine Waffel mit Vanille-, Schoko-, Erdnussbutter- oder Toffee-Eis in der Hand. Ich weiß nicht, warum, aber ich finde den Anblick romantisch. Belle hat Vanilleeis mit Himbeersoße genommen. In ein paar Minuten wird sie mir die Spitze ihrer Waffel geben. Ich bleibe in der Nähe und sehe sie an, damit sie es nicht vergisst.

Ich könnte Ihnen so einiges über meine Familie erzählen, Dinge, die ich gehört, gesehen oder gerochen habe. Allerdings weiß ich nicht, ob das *loyal* wäre, und Loyalität steckt mir im Blut. Wie kann ein Hund gegen sein ureigenstes Wesen handeln, um dieses moralische Dilemma zu überwinden? Glauben Sie mir, das ist wahrlich nicht einfach. Aber jemand hat mich dazu überredet, mir eine Schachtel Hundekuchen versprochen. Dieser Jemand ist Sydney Smith, eine Cartoonistin, die mich in diesem Moment gerade zeichnet, oder, genauer gesagt, unsere erste Begegnung. Sie werden sie gleich sehen, wenn sie sich selbst in das Bild malt, wie sie auf Belle und mich zugelaufen kommt.

Ich heiße Stuart. Ich bekomme Briefe vom Tierarzt:

> Lieber Stuart,
> ich hoffe, es geht Dir gut. Ich wollte Dir nur kurz Bescheid sagen, dass Deine Impfung bald fällig ist. Also ruf uns doch bitte an, oder falls Dir das zu lästig ist, sag einem von Deinen Besitzern, dass er uns anrufen soll. Bis bald!
> Herzliche Grüße
> Pete Armstrong, Dein freundlicher Tierarzt
> PS: Wenn Du in der Gegend bist, schau doch kurz rein, um Hallo zu sagen und Dir ein Leckerli abzuholen – wir wollen ja nicht, dass Du Angst hast, zu uns zu kommen!

Nett, oder? Am liebsten würde ich diese Briefe in einer hübschen Holzschachtel sammeln, aber da ich das nicht übermitteln kann, landen sie im Altpapier, sobald mein Termin gemacht ist.

Ich bekomme Post, weil ich nicht mehr heimatlos bin. Maria hat mich gefunden und mit nach Hause genommen. Ich mochte sie vom ersten Moment an – dieser Schaffellmantel, ein bisschen angeschmuddelt und zu groß, und ihre wilden Haare, genauso zottelig wie meine. Als wir uns begegnet sind, habe ich als Erstes den Kopf an ihren Bauch gedrückt, warum, weiß ich nicht.

Belle ähnelt ihrer Mutter, aber ihr würde diese Bemerkung

gar nicht gefallen. Die genervten Seufzer, die die meisten vermutlich gar nicht bemerken, aber ich schon. Die endlosen Spaziergänge und die Angewohnheit, abends stehen zu bleiben und in anderer Leute Fenster zu schauen. Sind alle Menschen so neugierig? Beide wirken dann traurig, als hätten sie das, was sie hinter den Fenstern sehen, verloren. Wenn ich wüsste, was es ist, würde ich es aufspüren und herbringen. Belles Eltern denken, sie wäre rundum zufrieden, weil sie das denken wollen; so können sie weiter um sich selbst kreisen.

Das bringt mich auf Jon. Den kann ich nicht ausstehen. Ich spüre schon das Knurren in meiner Kehle, die aufgestellten Nackenhaare, die gefletschten Zähne. Jon ist ein richtiger Mistkerl.

Aber eigentlich war ich gerade beim Winter, nicht? Der Eiswagen am Strand. Leute mit hochgeschlagenem Kragen. Belle, die mir gleich die Spitze ihrer Waffel geben wird. Was sie natürlich auch tut. Sie ist eine richtig Nette, das finden alle, nicht nur ich. Sie hilft im Haushalt, geht mit mir raus und schweinesittet für Winnie von nebenan, eine einsame Fernsehproduzentin, die sich aus einer Laune heraus ein Hängebauchschwein zugelegt hat, aber kaum zu Hause ist, um sich darum zu kümmern. Timothy begleitet uns oft auf den Spaziergängen und trottet an seiner roten, strassbesetzten Leine neben uns her. Anfangs sorgten wir für einiges Aufsehen, aber mittlerweile haben die Leute sich an uns gewöhnt – die junge Frau im grünen Regenmantel, die mit einem Wolfshund, einem Schwein und einem Flachmann mit selbst gemachtem Schlehenlikör ihre Runden dreht.

Die Waffel selbst schmeckt nach gar nichts, aber das Vanilleeis ist lecker. Ich würde ja zu gerne mal ein ganzes Eis essen. Aber dazu kommt's wohl nicht, es sei denn, ich schnappe einem kleinen Kind seins weg, und so ein Hund bin ich nicht. Wir gehen noch ein Stück, dann holt Belle den Tennisball am Stock heraus und wirft ihn. Um ehrlich zu sein, bin ich gar nicht so versessen darauf, hinter ihrem Ball herzulaufen, aber ich tue ihr den Gefallen und bringe ihn ihr zurück, damit sie ihn erneut werfen kann. So ist sie wenigstens beschäftigt und klaut nicht wieder irgendwelche Sachen. Ja, sie ist eine Ladendiebin. Ab und an lässt sie einen Eyeliner in ihrem Ärmel verschwinden oder versteckt eine Zeitschrift in der Zeitung, die sie kauft. Fragen Sie mich nicht, warum sie das tut – ich habe keine Ahnung. Am fehlenden Geld kann es nicht liegen. Aber das bleibt unter uns, ja?

Ich habe gerade den Ball nach einem ziemlich misslungenen Wurf zurückgebracht, als ich etwas Ungewöhnliches rieche.

Es ist eine Frau, die den Strand entlangläuft. Kurze Jacke, blonde Haare, großer blauer Kopfhörer. Mehr Informationen kann ich Ihnen dazu nicht geben, weil meine Sicht ziemlich eingeschränkt ist, was Farben angeht, aber sie riecht irgendwie anders, anders als alle Leute, an denen ich schon gerochen habe. Und ich habe schon an *sehr vielen* Leuten gerochen, auch an einigen, bei denen ich es besser gelassen hätte, mit lauter komischen Sachen unter den Fingernägeln. Die Hundebesitzer unter Ihnen wissen schon, dass wir riechen können, in welcher Stimmung Sie sind, aber niemandem scheint klar zu sein, wie detailliert wir das wahrnehmen. Einige von uns, die höher entwickelten Mitglieder unserer Spezies, wissen *ganz genau*, was Sie fühlen, mit allen Nuancen. Jede Empfindung dünstet aus Ihren Poren. Das umgibt Sie wie eine Wolke, und meistens riecht es unangenehm. Tut mir leid, das sagen zu müssen, aber so ist es nun mal. Ihr Menschen seid ein stinkender Haufen.

Und diese Frau, die auf Belle und mich zuläuft und dann stehen bleibt, riecht, als wäre sie durch Regen gelaufen, aber es hat heute nicht geregnet. Sie trägt so viel Wetter. Ihr eigenes Klima, dunkel und feucht. Ich schnuppere an ihrer Jacke – sie ist trocken. Die Frau riecht nach Nebel, Moos, nassem Beton und Benzin. Sie riecht nach Flüssen und Unkraut und verbranntem Rhabarber. Da ist die Frische von klarem Wasser. Und da Moder und Salz, Melasse und Laichkraut.

Ich schaue sie an. Sie lächelt mir zu. Ich möchte an ihrer Hand lecken, wissen, wonach sie schmeckt.

Ganz schön groß, sagt sie zu Belle.

Aber total lieb, sagt Belle, und mir fällt auf, wie der Geruch ihrer Haut sich verändert, als sie das sagt; da ist auf einmal Holzrauch und Vanille.

In dieser Frau sind so viele Schuldgefühle, Belle. Wenn ich könnte, würde ich es dir sagen. Sei vorsichtig, das ist wie eine Flutwelle. Ich bin zwar ganz schön groß, aber mit ihren Schuldgefühlen könnte sie mich sofort umhauen.

Was hat sie getan, Belle? Was um alles in der Welt hat sie nur getan?

Mark Rothko

In der Nacht in dem B&B passiert es Sydney zum ersten Mal seit Jahren wieder. Sie hat einen Albtraum. Denselben, den sie zwischen zehn und dreiunddreißig immer wieder hatte. Seit sie Ruth kennengelernt hat, schläft sie gut und träumt von anderen Dingen. Manche davon machen ihr auch Angst, aber nicht so wie dieser.

Die Details des Traums verändern sich, aber die Geschichte ist immer dieselbe.

Diesmal ist sie in der Galerie, dem Weißen Raum.

Der Raum ist lang und schmal und geht aufs Meer hinaus.

Manchmal klatschen die Wellen gegen das Fenster.

Die Wände sind mit Rothkos bedeckt.

Alle Bilder sind schwarz und rot.

Sie sitzt auf einer langen Bank aus schwarzem Leder.

In diesem Traum trägt sie eine rote Hose, ein braunes T-Shirt und schwarze Handschuhe.

Sie ist barfuß.

Sie blickt auf das Bild vor ihr, eine riesige Farbfläche.

Das Bild hat weder Anfang noch Ende.

Sie nähert sich ihm, berührt es mit ihren behandschuhten Fingern.

Dieses Bild durchschaut sie. Es weiß, was sie nicht zeichnen kann.

Es weiß, was sie getan hat und was sie verloren hat und warum der Anblick unschuldiger, unbeschwerter Freude für sie unerträglich ist.

Es weiß, warum sie sich stets abwendet, wenn Kinder fröhlich spielen.

Ja, Mark Rothko versteht, und das ist tröstlich. Tröstlicher, als sie mit Worten ausdrücken kann. Deshalb breitet sie die Arme aus, so weit sie kann, wie ein barfüßiger Fischer, der zeigen will, wie groß sein Fang ist, wie ein Mädchen, das sagen will, so sehr liebe ich dich.

Danke, sagt Rothko. Freut mich, wenn ich helfen konnte.

Dann hört sie die Stimme einer Frau.

Das kann doch nicht sein, sagt die Stimme.

Bist du das?, fragt die Stimme. Bist du es wirklich?

Sydney dreht sich um.

Der Raum hat keine Tür, nur eine rechteckige Öffnung, einen leeren Türrahmen.

In diesem Türrahmen steht ihre Mutter.

Dahinter kann Sydney das stählerne, kalte Rauschen der Wellen hören, das stählerne, kalte Rauschen von Rothkos Pinsel.

Na, so ein Zufall, sagt ihre Mutter.

Mum?

Komm her und gib mir einen Kuss.

Mum?

Ja, Liebes.

Was tust du hier?

Ich lebe hier.

Was soll das heißen, du lebst hier?

Gleich da unten am Strand. Ich habe eine sehr hübsche Wohnung, klein, aber für mich reicht es. Warum hast du mich nie besucht? Ich habe die ganze Zeit gedacht, du kommst mal vorbei.

Was?

Warum hast du nicht nach mir gesucht, Sydney? Warum hast du einfach aufgegeben?

Was soll das heißen? Was meinst du damit?

Es ist so schön, dich zu sehen, Liebes. Ich kann dir gar nicht sagen, wie sehr ich mich freue.

Mum, ich verstehe nicht –

Wie groß du geworden bist. Wie alt bist du jetzt?

Warum sollte Dad lügen? Warum?

Alles ist gut, meine Süße. Jetzt sind wir zusammen.

Du bist nicht gestorben, sagt Sydney.

Ich bin nicht gestorben, sagt ihre Mutter.

Schneefrau

Es ist der Samstag vor Weihnachten, und sie haben sich gerade *The Little and Large Show* und *Dallas* angesehen. Es ist schon spät, aber das scheint keinem von ihnen aufzufallen. Sie sitzen alle im Schlafanzug da und essen Erdnüsse und Chips, Howard im einen Sessel, Sydney im anderen und Jason wie immer auf dem Sofa ausgebreitet.

Am Morgen haben sie den Baum geschmückt.

Zum ersten Mal ohne sie.

Nein, sagte Jason, du musst erst die Lichterkette aufhängen, *dann* das Lametta und *dann* die Kugeln.

Tut mir leid, sagte Howard.

Schon gut.

Wo sind die Schokoladenweihnachtsmänner?, fragte Sydney.

Was?

Die Schokoladenweihnachtsmänner.

Ich glaube, die habe ich vergessen, aber ich kann Montag noch welche besorgen.

Ich schreibe sie auf die Liste, sagte Jason.

Welche Liste?

Die Einkaufsliste für Weihnachten. Wir haben dir letzte Woche Bescheid gesagt, sie hängt an der Pinnwand.

Natürlich, sagte Howard.

Sie drapierten die Lichterkette über die Zweige, schalteten sie ein und vergewisserten sich, dass alle Lämpchen brannten. Dann verteilten sie das Lametta von oben nach unten. Jason saß auf dem Fußboden, sortierte das Durcheinander von Baumschmuck auf unterschiedliche Häufchen und entwirrte die Fäden. Jetzt müssen wir aufpassen, dass alles gleichmäßig verteilt wird, sagte er, damit wir nicht lauter gleiche Sachen nebeneinander haben.

Sie fanden alle, dass das sehr wichtig war.

Sie waren sorgfältig, gaben sich Mühe.

Keiner von ihnen erwähnte die Kassette mit Weihnachtsmusik, die sie früher immer angemacht hatte, während sie den Baum schmückten. Sie hatten gestöhnt, nicht schon wieder, die ist so kitschig, und jetzt sehnten sie sich danach, sie zu hören, und hatten Angst davor, sie zu hören, und das war nur eine von vielen Verwirrungen.

Wonach riechst du?, fragte Jason.

Was meinst du?, fragte Howard.

Du riechst komisch.

Das ist wahrscheinlich die Mundspülung, sagte er.

Sydney und Jason sahen sich an. Seit wann galt Whisky als Mundspülung?

Draußen schneite es.

Salz, das vom Himmel in offene Wunden fiel.

Ihre Mutter liebte Schnee. Sie liebte Rodeln, Schneebälle und Toben im Schnee.

Am Tag zuvor hatten Sydney und Jason im Vorgarten einen Schneemann gebaut und ihm ihre rosa Pudelmütze auf den Kopf gesetzt. Dann kam ihr Vater heraus, um ihn sich anzusehen und die Einfahrt frei zu schaufeln, und als sie den Ausdruck auf seinem Gesicht sahen, schämten sie sich.

Wo habt ihr die her?, fragte er.

Was denn?, fragte Jason.

Die Mütze, sagte Howard.

Die hab ich aus Mums Schrank geholt, sagte Sydney, ebenso starr wie der Schneemann hinter ihr mit seiner Möhrennase und den Knopfaugen.

Howard biss die Zähne zusammen.

Ich bin unfähig, ich bin gemein, ich bin überfordert.

Als er erneut sprach, klang seine Stimme anders. Nicht besser oder schlechter, weicher oder härter, nur anders.

Das sieht gut aus, sagte er. Ich meine, es war eine nette Idee, eurem Schneemann eine Mütze aufzusetzen.

Sydneys Angst verwandelte sich in Wut, wie so oft. Warum log er, warum tat er so, als würde es ihm gefallen? Seine Stimme klang seltsam und mechanisch, distanziert, als wäre er nur ein Onkel. Außerdem war es nicht *eine* Mütze, sondern *ihre* Mütze. Sie hatte ihrer Mutter gehört, und er hatte ihre Mutter gerade ausradiert. Das konnte er jetzt. Er konnte sie und Jason dazu bringen, über sie zu sprechen, wenn er es für richtig hielt, und sie daran hindern, wenn er es nicht ertrug. Er konnte sie näherbringen und sie noch weiter von ihnen entfernen. Er als Erwachsener konnte entscheiden, wie viel von Ila Smith noch da war, und ohne dass es ihnen bewusst war, hassten seine Kinder ihn dafür.

Als sie da im Vorgarten standen, wollte Sydney die Mütze nehmen und sie ihrem Vater an den Kopf werfen.

Sie wollte superschnell rennen und ihn mit dem zornigen Gewicht ihres Körpers umwerfen.

Aber sie wollte auch, dass er sie in die Arme nahm. Ihr seine große Hand auf den Kopf legte und ihr durch die Haare strubbelte wie früher. Wie er da stand, mit seinem rot karierten Hemd und der Schaufel über der Schulter, sah er aus wie ein Holzfäller. Ein Mann, der Holz hacken und Feuer machen und sie alle auftauen konnte.

An dem Abend ging Howard, als die Kinder schliefen, noch einmal nach draußen und nahm Ilas Pudelmütze vom Kopf des Schneemanns, damit sie niemand stahl. Er hatte vor, sie ihm am nächsten Morgen wieder aufzusetzen, bevor sie etwas merkten.

Aber er tat es nicht.

Er stand auf, trank Kaffee, machte Rührei.

Sie ist weg, rief Jason und kam in die Küche gerannt. Mums Mütze ist weg.

Sydney versteckte sich vor lauter Angst in ihrem Zimmer. Es war ihre Schuld. Sie hatte die Mütze aus dem Schrank ihrer Mutter gestohlen und auf einen Haufen Schnee gesetzt, und jetzt war sie weg.

Und das war noch nicht mal das Schlimmste.

Die Mütze auf dem Kopf des Schneemanns war nur die Spitze des Eisbergs.

Alles war ihre Schuld. Alles, was mit ihnen geschah, jede Minute und jede Stunde davon, war ihre Schuld.

Was soll ich tun?, dachte Howard, als er seinen Sohn ansah.

Diese Frage beschäftigte ihn jetzt fast immer.

Was zum Teufel soll ich bloß tun?

Keine Sorge, sagte er, alles in Ordnung. Das war ich.

Du?, fragte Jason. Du hast sie genommen?

Ich habe sie über Nacht zum Trocknen auf die Heizung gelegt, sagte Howard und überlegte, was er damit gemacht hatte. Er erinnerte sich nur noch an Whisky und daran, dass er ohne Schuhe in den Schnee hinausgegangen war und sein Gesicht in die nasse Pudelmütze gedrückt hatte, und dann hatte er dem Schneemann die Faust in den Bauch gerammt und hatte das Loch wieder mit Schnee auffüllen müssen.

Jason starrte ihn wütend an. Warum hatte er die Mütze weggenommen, sich an *ihrem* Schneemann vergriffen? Das war *ihr* Geschenk für ihre Mum, und sie hofften, dass sie ihn von da, wo sie jetzt war, sehen konnte und wusste, dass er für sie war.

Syd, sie liegt zum Trocknen auf der Heizung, rief er und rannte nach oben.

Er lief so schnell, um sie zu trösten, sprang zwei Stufen auf einmal hoch, um sie zu beschützen. Und trotzdem wollte er sie manchmal in der Luft zerreißen. Letzte Woche hatte er einen Filzstift genommen und damit kreuz und quer über ihre Zeichnungen von einem Raumschiff gekritzelt, und zwar so fest, dass der Stift bis auf den Küchentisch durchgedrückt hatte. Die Striche gingen nicht wieder weg. Der Tisch war von seinem Zorn getränkt. Zuerst hatte er deswegen ein schlechtes Gewissen gehabt, aber dann nicht mehr. Gib deiner Schwester nicht die Schuld daran, was mit Mum passiert ist, hatte sein Vater gesagt. Also bemühte er sich, es nicht zu tun. Und meistens brauchte er sie mehr, als er sie wegstoßen wollte. Noch jedenfalls.

Ihre Zimmertür ging auf, und die beiden liefen durchs Haus und suchten die Mütze.

LÜGNER!

Ich kümmere mich darum, sagte Jason. Du bleibst hier oben.

Okay, sagte Sydney.

Ihr Vater war noch immer in der Küche und bereitete das Frühstück vor, strich gerade Butter auf den Toast.

Wo ist sie?, fragte Jason. Wir haben auf allen Heizungen nachgesehen, aber da ist sie nicht. Hat sie doch jemand geklaut? Was hast du damit gemacht?

Beruhige dich, Jase, sagte Howard.

Nein, ich beruhige mich nicht.

Dann kam Sydney herein. Schon gut, ich hab sie gefunden, sagte sie atemlos.

Oh, gut gemacht, sagte Howard. Wo hab ich sie denn gelassen?

Auf deinem Bett, sagte sie, ohne zu erwähnen, *wo* auf dem Bett, dass sie sie auf seinem Kopfkissen gefunden hatte.

Dallas war klasse. Darüber sind sie sich alle einig, dass *Dallas* wirklich jede Woche klasse ist.

Es wird immer später, aber keiner von ihnen ist müde. Sie sind zu erschöpft, um müde zu sein. Das Licht ist gedämpft, und der Baum leuchtet, und Howard trinkt Sherry. Weihnachten ist fast da, und niemand hat Lust darauf. Das ist eine unausgesprochene Wahrheit, grellbunt wie eine Christbaumkugel. Und heute Abend trägt Ilas Schneemann nicht nur ihre Mütze, sondern auch eine von ihren Strickjacken. Das war eine Idee ihres Vaters, nachdem sie morgens den Baum geschmückt hatten. Wennschon, dennschon, hat er gesagt, weil die Atmosphäre so furchtbar war, dass er etwas tun musste. Er lächelte dabei, und weil sein Lächeln nicht aufgesetzt oder gequält war wie so oft, vertrauten sie ihm und folgten ihm nach oben zu ihrem Schrank und dann hinaus in den Garten.

Der Schneemann war viel dicker und runder als Ila. Ihre Sachen passten ihm nicht, deshalb setzten sie ihn auf eine Turbodiät. Ihn dünner zu machen war einfach, und es tat gut, dass ausnahmsweise mal etwas einfach war.

Also, eigentlich ist er eine Sie, sagte Jason.

Sie ist eine Schneefrau, sagte Sydney.

Das stimmt, sagte Howard.

Sie klopften sie rundum ab, lösten den Schneespeck von ihrem Bauch.

Das müsste reichen, sagte Howard.

Nein, sie ist immer noch zu dick, sagte Jason.

Nein, sie ist genau richtig.

Howard hatte recht. Das T-Shirt glitt über den Kopf der Schneefrau. Die Strickjacke passte um sie herum und wurde bis oben hin zugeknöpft. Zum Schluss noch ein rosa Schal, passend zur Mütze, dann war sie fertig.

Alle drei traten ein paar Schritte zurück.

Howard wartete.

Was hatten sie getan? War das gut oder schrecklich? Falls Menschen eine Art Barometer für solche Dinge hatten, war seins kaputt.

Sie standen schweigend da und starrten auf einen Schneeklumpen, der die Kleider einer toten Frau trug.

Es war so bizarr, dass sie sich irgendwie besser fühlten.

Sie gingen hinein und aßen Würstchen, Nudeln mit Tomatensoße und Kartoffelwaffeln.

Dann zogen sie sich ihre Schlafanzüge an und sahen bis Mitternacht fern.

Es tut gut, im Dunkeln
das Meer zu hören

Wenn Jon Schaefers Fähigkeiten als Vater in einem Handbuch zusammengefasst würden, dann hieße es *Wie man sein Kind unglücklich macht, indem man seine Familie ignoriert und dauernd über Kunst redet.* Es wäre ein schmales Bändchen mit einem langen Titel, passend zu Jon als Mann – viel Gerede und wenig Substanz. Maria Nortons Handbuch hieße *Wie man seine Traurigkeit dafür benutzt, sein Kind zu Hause zu halten.*

Ja, ihre Eltern waren zum Teil dafür verantwortlich, dass Belle wenig Lust verspürte, ihr Elternhaus zu verlassen, aber man kann andere Menschen nur bis zu einem gewissen Grad dafür verantwortlich machen, wer man ist. Belle hat durchaus auch ihre eigenen Gründe dafür, zu Hause zu bleiben.

Ich kann hier nicht weg, denkt sie. Selbst wenn ich wollte. Ich bin nämlich viel zu *wichtig*, um wegzugehen. Schließlich muss ich mich um Stuart und Timothy kümmern, ganz zu schweigen von meiner einsamen Mutter. Wer würde denn dann mit ihr am Küchentisch Scrabble spielen? Wer würde ihr helfen, ihr neuestes Muffin-Rezept zu vervollkommnen? Die Buchhandlung würde ohne meinen Blick für Details und mein Organisationstalent den Bach runtergehen. Und dann sind da ja noch mein Schrebergarten, meine Netflix-Serien, meine Playlist mit TED-Talks, meine Bücher über Tierpsychologie und meine Romane über Außenseiter und schräge Typen. Wie soll ich da Zeit für Langeweile oder eine Beziehung haben? Es gibt hundert Sachen, die ich tun kann. Und deshalb werde ich mich *nicht* um einen Platz an einer Kunsthochschule bewerben, Dad. Du willst das sowieso nur, weil du es nicht gemacht hast. Und nein, Dad, das wird mir nicht helfen, ein *authentisches* Leben zu führen, was auch immer das sein soll, es wird nur dazu führen, dass ich arm und unglücklich werde, also mach mal 'nen Punkt.

Mach mal 'nen Punkt ist Belles Lieblingsantwort. Fast immer stehen die Leute ein paar Sekunden lang völlig perplex da, ohne etwas zu sagen. Denn was soll das eigentlich heißen? Es macht ihr Spaß, die Sekunden zu zählen – sieben ist bisher der Rekord. Das klingt nach nicht viel, aber schieben Sie mal sieben Sekunden Schweigen in eine aufgeheizte Debatte, dann sehen Sie, wie lang das ist. Wenn jemand zu Belle sagen würde, sie solle mal 'nen Punkt machen, dann würde sie erwidern, *Sieh den Tatsachen ins Gesicht*, denn das ist noch verwirrender. Probieren Sie's mal aus.

An diesem Abend liegt Belle auf dem Sofa in der »Höhle«, dem kleinen dunklen Raum am Ende des Flurs mit auberginefarbenen Wänden, einem Holzofen, einer Lampe und einem schmalen Bücherregal. Auf dem Fußboden liegen ein abgetretener Teppich und ein riesiges Kissen für Stuart. Wenn man die Tür zumacht, existiert nichts anderes mehr. Abgesehen von den Spinnweben am Fenster. Dem Staub auf den Regalbrettern. Dem Rauchmelder, früher weiß, jetzt grau, ohne Batterien. Zwei Weihnachtskarten vom letzten Jahr, beide mit festlich geschmückten Hunden. Können Hunde festlich sein? Oh, Sie würden staunen. Stuart hat Lametta getragen und ein Halstuch mit dem Weihnachtsmann auf seinem Schlitten.

Ein Mal – ein einziges Mal – hat Belle einen Jungen mit nach Hause und in die Höhle gebracht. Sie haben Ginger Beer getrunken und sich über die Schule unterhalten. Der Junge wollte Anthropologe werden. Er hatte einen dicken Strickpullover und braune Jeans an. Schöner Pulli, sagte Belle. Den hat meine Tante gestrickt, sagte der Junge. Sie ist toll, sie strickt alles, was du dir vorstellen kannst. Sie ist sogar ziemlich bekannt, nicht wegen dem Stricken, sie entwirft Boote, total tolle Boote. Wow, das klingt toll, sagte Belle und wünschte sich, sie hätte ein anderes Wort genommen als *toll*, zum Beispiel fantastisch oder beeindruckend, aber sie hatte nun mal keine Erfahrung mit so was und würde sie wahrscheinlich auch nie haben. Bisher hat sich daran nichts geändert, aber es kümmert sie nicht mehr. Es genügt ihr völlig, sich mit Stuart aufs Sofa zu kuscheln, auf diese verrückte Weise in- und umeinandergeschlungen, die ihre Mutter jedes Mal zum Lachen bringt, wenn sie hereinkommt. Das kann doch unmöglich bequem sein, sagt sie dann, und Belle erwidert: Es ist total entspannend, wir haben zusammen TED-Talks auf dem Laptop geguckt, stimmt's, Stu? Gerade kam ein guter darüber, wie wichtig es ist, verletzlich zu sein. Das klingt interessant, sagt ihre Mutter. Kann ich mir Stuart mal ausleihen? Ich brauche ein bisschen frische Luft. Kommst du mit raus, Stuart?

Nun, da sie allein ist, setzt Belle ihren Kopfhörer auf und hört Elvis. Sie fragt sich, wie es dem Jungen wohl geht, ob er wirklich Anthropologe geworden ist.

(Ist er nicht, Belle. Er ist Elektriker. Mit einer Dichterin verheiratet, lebt in Manchester, eine dreijährige Tochter. Das hätte dein Preis sein können, wenn du mitgespielt hättest. Denk lieber nicht darüber nach. Hör weiter deine Musik. Ja, genau, entspann dich. Schau auf der Seite mit den Lokalnachrichten nach, ob irgendwas Aufregendes oder Schlimmes passiert ist.)

Auf der Website prangt eine neue Schlagzeile: SELBSTMÖRDERIN IN DER STADT.

Belle liest den Artikel und scrollt dann nach unten zu den Kommentaren.

18.06 Uhr: Ich habe eine Frau auf dem Dach vom Supermarkt gesehen – sie ist zum Schnapsladen rübergesprungen. Wenn das die Frau ist, um die es hier geht, dann sah sie für mich nicht wie eine Selbstmörderin aus. Wahrscheinlich ist sie bloß eine Stunt-Frau, die trainiert. Irgendwo müssen die ja schließlich trainieren, oder?

18.38 Uhr: Ich habe eine Frau gesehen, die auf der Mauer vom Park herumgelaufen ist.

19.02 Uhr: Na und?

19.03 Uhr: Vielleicht spioniert sie uns aus.

19.14 Uhr: Wenn sie das vorhätte, würde sie wohl kaum die Aufmerksamkeit auf sich ziehen, indem sie auf irgendwelchen Dächern oder Mauern herumturnt. Und was gibt's in so einem langweiligen Küstenkaff schon zu spionieren? Der letzte spektakuläre Zwischenfall hier war, dass Mark Bellini sich mit der Kettensäge den Finger abrasiert hat.

19.18 Uhr: Wahrscheinlich leben in dieser Stadt eh schon Hunderte von Leuten, die sich am liebsten umbringen würden, genau wie in den meisten anderen Städten. Selbstmord ist mittlerweile eine der Haupttodesursachen. Dieser Artikel geht völlig am Thema vorbei. Ist es überhaupt legal, auf fremden Dächern herumzulaufen?

19.24 Uhr: Sie ist bestimmt einfach nur ein Traceur, ein Freerunner.

19.25 Uhr: Ich finde Mark Bellini jetzt echt sexy.

19.26 Uhr: Parkour ist kein Verbrechen, im Gegenteil, es hilft, Verbrechen zu verhindern. In einem Artikel stand letztens, dass sie in London an mehreren weiterführenden Schulen Freerunning im Schulsport unterrichten, und seither hat die Jugendkriminalität dramatisch abgenommen.

19.30 Uhr: Die geistige Gesundheit steckt in der Krise. Depression ist zu einer Volkskrankheit geworden, und es gibt immer mehr Selbstmordgefährdete. Warum bietet dieser Artikel keine Hilfe für diejenigen, die sie brauchen, anstatt die Aufmerksamkeit nur auf diese eine Frau zu richten? Und was ist, wenn sie wirklich springt? Sind wir dann nicht alle mitverantwortlich für ihren Tod?

19.42 Uhr: Wieso das denn? Ist doch ihre eigene Entscheidung, wenn sie so ein Risiko eingeht.

19.59 Uhr: Hey, hier ist Bellini, wie wär's mit 'nem Date? Meine Kettensäge hab ich immer noch.

20.11 Uhr: Sie ist ein Hooligan.

20.17 Uhr: Ich glaube, ich habe sie in Greggs Laden gesehen, sie hat sich eine Nudelsuppe gekauft.

Maria zieht sich den Schaffellmantel und ihren dunkelblauen Schal an. Dann klippt sie die reflektierende Leine an Stuarts Halsband, und die beiden ziehen los.

Die abendlichen Spaziergänge sind der Höhepunkt ihres Tages, vor allem im Winter, weil sie dann schon früh durch die dunklen Straßen gehen und in die beleuchteten Galerien und Ateliers schauen kann. Farbtuben, die auf bekleckstenTischen liegen. Hocker und Stühle, die verlassen mitten im Raum stehen. Die Aktivität des Tages ist noch da, vibrierend wie ein Echo, und sie stellt sich gerne die Menschen vor, die dort den ganzen Tag arbeiten, vor sich hin denken, während sie malen, Musik hören und Tee trinken.

Das Atelier ihres Mannes ist nicht so – es ist gar kein *richtiges* Atelier, sondern eine Männerhöhle, ein Versteck. Er malt immer wieder dasselbe, anstatt bei seiner Familie zu sein, und interessiert sich für kaum etwas anderes.

Sie geht Richtung Kirche und blickt die dunkle Straße hinunter, die zum dunklen Meer führt, bevor sie nach links abbiegt. Sie geht langsam, bleibt stehen, um in die hell erleuchteten Schaufenster zu blicken. Die meisten sind voller Krimskrams für die Touristen: Minileuchttürme aus Holz, Kühlschrankmagnete in Möwenform, Stofftaschen mit Papageitauchern drauf, Lampen aus Treibholz, dekorative Steine. Nicht dass Maria das belächeln würde, schließlich hält das Kaufen und Verkaufen schöner Dinge die Welt am Laufen. Außerdem verkauft ihr Mann seine kleinen Bilder an diese Läden, also sollte sie dankbar dafür sein, dass es die Welt am Laufen hält, vor allem *ihre* Welt.

Aber sie ist es nicht.

Sie bleibt vor der Buchhandlung stehen. Im Fenster hängt ein Poster mit den nächsten Veranstaltungen, und morgen kommt Alexandra Orzabal, die ihr neues Buch vorstellt, einen Ratgeber darüber, wie man innerlich zur Ruhe kommt. Maria findet es seltsam, ein ganzes Buch nur darüber zu schreiben, obwohl es so viele andere Gemütsverfassungen gibt, die man anstreben könnte, zum Beispiel Ekstase, Verlangen oder Euphorie. Womöglich verpasst man das Wesentliche im Leben, während man dasitzt und ruhig ist. Etwas ganz Wunderbares könnte vorbeifliegen wie ein Wirbelwind, von dem man sich nur mitreißen lassen müsste, wenn man nicht so mit dem Ausmalbuch für Erwachsene beschäftigt wäre, das der Gatte einem zum Geburtstag geschenkt hat; wenn man sich nur trauen würde, sich vom Lebenssturm mitreißen zu lassen.

(Weh mich davon,
zerreiß meine Kleider, zerzaus mir das Haar,
wirbel mich herum, wild und ungestüm,
mach mich lebendig.)

Oh, ein Ausmalbuch, sagte sie, als sie an ihrem Geburtstag mit Jon im Bett saß.

Die sind jetzt der Hit, sagte er.

Ganz bestimmt, sagte sie.

Sonst hat er ihr nichts geschenkt. Keine Geschichte, in die sie abtauchen konnte. Kein Gedicht, das sie zum Seufzen brachte. Keinen Schal, kein Armband oder irgendwas anderes, das ihr zeigte, dass er sie kannte und sich verdammt noch mal Gedanken gemacht hatte, anstatt in einen Laden zu gehen und das Erstbeste zu nehmen, das da herumlag.

Du elender Mistkerl!

Danke, sagte sie.

Nicht einmal da hat sie aufbegehrt. Das Leben war so langweilig und brav. Außer natürlich, wenn Jon wütend wurde. Und dabei ging es nicht um Leidenschaft, sondern darum, sie kleinzuhalten, sie gefügig zu machen, sie zum Schweigen zu bringen.

Früher konnte sie gut den Mund aufmachen. Früher war sie oft bei Demonstrationen, mit ihrem Freund vor Jon – nein, ihrem *Verlobten*; benutzten die Leute dieses Wort überhaupt noch? –, einem Bauarbeiter namens Andy, der abends im Bett linke Zeitschriften las. Er war ein aktives Mitglied der Labour Party. Er pflanzte Bäume im Garten, polierte seine Schuhe häufiger als nötig und ließ sich jedes Jahr an seinem Geburtstag ein neues Tattoo stechen. Mein Tintenjunge, hat sie ihn genannt. Ich hab dir wieder Tulpen mitgebracht, sagte er. Und dieses Buch über Ökonomie. Und diesen Herzanhänger von einem Mädchen auf dem Markt. Und diese Marmelade aus dem neuen Lebensmittelladen, weil ich doch weiß, wie gerne du Marmelade magst. Vielleicht lasse ich mir deinen Namen auf die Finger tätowieren, sagte er und malte die Buchstaben mit Kugelschreiber auf seine Hand: M A R I A.

Sie hatte es geliebt, an seiner Seite zu demonstrieren. Sie hatten ein gemeinsames Ziel, sie waren Teil von etwas Wichtigem. Er war ein Revoluzzer mit Lederflicken an seiner braunen Stickjacke und leuchtenden grüngrauen Augen.

Sie geht am Postamt vorbei, an der Bank und an dem altmodischen Spirituosengeschäft. An dem Laden, in dem es nur Kerzen gibt, und an dem mit den Süßigkeiten. Die High Street hinunter und durch die Seitenstraßen, vorbei an all den Ferienhäusern mit Namensschildern und Wimpeln. Schließlich kommt sie zu dem Atelier, in das sie abends so gerne hineinschaut, und drückt die Nase an die Scheibe.

Sie sieht den kleinen Wasserkocher. Den blauen Becher, der halb mit weißer Farbe bedeckt ist. Die Tuben, Töpfe, Pinsel und Stifte, zurückgelassen bis zum nächsten Morgen.

Sie schaut nie tagsüber hinein. Das würde das Geheimnis zerstören. Die Menschen, die hier den ganzen Tag lang arbeiten, sind vollkommen, ohne Fehler. Ihre Abwesenheit ist schön, warum, weiß sie nicht, aber es ist eine Schönheit, die sie körperlich spürt und braucht. Manchmal stellt sie sich vor, wie sie selbst dort an der Staffelei steht und etwas Abstraktes malt, mit überlappenden Formen, einem Bogen, der eine gerade Linie überspannt, der Andeutung einer tanzenden Figur. Es ist natürlich albern, so etwas zu denken – als ob *sie* irgendwas von künstlerischem Wert erschaffen könnte. Lächerlich, denkt sie, während sie sich dort in dem Raum sieht, mit Farbe bekleckst, bei der Arbeit. In diesem Bild trägt sie ein weites blaues Hemd, die Ärmel bis zu den Ellbogen hochgekrempelt. Meine Arme sehen muskulöser aus als sonst, denkt sie und beugt sich näher zu dieser anderen Maria, die sie manchmal erblickt und bei der sie sich fragt, wer sie wohl ist. Diese hochgekrempelten Ärmel – warum fasziniert sie dieser Anblick so? Sie sieht zu, wie die andere Maria nach einem großen Becher greift und daraus trinkt. Wie sie zum Telefon geht, wählt, zu sprechen beginnt. Jetzt lacht sie und nickt, in diesem leeren Atelier, das überhaupt nicht leer wirkt.

'n Abend, Maria, sagt eine Stimme.

Es ist Tony, der Metzger, der von Milly, seiner goldfarbenen Mischlingshündin, über die Straße gezogen wird. Milly bleibt stehen, um an Stuarts Hinterteil zu schnuppern, aber sie ist zu klein und muss sich auf die Hinterbeine stellen und hochspringen wie ein Zirkushund.

Stuart ignoriert diese Albernheiten. Er ist mit anderen Dingen beschäftigt, versucht zu verstehen, warum er heute Abend zwei Besitzerinnen hat, die Maria neben ihm und die im Atelier. Die beiden riechen vollkommen unterschiedlich, aber seine Nase würde sie in einer Menge trotzdem als dieselbe Person erkennen, seine *Lieblings*person. Die da drinnen ist verschwitzter, so viel ist klar. Die hier draußen riecht nach Lavendel, ein Duft, den die meisten Menschen tröstlich finden, was seltsam ist, denn Lavendel ist in fast allen Arten von Traurigkeit enthalten.

Wie geht's dir?, fragt Tony.

Ach, ganz gut, sagt Maria. Und dir?

Muss ja, sagt er.

Stuart schnuppert an Tonys Handgelenk: der bittere Geruch von Tierfleisch. Er knurrt.

Warum macht er das jedes Mal?, fragt Tony.

Ach, das hat nichts zu bedeuten, sagt Maria.

Bis jetzt haben sie nichts Wesentliches gesagt, und doch haben sie einander etwas zutiefst Persönliches verraten: ihre fortwährende Einsamkeit. Anderen gegenüber wäre sie vermutlich hinter einer fröhlichen Stimme oder einer aufrechten Haltung versteckt worden. Vielleicht passiert das einfach, wenn man jahrelang bei demselben Menschen Fleisch kauft, wenn man sich immer wieder tote Körperteile über die Theke reicht. Eine ganz besondere Art von Intimität.

Willst du dich da anmelden?, fragt Tony.

Anmelden?

Bei einem der Kurse, sagt er und deutet mit dem Kopf zum Atelier.

Nein, nein, ich schaue nur gerne da rein.

Keine Lust auf Aktmalerei?, fragt er und wünscht sich sofort, er hätte den Mund gehalten. Es klingt wie eine zweideutige Einladung, zumindest für ihn.

Aber nicht für Maria. Sie hört nur, dass dieser Mann sich vorstellen kann, wie sie diese Tür öffnet, hineingeht und sich mit einem Stift dort hinsetzt, um zu malen. *Erstaunlich.*

Ich bin eher eine Hobbybäckerin, wie du weißt, sagt sie und wünscht sich sofort, sie hätte den Mund gehalten. Jetzt verpasst sie sich schon selbst ein Etikett.

Tony tätschelt seinen Bauch. Wie man sieht, sagt er, ist Kuchen meine große Schwäche.

Nicht Fleisch?, fragt sie.

Fleisch?

Ich dachte nur –

Soll ich dir ein Geheimnis verraten?, sagt er und kommt einen Schritt näher, wobei er Milly gegen ihren Willen mit sich zieht.

Nur zu.

Ich hab mich eine Zeit lang als Flexitarier versucht.

Wirklich?, sagt Maria. Sie hat keine Ahnung, was das bedeutet. Vielleicht irgendwas mit Yoga.

Ja. Und letztes Jahr hab ich Ernst gemacht und bin *Veganer* geworden.

Nein, sagt Maria.

Doch. Ich esse nur noch Pflanzliches.

Meine Güte.

Wennschon, dennschon, sagt er. Aber erzähl's nicht weiter, ja? Ist nicht gut fürs Geschäft.

Aber warum?, fragt sie.

Ich kann's nicht mehr sehen, mir wird regelrecht übel davon. Aber ein Linsen-Dal – jederzeit.

Ist ja 'n Ding, sagt Maria. *Deshalb* hast du Annies Gemüse-Quiches in dein Angebot aufgenommen.

Schon komisch, wie sich die Vorlieben verändern können, nicht?, sagt er.

Allerdings, sagt Maria. Dabei fällt mir ein, ich hab dich lange nicht mehr in deinem Kostüm gesehen.

Er sieht sie verwirrt an.

Morris Dancing, sagt sie.

Ah.

Die große Leidenschaft deiner besten Jahre.

Maria, ich bin neunundfünfzig, das kann man wohl nicht mehr als beste Jahre bezeichnen, oder?

Du bist nur ein Jahr älter als ich, sagt sie, und ich bin auf jeden Fall in meinen besten Jahren.

Du bist achtundfünfzig? Nie im Leben. Du bist doch noch ein junger Hüpfer.

Echt nett von dir, Tony, aber jetzt ist es dunkel. Wenn du mich bei Tageslicht siehst ...

Nein, im Ernst, sagt er. Du hast wirklich etwas Jugendliches an dir. Bei Belle ist es genau das Gegenteil, sie sah schon als kleines Kind aus wie eine alte Seele.

Maria ist verlegen. Sie hat nicht damit gerechnet, dass er – oder überhaupt irgendjemand – sie so genau ansieht, ihr wirklich Aufmerksamkeit schenkt. Und er hat recht, was Belle betrifft, wenn auch nicht bei ihr. Sehe ich dich denn demnächst mal wieder auf der Straße tanzen?, fragt sie.

Am Samstag treten wir auf, im vollen Ornat.

Wunderbar, sagt sie. Dann bist du also ein veganer Fleischer, der Morris Dancing liebt. Was sagt man dazu.

Wir haben alle unsere Geheimnisse, sagt er.

Das stimmt.

Meine Exfrau würde es nicht glauben, wenn es ihr jemand erzählte. Vielleicht wäre sie bei mir geblieben, wenn ich ihr ein Linsen-Dal gekocht und mit ihr getanzt hätte. Sie hat so gerne getanzt.

Das tut mir leid, sagt Maria.

Muss es nicht. Ist ja schon Jahre her.

Das ändert aber nicht unbedingt was.

Nein, sagt er.

Er betrachtet ihr Haar, und sie bemerkt es und fragt sich, ob etwas Ekliges auf ihrem Kopf gelandet ist.

Das Interessante an ihrem Haar, denkt er, ist, dass es so vieles zugleich ist. Es ist fein und fedrig im Wind, aber es sieht trotzdem voll aus. Es ist hellbraun mit blonden und silbrigen Strähnen darin, alles Natur, eine Fülle von Schattierungen und Strukturen, die er den ganzen Tag lang anschauen könnte. Er fragt sich, wie die Farben sich wohl bei wechselndem Licht und unterschiedlicher Distanz verändern. Er fragt sich, wie ihr Haar riecht. Vielleicht nach Kokosnuss. Oder Orangen. Oder Sandelholz und Honig. Oder nach Draußensein. Regen.

Milly kaut auf ihrer Leine herum, dreht sich um sich selbst und hüpft ungeduldig auf und ab.

Sie ist ein echtes Energiebündel, sagt Maria.

Deshalb mag ich sie ja so, sagt Tony.

Du magst also Energiebündel.

Sieht ganz so aus, sagt er lächelnd.

Ihr fällt auf, dass sein Lächeln ganz anders ist als das von Jon. Jeder hat natürlich verschiedene Arten zu lächeln, aber Jons ist oft herablassend, selbstgefällig und kühl. Dieses Lächeln auf Tonys Gesicht ist herzlich und offen.

Erdig, denkt sie. Und mit seinen dichten, beweglichen Brauen sieht er überrascht und aufmerksam aus. Sie betrachtet sein Hemd, das leuchtend blau ist.

Sie sieht ihn vor sich, wie er hinten in einem dunklen Konzertsaal sitzt und zuhört, wie eine Frau Cello spielt.

Was für ein seltsames Bild. Und wer ist die Frau?

Ihre Gedanken sind jetzt beschäftigt, stellen sich dies und das vor, und so fühlt sie sich weniger beschädigt, weniger als eine Lumpensammlerin des Lebens.

Ich sollte wohl besser mal weitergehen, sonst frisst sie noch ihre Leine auf, sagt Tony.

Na dann, sagt Maria.

Sehen wir uns am Samstag?

Auf jeden Fall. Und dein Geheimnis ist bei mir gut aufgehoben.

Froh und enttäuscht, wieder allein zu sein, wendet sie sich erneut zum Fenster.

Die Frau dahinter ist verschwunden. Wahrscheinlich nach Hause gegangen. Und Maria würde alles darum geben, zu sehen, wo sie wohnt, ihre Freunde kennenzulernen, zuzuschauen, was sie tut, wenn sie nicht arbeitet. Gibt es einen Mann in ihrem Leben, und wenn ja, was ist er für ein Mensch? Oder ist es eine Frau? Trägt sie Kleider oder Männerhemden? Spielt sie Cello oder Klavier oder Gitarre? Ich will alles über dich wissen, denkt sie.

Sie geht hinunter zum Hafen und lässt Stuart von der Leine, damit er im Sand schnüffeln kann. Sie lehnt sich an das Geländer, lauscht auf die Wellen.

Es tut gut, im Dunkeln das Meer zu hören.

Noch ist nicht alles verloren, flüstert es.

Es ist Vollmond, und Stuart hat ihn auch bemerkt, starrt wie hypnotisiert zum Himmel. Was sieht ein prächtiger Hund, wenn er einen prächtigen Mond betrachtet? Vielleicht einfach nur einen riesigen Ball, ein Spielzeug, leuchtend und unerreichbar.

Auf dem Heimweg kommen sie am Fish-&-Chips-Imbiss, am Pastetenladen und am italienischen Restaurant vorbei. Stuart, der ewige Optimist, bleibt vor jedem stehen. Dann das Pub mit den vielen Bänken draußen, alle zum Meer hin ausgerichtet. Dann wieder die Seitenstraßen und die Läden.

Da sieht Maria sie, oben auf dem Dach des Kinos.

Wie um alles in der Welt ist sie da hochgekommen?

Sie steht dicht am Rand, die Arme ausgestreckt.

Sie sieht aus wie ein Engel, denkt Maria. Ein Engel auf dem Dach.

Doch dann –

O nein.

Sie ist viel zu weit vorne, als wollte sie –

Hallo, ruft Maria.

Der Engel winkt.

O Gott. Was für eine Last, was für eine Verantwortung. Maria wird flau.

Sie sollte etwas tun, aber was? Wer weiß, was die Frau durchgemacht hat. Die Leute sagen so oft, das Leben ist kurz, aber so empfindet Maria es nicht. Für sie ist das Leben ein langer, dunkler Tunnel. Vielleicht ist diese Frau bereit für das Licht, und warum sollte sie sie daran hindern? Jeder hat das Recht, sich das Leben zu nehmen. Das ist ihre Überzeugung, aber nun, da die Entscheidung unmittelbar bevorsteht und es nicht um *ihr* Leben geht –

Bitte tun Sie es nicht, ruft sie.

Sie ist selbst überrascht, dass sie das gesagt hat.

Die Frau sieht hinunter zu Maria.

Maria sieht hinauf zu der Frau.

Ich kann Ihnen helfen, ruft Maria, aber kommen Sie da runter. Es muss eine BESSERE LÖSUNG geben.

Die Frau tritt zurück, entfernt sich vom Dachrand. Maria tut dasselbe. Sie wechselt zur anderen Straßenseite, um den Engel nicht aus den Augen zu verlieren. So ist es besser, jetzt kann sie die Frau wieder sehen, aber sie nähert sich erneut dem Rand, gleich wird sie –

Nein, nein, nicht, ruft Maria. Wir finden ein NEUES Leben für Sie, okay?

ES *MUSS* DOCH MEHR LEBEN GEBEN.

Barry, das Frettchen

Heute Abend hat Howard alles Mögliche versucht. Ein ausgedehntes Bad. Einen Einschlaftee mit Kamille, Baldrian, Lavendel und Minze. Eine Folge von *Sherlock*. Einen Dokumentarfilm über die Geschichte der Ordnance-Survey-Karten. Er hat seine höchst spezielle Version von »You Can't Always Get What You Want« auf der Ukulele gespielt, leise, um die Nachbarn nicht zu wecken. In seiner umfangreichen Sammlung von Ordnance-Survey-Landkarten geblättert. Noch ein Tee, diesmal Orange. Ein langes Telefongespräch mit Ruth, die genervt klang. Ein Video-Chat mit Jason, der beim Skypen immer brüllt, wovon er, Howard, Kopfweh kriegt. Dann drei Gläser Brandy, direkt hintereinander weg. Aber es nützt alles nichts. Weil heute ihr Hochzeitstag ist. Und weil Ila es wieder vergessen hat. Gut, sie ist tot, aber trotzdem. Er zieht seinen Schlafanzug an. Denkt darüber nach, sich umzubringen. Das hilft immer. Der Gedanke ist beruhigend, nicht morbide oder dramatisch, aber das versteht man nur, wenn man selbst regelmäßig darüber nachdenkt. Er ist wie ein Hinweisschild zum Ausgang, ein kleines Fenster oben an der Zellenwand. Eine Fantasie, die die Lunge füllt, mit Atem und Wasser zugleich. Wie würde er es tun? Natürlich auf die Woolf'sche Art, das war die einzig passende. Aber im Meer, nicht im Fluss. Mit Steinen in den Taschen. Ich wate hinein, mit entschlossenen Schritten, die Hosenbeine spülen mir um die Beine. O ja, was für eine wunderbare, kühle Erleichterung. Und jetzt weiter, du schaffst es. Denk nicht an Jason und

Sydney. Denk nicht an die bezaubernde Ruth. Verdirb diesen Tagtraum nicht mit Schuldgefühlen. Sie würden es verstehen. Sie wissen, wie sehr du dich all die Jahre bemüht hast. Komm, noch weiter, ja, so ist es gut. Ganz schön kalt. Ich komme, Ila. Was soll das jetzt? Ich glaube doch gar nicht an ein Leben nach dem Tod, Religion und diesen ganzen Kram. Aber ich komme, Ila. Kannst du mich sehen, Liebling? Mich und meine Ukulele? Du hast doch nicht gedacht, dass ich sie zurücklasse, oder? Jetzt muss nur noch mein Kopf unter Wasser, und dann ein, zwei salzige Schlucke. Ich bin's, Ila, dein Mann. Ich bin hier.

Er erinnert sich an die Szene aus *The Hours – Von Ewigkeit zu Ewigkeit*, in der Laura Brown (Julianne Moore) in einem Hotelzimmer liegt, das allmählich überflutet wird. Er ist also nicht der Einzige, der von Selbstmord träumt. Wobei Laura Brown natürlich nicht echt ist. Und noch etwas: Virginia Woolfs Abschiedsbrief steht im Netz, für jeden einsehbar. Nicht nur der Text, sondern ein Foto vom Original. Er findet das verstörend.

> Liebe Virginia,
> eines Tages, lange nach Ihrem Tod, werden die Menschen einen Großteil ihrer Zeit in einem weltweiten digitalen Netzwerk zubringen, in das sie mithilfe von allerlei technischen Gerätschaften gelangen, die mit Bildschirmen und Tastaturen ausgestattet sind. Und dieser Brief, den Sie eben geschrieben haben, in dem Sie Ihre Absicht verkünden, zu sterben und die Menschen, die Sie lieben, zurückzulassen, wird für jeden, der Ihren Namen in so ein Gerät eingibt, verfügbar sein. Die Privatsphäre wird explodieren, nicht laut und schnell wie die Bomben im Krieg, sondern langsam und leise. Auf der ganzen Welt wird man diesen Brief lesen können, Virginia. Nein, das denke ich mir nicht

aus, auch wenn es verrückt und weit hergeholt klingt. Ich will Sie nur warnen, weil ich mich Ihnen heute Abend sehr nahe fühle. Ich habe mir *Die Wellen* aus dem Regal genommen, um es noch einmal zu lesen. Vielen Dank für Ihre Bücher, sie haben mir großen Trost gespendet. Es tut mir leid, dass Sie so viel Schmerz erlebt haben.
Mit allerbesten Grüßen und großer Wertschätzung
Howard Smith

Seit Ila hat es keine andere Frau mehr gegeben. Na ja, Sex schon. Ein paar Verabredungen, One-Night-Stands. Und Gwen, mit der er immerhin fünf Monate zusammen war, aber nur, weil sie sich drei davon in Kanada aufgehalten hat. Gwen war mal bei *Britain's Got Talent*, und als Howard ihr gestand, dass er die Sendung noch nie gesehen hatte, sah sie ihn an, als wäre er der langweiligste Mann der Welt, sodass er das Gefühl hatte, er müsse sich bei ihr entschuldigen. Ist nicht deine Schuld, sagte sie. Was meinst du?, fragte er. Ach, du weißt schon, sagte sie. Nein, weiß ich nicht, sagte er. Das ging ein paar Minuten lang so weiter, bis Gwen ihm schließlich erklärte, er sehe nicht genug fern, um interessant zu sein, und außerdem glaube sie, er sei schwul. Wie kommst du denn darauf?, fragte er. Du ziehst dich gut an, und du willst nie mit mir schlafen, sagte sie. Zwei sehr treffende Beobachtungen, sagte er, was sie verwirrte, aber auch besänftigte. Oh, und du spielst mir zu viel mit deinem kleinen Ding, sagte sie. Wie bitte?, fragte er verdattert. Deiner verdammten Ukulele, sagte sie. Ach so, sagte er. Die ist mein Rettungsanker. Ich *liebe* meine kleine Ukulele. Na, dann geh doch mit deiner geliebten kleinen Ukulele ins Bett, sagte sie. Woraufhin er so sehr lachen musste, wie er seit Jahren nicht mehr gelacht hatte. Es war der Höhepunkt ihrer fünfmonatigen Beziehung. Und ihr Ende.

Howard zieht sich eine Strickjacke über den Schlafanzug und ein Paar dicke Socken an die Füße und geht nach unten. Er macht sich einen Becher Oolong-Tee, geht damit ins Wohnzimmer und legt sich aufs Sofa.

Heute Nacht wird er sich nicht das Leben nehmen. Warum nicht? Weil er morgen bei Marks & Spencer an der Kasse arbeitet, und ihm gefällt sein Teilzeitjob, die Gesellschaft, die er dort hat. Früher war er Geschäftsführer bei Bloom's Fine Stationery, so lange, dass es sich anfühlte, als wäre es seine Firma. Aber das war sie nicht. Er hatte allerlei Ideen für das Schreibwarengeschäft: nach Wunsch gestaltetes Briefpapier, Handlettering-Kurse und Kalligrafie-Workshops. Das fiel einer hiesigen Geschäftsfrau auf. Ich weiß, Sie sind schon so viele Jahre hier, sagte der Inhaber. Sie gehören quasi zur Familie. Aber das Angebot ist zu gut, um es auszuschlagen. Als aus dem Geschäft Bloom's Design & Letterpress Studio wurde, verlor Howard seine Stelle, was für ihn gleichbedeutend war mit *Ruhestand*, was, wie sich zeigte, wiederum gleichbedeutend war mit *Einsamkeit*.

Also arbeitet er morgen bei Marks & Spencer. Und abends kommt Ruth vorbei, um mit ihm einen Film zu gucken. Und er hat versprochen, diese Woche mit Otto Gassi zu gehen, während Ruth bei der Arbeit und Sydney verreist ist. Diese Dinge sind wichtig, sie stehen in seinem Kalender in der Küche. Sie fangen ihn auf, bremsen seinen Sturz. Der Teufel steckt im Detail, und so hält der Teufel ihn am Leben. Der *Mistkerl*.

Er schiebt sich ein Kissen unter den Kopf und schließt die Augen.

Im Sommer sind es zweiundfünfzig Jahre, seit wir uns begegnet sind. Und diese Zahl, *zweiundfünfzig*, täuscht die Leute, wenn er sie ausspricht, wirft den Tag ihrer ersten Begegnung so weit zurück. Dabei kommt es ihm vor, als wäre es erst letztes Jahr gewesen. Er hätte nie gedacht, dass das auch ein Teil des Älterwerdens ist: das Damals so lebendig, das Jetzt so trüb.

Sie sind sich in einem Festzelt begegnet, auf einer Wiese, mitten im Sommer.

Bei einem eintägigen Folkfestival.

Dummerweise hatte sich der Organisator des Festivals nicht unbedingt geschickt angestellt. Bei einem Folkfestival sollte es um Musik gehen, und es gab zwar ein paar Bands, die über den Tag verteilt auftraten, aber davon abgesehen ähnelte das Ganze eher einem Dorffest mit Flohmarktständen, selbst gebackenem Kuchen, einem Bierzelt und bunten Fähnchen. Es gab Gänsetreiben, Entenangeln und einen Geschicklichkeitsparcours für Hunde. Es gab Dosenwerfen, Tauziehen und Maibaumtanzen. Ein paar Leute kamen als Tiger verkleidet; niemand wusste, warum oder wer sie waren.

Howard stand unter einem Schild mit der Aufschrift ERRATEN SIE DAS GEWICHT VON BARRY, DEM FRETTCHEN! Er zahlte seinen Obolus, schrieb 1550 g und seinen Namen auf einen Zettel und warf ihn in die Lostrommel.

Verzeihung, aber ich glaube, Sie unterschätzen Barrys Pummeligkeit, sagte eine Frauenstimme.

Das ist unfair, sagte er und drehte sich um. Sie dürfen nicht gucken, was ich geschrieben habe.

Unfair ist es nur, wenn ich Ihre Zahl abschreibe, und Sie liegen eh falsch. Das Kerlchen bringt mindestens zwei Kilo auf die Waage.

Sind Sie Frettchen-Expertin, oder was?

Sie lächelte und füllte ihren Zettel aus. Wir werden ja sehen, wer recht hat.

Einverstanden, sagte er. In der Zwischenzeit hole ich mir ein Bier.

Gute Idee, sagte sie und stand einfach nur da, die Hände in den Taschen, und sah ihn mit erwartungsvoller Miene an.

Oh, äh, möchten Sie auch eins?, fragte er.

Einen Cider bitte, sagte sie.

Sie setzten sich mit ihren Gläsern auf einen Strohballen. Er nippte, sie trank in großen Schlucken. Er versuchte, sie genauer zu betrachten, ohne dass sie es merkte. Sie war auf eine jungenhafte Art hübsch. Sie erzählte ihm, dass sie zurzeit im Hofladen arbeite, mit sechzehn von der Schule abgegangen sei, genau wie er, und gerne etwas Besseres machen würde, aber noch nicht wisse, was.

Und Sie?, fragte sie.

Er sagte, er sei achtzehn und arbeite in einem Schreibwarengeschäft. Besonders gefiel es ihm, die Füllfederhalter in der Hand zu haben.

Sie hob die Augenbrauen und lachte. Ein Fetisch?, fragte sie.

Das geht Sie gar nichts an.

Ich habe einen wunderschönen Druckbleistift zu Hause, der Ihnen bestimmt gefallen würde.

Wie unverblümt von Ihnen, sagte er, aber um ehrlich zu sein, mag ich normale Bleistifte lieber.

Sie grinste und sah ihn über den Rand ihres Glases hinweg an, während sie den Rest Cider trank.

Sie scheinen mich sehr amüsant zu finden, sagte er.

Allerdings.

Und Sie haben einen ganz schönen Zug am Leib.

Der Cider ist lecker, sagte sie.

Er trank ein wenig von seinem Bier, um mitzuhalten.

Gehen Sie gerne auf solche Feste?, fragte sie.

Na ja, eigentlich sollte es ja ein Folkfestival sein. Ich dachte, es gibt Musik und poetische Liedtexte, nicht Dosenwerfen und Maibaumtanzen.

Ja, ist es nicht toll?, sagte sie. Das beste Folkfestival, das ich je erlebt habe.

Sie irrten sich beide, was Barry, das Frettchen, anging. Zweitausendvierhundertfünfundsechzig Gramm. Barry hatte einen ordentlichen Appetit.

Ha!, sagte sie. Ich habe Ihnen doch gesagt, er ist ein Pummelchen.

Ja, aber Sie lagen auch daneben, sagte er. Und das bedeutet, dass Sie mir ein Bier ausgeben müssen.

So, muss ich das?

Eindeutig.

Ich kann mich nicht erinnern, so etwas versprochen zu haben.

Das haben Sie aber. Und Sie haben mir auch versprochen, nachher in der Scheune mit mir zu tanzen, wenn ich nicht gerade die Ukulele spiele. Warum lachen Sie denn schon wieder?

Tut mir leid, sagte sie. Sie sind einfach sehr komisch.

Wie charmant.

Auf eine gute Art, sagte sie. Auf eine gute Art.

Als ihre Beziehung begann, wusste er nicht, dass sie fünfzehn Jahre und ein ganzes Leben dauern würde. Dass er Freund, Ehemann, zweifacher Vater und Witwer sein würde, und das alles mit dreiunddreißig.

Ein Freund fragte ihn einmal: Wenn du die Zeit zurückdrehen könntest, mit dem Wissen, dass Ila nur fünfzehn Jahre bei dir sein wird, würdest du dann eine andere mit höherer Lebenserwartung nehmen?

Das ist widerwärtig, sagte Howard. Widerwärtig und respektlos.

Aber –

Dafür könnte ich dir glatt eine reinhauen.

Howard, ich wollte doch nur –

Du Arsch.

Meine Güte, es war doch bloß eine Frage, und ich finde, eine durchaus berechtigte.

Howard hätte ihn am liebsten an seinen Mantelaufschlägen gepackt und durch den Raum geschleudert. Seinen Kopf immer wieder gegen die Wand geschlagen. Die Wut, die in ihm aufwallte, war verstörend, aber sie tat auch gut. Zum ersten Mal seit Ilas Tod fühlte er sich wieder lebendig. Vielleicht fing es genau so an, dass Menschen nur noch durch ihre Fäuste lebten – ein Schwall von Beleidigungen, aus dem eine Prügelei wurde, die ihnen Verletzungen eintrug. Er stellte sich vor, wie er seinen Freund schlug und der ihn zurückschlug. Wie er ordentlich was abbekam. Wie er sich mit Prellungen und Platzwunden weinend und blutend nach Hause schleppte. Dann würde sein Äußeres endlich zu seinem Inneren passen, ein ehrliches Bild des Lebens, das er gelebt, und der Gefühle, die er empfunden hatte. Stattdessen stand er hier, schockierend unversehrt. In gewisser Weise wäre es vollkommen richtig, sich zu betrinken und zusammenschlagen zu lassen. Damit würde er dem Gedenken an Ila Respekt erweisen. Ich gehe für dich vor die Hunde, Ila. Er sorgte sich, dass die Kinder und er allmählich verrückt wurden, weil sie die ganze Zeit die Wahrheit für sich behielten, die heimtückische und grausame Wahrheit, dass das alltägliche Leben jetzt unerträglich war. Und er brachte ihnen bei, so zu tun, als wäre nichts passiert. War das richtig, oder sollten sie alles kurz und klein schlagen und schreien, so laut sie konnten, um ihre Gefühle zu zeigen?

Zu dem Zeitpunkt war es Howard, der es nicht gewohnt war,

seine Frau zu verlieren und mit zwei Kindern zurückzubleiben, gar nicht in den Sinn gekommen, dass es einen Mittelweg geben könnte, eine Alternative zum Schweigen oder Schreien und Toben: nämlich darüber zu reden. Denn allein die Vorstellung, über seinen Verlust zu sprechen, ganz zu schweigen von dem der Kinder, war so beängstigend, als würde man einen Korb voll giftiger Schlangen öffnen.

Dieses Folkfestival ist jetzt über ein halbes Jahrhundert her, und doch hat er es so klar vor Augen wie das Sofa, auf dem er liegt, und die Decke, die Ruth und Sydney ihm zum sechzigsten Geburtstag geschenkt haben, zusammen mit ein paar Büchern und Schallplatten, der Gesichtscreme, die er mag, einer Teekanne, Tee, einer Strickjacke *und* einem Paar Wanderstiefel. Sie waren viel zu großzügig. Das ist jetzt fast zehn Jahre her. Im Sommer wird er siebzig. *Siebzig.* Aber er fühlt sich immer noch wie der junge Mann auf dem Fest. Er ist immer der junge Mann auf dem Fest gewesen.

Jemand schlägt ihm die Faust ins Gesicht. Dieses Geräusch. Was ... Nein, nicht sein Gesicht. Es klopft. Jemand klopft an die Haustür.

Verdammt, sagt er und setzt sich auf. Ihm ist flau. Viertel nach neun, und er ist immer noch im Schlafanzug.

Er öffnet die Tür, und die Postbotin mustert ihn von oben bis unten.

Jedem das Seine, sagt sie und reicht ihm ein Paket.

Ich habe auch eine Klingel, sagt er.

Ich mag keine Klingeln, sagt sie. Denen traue ich nicht.

Lieber Dad,

ich habe den ganzen Nachmittag am Strand verbracht und gezeichnet, trotz des Wetters. Aber jetzt sind meine Hände steif vor Kälte. Ich habe in einem Antiquariat diesen Band über die Geschichte der Ukulele gefunden, und ich dachte mir, das ist bestimmt was für Dich. Außerdem habe ich noch eine Zeichnung von Mum dazugelegt, wie sie uns alle dazu gekriegt hat, die Songs aus *Grease* zu singen – weißt Du noch? Ich hoffe, Du findest es nicht merkwürdig. Ich dachte nur, Du freust dich vielleicht darüber.

Bis bald und alles Liebe

Sydney

Er schlägt das Buch auf und betrachtet die Zeichnung. Die Ähnlichkeit ist verblüffend. Wie hat Sydney diese Detailgenauigkeit hinbekommen? Sie muss ein Foto als Vorlage gehabt haben, das kann sie unmöglich aus dem Gedächtnis gezeichnet haben. Sie war noch ein junges Mädchen, als sie ihre Mutter zuletzt gesehen hat. Er hat immer angenommen, dass ihre Erinnerungen mittlerweile verschwommen sein müssten, dass seine Kinder Ila nicht so in sich tragen wie er.

Er betrachtet die Zeichnung mit gemischten Gefühlen.

Sydney tut ihm leid, aber er ist auch wütend und neidisch.

Er legt das Bild in eine Schublade, zusammen mit dem Brief und dem Buch.

Ich kenne die Geschichte der Ukulele bereits, sagt er und geht nach oben, um sich anzuziehen.

Ich mag Sie

Belle Schaefer bemüht sich, einer Autorin die Nervosität zu nehmen, was nicht einfach ist. Genau genommen ist das eine Aufgabe, die man nur jemandem wie Belle anvertrauen sollte – einer Frau mit großer Geduld und Durchhaltevermögen. Die Autorin ist Lily Whippet, Verfasserin von *Der Mann, der aus einem Hubschrauber sprang und sich nur einen Zeh brach*, einem zeitgenössischen Roman über Sex und Tod, so steht es jedenfalls hinten auf dem Umschlag.

Sie hofft, dass der heutige Abend erfolgreicher wird als der gestrige mit Alexandra Orzabal. Ihr Ratgeber darüber, wie man innerlich zur Ruhe kommt, muss von einem Ghostwriter geschrieben worden sein, denn die Autorin schien keine Ahnung von ihrem eigenen Thema zu haben. Sie war das hibbeligste Nervenbündel, das Belle je erlebt hatte. Die Geschwindigkeit, mit der sie sprach – atemlos, als würde sie auf der Stelle laufen –, kombiniert mit ihrer viel zu engen weißen Hose, sorgte für eine so greifbare und unangenehme Anspannung im Raum, dass es kaum auszuhalten war. Die Hose sah aus, als hätte man die Frau hineingeschossen, und ihre Stimme war so entspannend wie ein Welpe, der einem an den Zehen herumnagt.

Solche Veranstaltungen sind nicht sonderlich beruhigend, oder?, fragte Belle lächelnd.

Was soll das denn heißen?, gab Alexandra zurück. Worauf wollen Sie hinaus?

Herrje, tut mir leid, sagte Belle, ich wollte nicht unhöflich sein. Ich dachte nur, es ist bestimmt schwer, in einer einzigen Lesung hundertvierzig Seiten zusammenzufassen.

(Aber nicht so schwer, wie in diese Hose reinzukommen.)

Überhaupt nicht, sagte Alexandra. Nicht halb so schwer, wie diesen Vollidioten klarzumachen, worum es dabei geht.

Oh, sagte Belle.

Ich meine, ist es denn wirklich so schwer, ruhig zu sein?, fragte Alexandra. Sie sah auf ihre Uhr, die Uhr an der Wand, ihr Handy, die Tür.

Schöne Hose, sagte Belle, weil sie dauernd daraufstarrte und hoffte, es unterbinden zu können, indem sie den Stein des Anstoßes benannte.

Danke, sagte Alexandra. Sie werden es nicht glauben, aber die habe ich seit zwanzig Jahren nicht mehr angehabt.

Tatsächlich?

Ja. Ich habe sie am Wochenende zufällig gefunden und dachte, hey, da passe ich bestimmt noch rein. Es war wie eine Verbindung zu meinem dreißigjährigen Ich. Wie eine Verjüngungsspritze. Vielleicht sollten wir alle öfter mal unsere alten Sachen anziehen, was meinen Sie?

Meine Sachen sind alle alt, sagte Belle.

Absichtlich?, fragte Alexandra. Wie ungewöhnlich. Ist das eine bewusste Stilentscheidung?

Darüber habe ich noch nie nachgedacht, sagte Belle. Als sie den Ausdruck auf Alexandras Gesicht sah, kam sie sich vor, als hätte sie gerade verkündet, sie hätte noch nie ein Buch gelesen oder wäre nie zur Schule gegangen.

Haben Sie schon mal darüber nachgedacht, Ihr Selbstbild zu erforschen?, fragte Alexandra.

Nein, habe ich nicht, weil ich für so eine bekloppte Nabelschau viel zu beschäftigt bin, dachte Belle.

Interessanter Gedanke, sagte sie. Ein Satz, den sie bei Schriftstellern oft zum Einsatz bringt.

Das kann sehr erhellend sein, sagte Alexandra. Haben Sie hier irgendwo Kekse? Normalerweise kriege ich immer Kekse.

An diesem Abend gehört die Bühne Lily Whippet. Na ja, keine richtige Bühne, nur eine winzige Ecke der Buchhandlung und ein wackeliger Hocker.

Drei Stunden vor Beginn der Veranstaltung kommt Lily herein, um Hallo zu sagen. Ich sehe mich vorher immer gerne ein bisschen um, sagt sie.

Gute Idee, sagt Belle.

Ich möchte einen Raum erst kennenlernen, bevor ich darin auftrete.

Das lässt sich einrichten.

Belle führt sie von Regal zu Regal und beschreibt jede Abteilung. Lily wäre lieber allein umhergegangen, aber gut.

Ich *liebe* Ihren Namen, sagt Belle. Ich finde, er klingt wie ein schmutziger Befehl.

Lily Whippet lacht. Was für eine kecke junge Frau, denkt sie. Beinahe sagt sie es auch, aber ihr Lampenfieber ist zu groß, deshalb spricht sie nur, wenn es unbedingt nötig ist.

Ist alles in Ordnung?, fragt Belle.

Ich brauche nur was zu trinken.

Mineralwasser? Kaffee? Earl Grey?

Ich dachte eher an Gin, sagt Lily. (Sie denkt oft an Gin.) Gibt es hier in der Nähe ein nettes Pub?

Oh. Ja, klar. Ich kann Sie hinbringen, wenn Sie wollen.

Das ist total nett, aber das ist wirklich nicht nötig. Sie haben sicher viel zu tun.

Nein, gar nicht, sagt Belle. Sie verschwindet kurz im Hinterzimmer, um Yvonne Partridge, der Inhaberin, Bescheid zu sagen, dass Lily Whippet sich nicht ganz wohlfühlt und einen Gin braucht. Kein Problem, sagt Yvonne, wir wissen ja alle, wie diese Schriftsteller sind. Geh ruhig, Kindchen, und sieh zu, dass sie ihren Gin kriegt.

Yvonne nennt sie oft *Kindchen*. Belle gefällt es, obwohl sie spürt, dass es irgendwie nicht richtig ist, schön und herablassend und tröstlich zugleich.

Und dafür werde ich sogar bezahlt, denkt Belle, als sie mit Lily Whippet die Buchhandlung verlässt und die Straße hinunter zum Black Hole geht.

Können wir vorher noch das Meer anschauen?, fragt Lily.

Natürlich, sagt Belle. Haben Sie eigentlich schon viele solche Lesungen gemacht? Ich fand Ihren Roman toll, sehr eigenwillig. Schreiben Sie schon an etwas Neuem?

Großer Gott, Belle, hör auf zu schwafeln. Siehst du nicht, dass Lily Whippet völlig neben sich steht?

Lily hört gar nicht zu. Sie kann an nichts anderes denken als an die Lesung heute Abend, daran, dass ihr Mund immer komische Geräusche macht, wenn sie vor Publikum spricht, dass sie Schweißausbrüche kriegt, wenn sie vom Buch aufblickt und all die fremden Gesichter sieht, die sie ratlos anstarren, anstatt zu lachen. Warum zwingt man Autoren, statt ihres Morgenmantels richtige Kleidung anzuziehen und mit Leuten zu reden? Es ist *furchtbar*. Und sie kann das nicht. Jedenfalls nicht, solange sie keinen Gin intus hat. Und *mit* Gin, Lily? Oh, das ist ganz was anderes: strahlendes Lächeln, anzügliche Scherze – ein völlig anderer Mensch. Was wäre bloß geschehen, wenn sie dieses wunderbare Getränk nicht entdeckt hätte? Dann wäre ihre Karriere als Schriftstellerin nach dem ersten Auftritt vorbei gewesen.

Sie bleiben vor Munro's Burgers stehen und schauen aufs Meer. Die Luft ist kalt und rauchig. Lily wendet den Kopf, um zu sehen, woher der Geruch kommt. Munro's ist gut besucht, überall sitzen Leute auf den langen Bänken und schieben sich Burger aus regional erzeugtem Hähnchenfleisch, Rindfleisch oder Tofu in den Mund.

Die Leute hier haben ja einen ganz schönen Appetit, sagt Lily.

Sie nicht?, fragt Belle.

Ich esse nur ein Mal am Tag, sonst werde ich lethargisch. Ist das Pub ruhig?

Geht so.

Ich glaube, ich brauche jetzt Ruhe.

Belle überlegt kurz. Mögen Sie Muffins?

Wie bitte?

Ob Sie Muffins mögen.

Manchmal.

Wir könnten zu mir gehen, wenn Sie wollen. Da gibt's Gin und Muffins, und Sie können sich vor der Lesung ausruhen.

Lily stöhnt. Es ist ein Laut, den sie von sich gibt, wenn sie sich wohlfühlt, aber Belle hört nur Unbehagen. Das ist das Dumme an einem wortlosen Stöhnen: Man kann es so leicht missverstehen. All die verschiedenen Varianten, von kurz und quiekig bis lang, tief und sinnlich. Und es kommt nie so raus, wie man es will. Lily möchte Freude ausdrücken, aber das Stöhnen fühlt sich so gut in ihrer Kehle an, dass sie es zu lang werden lässt, und am Ende kippt es in Richtung schwül und aufreizend.

Die Luft hat sich verändert. Sie ist immer noch kalt und rauchig, aber jetzt mischen sich zweideutige Signale und der Geruch nach gebratenen Zwiebeln darunter.

Haben Sie Schmerzen?, fragt Belle.

Wie aufmerksam Sie sind, sagt Lily. Mit einem Mal ist sie beeindruckt von dieser jungen Buchhändlerin, die ihr das Gefühl gibt, gesehen und umsorgt zu werden. Bringen Sie mich irgendwohin, wo es ruhig ist, sagt sie und bemerkt zum ersten Mal Belles dunkle Locken und ihre roten Wangen.

Leicht aus der Fassung gebracht, führt Belle die schmale Autorin durch den Ort und über einen Weg, der oberhalb des Strandes verläuft, bis sie bei einem weißen Haus ankommen.

Da wären wir, sagt Belle.

Ich fasse es nicht, Sie wohnen ja direkt am Strand!, sagt Lily. Ich glaube, ich muss bei Ihnen einziehen.

Kommen Sie durch in die Küche, Lily Whippet, sagt Belle, als sie die Tür öffnet. Sie ärgert sich über sich selbst, weil sie Lily mit ihrem vollen Namen angeredet hat, aber sie kann einfach nicht anders. Einfach nur *Lily* bringt sie nicht über die Lippen, es fühlt sich zu zwanglos an, zu intim. Manche Menschen muss man auf Abstand halten.

Lily ist enttäuscht, dass da noch jemand in der Küche ist. Das ist *nicht* ihre Definition von ruhig.

Mum, das ist Lily Whippet, die Autorin von *Der Mann, der aus einem Hubschrauber sprang und sich nur den Zeh brach*. Das ist meine Mutter Maria.

Freut mich, Sie kennenzulernen.

Freut mich auch.

Eine Romanautorin in meiner Küche, wer hätte das gedacht. Möchten Sie einen Tee, Ms Whippet?, fragt Maria.

Sie möchte Gin, sagt Belle.

Maria wirft einen Blick auf die Küchenuhr. Aha, sagt sie.

Sie hat heute Abend eine Lesung.

Ach so, sagt Maria.

Lily zieht eine Grimasse.

Keine Sorge, sagt Maria. Ich habe genau das Richtige für Sie.

So?, sagt Lily. Wie schön, wenn jemand besser weiß, was du brauchst, als du selbst, denkt sie.

Sie brauchen einen Calming Cake, sagt Maria. Oder besser gleich zwei.

Tut mir leid, aber vor einer Lesung nehme ich nie Drogen, sagt Lily. Hinterher gerne.

Maria lacht, weil sie es für einen Scherz hält. Sie stellt Lily einen Teller mit zwei Muffins hin. Belle geht hinaus und kommt mit einer Flasche Gin und drei Gläsern zurück.

Oh, für uns auch, sagt Maria. Wie dekadent.

Lily hört zu, wie die beiden Frauen sich über Alltagsdinge unterhalten. Alltagsdinge sind interessant, und sie würde sich gerne Notizen machen. Sie trinkt einen Schluck Gin und beißt ein Stück von ihrem Muffin ab, dann noch eins. Wow, sagt sie.

Ja, nicht?, sagt Belle. Mit ihren Muffins hat Mum schon Krankheiten geheilt. Sie sind einfach unglaublich. Die Leute rufen hier an und bestellen welche. Eine Frau hat gesagt, sie hätten sie durch eine hässliche Scheidung getragen.

Wirklich?, sagt Lily.

Sie übertreibt, sagt Maria. Das tut sie immer.

So was habe ich noch nie gegessen, sagt Lily. Verkaufen Sie die irgendwo? Ich meine, machen Sie das beruflich?

Was? Nein, ich bin Dentalhygienikerin.

Wie spannend. Und macht es Ihnen nichts aus, Muffins zu backen, obwohl sie den Leuten die Zähne ruinieren? Ich meine, ist das für Sie kein moralischer Widerspruch?

Darüber habe ich noch nie nachgedacht, sagt Maria. Ich finde nicht, dass Muffins unmoralisch sind. Außerdem geht es nicht darum, was man isst, sondern ob man sich hinterher die Zähne putzt.

Da haben Sie natürlich recht, sagt Lily.

Benutzen Sie Zahnseide?, fragt Maria und ärgert sich sofort darüber, aber sie will sich Lily gegenüber behaupten, mit ihr auf Augenhöhe sein.

Was?

Benutzen Sie Zahnseide oder Interdentalbürstchen?

Ich hasse Zahnseide, das tut immer so weh. Ich habe ein paar Interdentalbürstchen, aber ich benutze sie nie. Es ist trotzdem ein gutes Gefühl, sie im Schrank zu haben.

Das höre ich oft, sagt Maria. Von Leuten mit Parodontose.

Mum, sagt Belle. Als Entschuldigung schenkt sie Lily Gin nach.

Ich mag Sie, Maria, sagt Lily. Kommen Sie heute Abend zur Lesung? Das wäre wirklich nett. Es würde mir helfen, ein freundliches Gesicht zu sehen.

Maria steht auf, geht zur Spüle und zieht sich Gummihandschuhe an. Das könnte ich wohl machen, sagt sie beiläufig, als wäre es nichts Besonderes, als würde sie sich nicht riesig darüber freuen, dass jemand – selbst eine etwas schnippische und leicht nervige Jemand mit schlechter Zahnhygiene – sagt, sie mag sie.

Zehn Minuten bevor die Lesung anfangen soll, eilen die drei Frauen im Stechschritt durch die Stadt.

Wir sind *viel* zu spät, sagt Belle.

Ich weiß, sagt Lily und hofft, dass eine von ihnen stürzt und sich etwas bricht, damit sie nicht lesen muss.

Sie kommen an zwei Männern in Overalls vorbei, die an einem Lieferwagen lehnen und rauchen.

Ich hab ihr gesagt, ich mach das nicht, sagt der eine.

Warum hast du's dann gemacht, du Depp?, fragt der andere.

Lily bleibt stehen. Sie will wissen, was *das* war. Sie starrt die Männer an, versucht, sich jede Einzelheit ihres Äußeren einzuprägen. Sie könnte sofort eine Szene daraus entwickeln – eine Frau, die ihren Freund zu etwas zwingt, das er hinterher bereut.

Willst du 'n Foto machen, Herzchen?, fragt der Mann, der etwas gemacht hat, obwohl er es nicht wollte.

Ich glaub, die steht auf dich, sagt der andere.

Ja, ich würde gerne ein Foto machen, sagt Lily und holt ihr Smartphone aus der Handtasche.

Ginbeduselte Autorin sucht Männer voller Reue, über die sie schreiben kann. Schmutzige Kleidung bevorzugt.

Soll ich den Overall ausziehen?, fragt der erste.

Maria verzieht das Gesicht. Wie plump und ordinär!

Nein, nein, der Overall ist prima, sagt Lily. Sie macht drei Fotos und postet sie auf Twitter, mit dem Kommentar: *Die Inspiration für meine nächste Kurzgeschichte!*

Belle ist stinksauer. Lily Whippet, Ihre Lesung beginnt in *drei* Minuten, sagt sie und denkt an die fünf Leute, die bestimmt längst in der Buchhandlung sitzen und auf ihre Lieblingsautorin warten. Na ja, vielleicht nicht ihre *Lieblings*autorin. Nur eine, von der sie gehört haben. Vielleicht. Oder eine, zu der Yvonne Partridge sie überredet hat.

Jetzt sind sie beim Supermarkt, wo eine kleine Menschenmenge die Straße versperrt. Alle blicken nach oben.

Was ist denn da los?, fragt Lily.

Wir müssen weiter, sagt Belle.

Aber Lily ist erneut stehen geblieben. Sie blickt ebenfalls nach oben.

Das ist sie, sagt Maria.

Wer?, fragt Lily.

Ich habe sie schon ein paar Mal gesehen, sagt Maria.

Wir müssen *los*, sagt Belle. Und zwar *sofort*.

Oben auf dem Dach ist eine Frau, die läuft und springt und Rad schlägt. Ein Seitwärtssalto und noch einer, dann läuft sie eine Mauer entlang und springt hinüber zum nächsten Gebäude.

Die Menge schnappt erschrocken nach Luft.

Wahnsinn, die ist ja unglaublich, sagt Lily.

Ja, nicht?, sagt Maria.

Belle sieht gar nicht hin. Ihr ist völlig egal, ob da eine Frau auf dem Dach vom Supermarkt herumturnt. Sie ist voll und ganz damit beschäftigt, Lily Whippet zu verfluchen, und sie hat Angst, ihren Job zu verlieren. Yvonne Partridge ist kein besonders geduldiger Mensch, und sie wird garantiert nicht begeistert sein, wenn Belle nicht nur zu spät kommt, sondern auch noch mit einer betrunkenen Autorin. Wenn sie das hier versiebt, wird in Zukunft ihr Kollege Dexter – Spitzname Struppi, wegen seines langen Barts – mit der Betreuung zart beseelter Autorinnen betraut werden. Dieser blöde Dexter mit seinem Kunsthochschulabschluss, seinem Master in moderner Literatur, seinen Schlabberpullis und seinen hautengen grauen Jeans.

Herrgott noch mal, brüllt Belle. Ich flehe Sie an, kommen Sie jetzt endlich mit! Das ist sehr unprofessionell, Lily Whippet.

Lily lacht. Das Wort *anflehen* klingt komisch aus Belles Mund. Und warum spricht sie sie immer mit dem ganzen Namen an? Sie ist so süß, so förmlich. Was für eine tolle Stadt, sagt sie, hakt sich bei Maria unter und stapft zur Buchhandlung, wo sechsundzwanzig Gäste munter Wein trinken und Dexter lauschen, der Lilys Verspätung elegant überbrückt, indem er etwas auf seiner Geige spielt.

Als Lily schließlich hereinkommt und nicht fünf, sondern sechsundzwanzig Gäste dort sitzen sieht, fragt sie Dexter, ob er vielleicht weiterspielen kann, während sie aus ihrem Buch liest. Sie schafft das nicht allein, sie braucht Unterstützung. Dieser dunkeläugige junge Mann sieht zwar aus, als würden seine Kleider muffig riechen, aber er wird eine interessante Begleitung abgeben.

Es wäre mir eine Ehre, sagt Dexter. Ihre Bücher sind so inspirierend, Lily. So ursprünglich, wissen Sie? Und dieser Trick, kaum Satzzeichen zu verwenden. Diese Wucht eines einzigen Satzes, der immer weitergeht, sich nicht stoppen lässt, das ist so kraftvoll, vor allem, wenn es um die Gewalt und Besessenheit geht.

Lily sieht ihn verständnislos an.

Verpiss dich, du Schwätzer, denkt Belle. Und was sie auch noch nervt: Wenn *sie* den Pullover anziehen würde, den Dexter gerade trägt, würde sie aussehen, als ließe sie sich gehen, als hätte sie in den Sachen geschlafen, als hätte sie nichts Anständiges im Schrank, als wäre alles darin mindestens drei Jahre alt, und genau so ist es natürlich, aber an Dexter sehen die Klamotten cool und künstlerisch aus. Dieser grässliche Kerl. In seiner Gegenwart fühlt sie sich immer trutschig und ungebildet. Was sie natürlich auch ist. Aber darum geht es nicht.

Während der Lesung fragt sich Maria, wer eigentlich Lilys Bücher kauft. Die Gewalt darin wirkt sinnlos, die Geschichte abstoßend. Und wo ist der Mann, der aus einem Hubschrauber sprang und sich nur einen Zeh brach? Bisher ist er nicht aufgetaucht. Kommt er in dem Roman überhaupt vor? Etikettenschwindel. Eine Schande, so was.

Das war großartig, sagt Maria, während sie darauf wartet, dass Lily das Buch signiert, das Belle ihr in die Hand gedrückt hat.

Hat es Ihnen gefallen?, fragt Lily.

O ja. Etwas gewalttätiger als die Bücher, die ich sonst so lese.

Sehr gut, sagt Lily.

Und ich hätte gerne etwas über den Mann erfahren, der aus dem Hubschrauber sprang.

Ja, das höre ich immer wieder, sagt Lily. Ich verrate Ihnen ein Geheimnis: Es *gibt* gar keinen Mann, der aus einem Hubschrauber sprang. Mein Buch zwingt die Leute, ihn sich vorzustellen. Der ultimative Akt der Kreativität, verstehen Sie?

Maria öffnet den Mund, sagt aber nichts.

Auf dem Heimweg hört sie es immer wieder:

Ich mag Sie, Maria.

Dieser Satz hat sie erschüttert.

Wenn man sich überhaupt nicht liebenswert fühlt, löst ein solcher Moment Chaos aus.

Zuerst ist da Freude, unschuldige, geradezu kindliche Freude. Dann Scham, wie eine nasse Decke. Dann Misstrauen und Demütigung. *Das war doch nur ein Witz, Maria. Meine Güte, wie verzweifelt bist du eigentlich?*

Das ist schon öfter vorgekommen, und es ist der Hauptgrund dafür, dass sie keine Freundinnen findet. Als eine Frau aus einem Fitnesskurs, den sie besucht hat, mit ihr zu Mittag essen wollte, ist sie vor lauter Verwirrung rot geworden: Worüber sollte sie beim Essen bloß reden? Sie wollte nicht das Risiko eingehen, eine Enttäuschung zu sein. Oder die Frau, der sie in der Bibliothek begegnet ist und die sie zu einem Lesekreis eingeladen hat. Oder die Frau von dem Backworkshop, die sie gefragt hat, ob sie nicht Lust hätte, an einem Samstagvormittag zusammen Sauerteigstarter anzusetzen.

Ohne es zu merken, war Maria zur Expertin für Zurückweisungen geworden. Sie fügte anderen ihre eigenen Wunden zu, sorgte dafür, dass sie sich langweilig und uninteressant vorkamen.

Im Flur kommt Stuart angerannt, bevor sie auch nur den Mantel ausziehen kann. Er schnüffelt an ihren Händen und drückt sein Gesicht an ihren Bauch. Sie beugt sich hinunter, um ihm einen Kuss auf den Kopf zu geben. Er riecht nach Kokosnuss, von dem Shampoo, mit dem sie ihn gestern gewaschen hat. Das Shampoo ist doppelt so teuer wie ihr eigenes, aber immer noch billiger als seine Zahnpasta. Ja, wie so viele Hunde in der modernen Welt hat Stuart seine eigene Zahnpasta. Mit Geflügelgeschmack. Belle hat sie einmal ausprobiert, ein Experiment, das sie sofort bedauert hat. Mit dem Geflügel, das ich kenne, hat das aber nichts zu tun, sagte sie, bleich vor Übelkeit.
Jon, sagt Maria. Jon, bist du wach?
Jetzt schon, sagt er und dreht sich im Bett zu ihr um.
Ich muss dich etwas fragen.
Was.
Findest du, dass ich zu wenig Selbstachtung habe?
Er schnuppert. Hast du was getrunken?
Einen Gin, früher am Abend, und dann Wein in der Buchhandlung. Belle hat eine Autorin mit hierhergebracht. Sie schreibt Bestseller, stell dir vor. Sie hat mich zu ihrer Lesung eingeladen.
Sie erntet eine hochgezogene Braue und ein spöttisches Lächeln. Du solltest besser ein Glas Wasser trinken, sagt Jon.
Ich bin nicht betrunken.
Natürlich nicht.
Jon, fragt sie, magst du mich?
Beide erstarren.

Manchmal, sagt er.

Überschlag dich bloß nicht.

Niemand mag einen anderen immer, sagt er.

Aber ich bin ja nicht nur ein anderer, oder?

Na ja, im Prinzip schon.

Du weißt, was ich meine, sagt sie.

Und so geht der Tanz weiter. Der Striptanz, den er sie aufführen lässt, für ein bisschen Anerkennung oder Bestätigung. Nackt und frierend tanzt sie auf den Scherben seiner Worte. Er findet es abstoßend, wie sehr sie sich bemüht. Sie auch.

Dann geht sie zu weit.

Warum hast du mich noch nie gemalt?, fragt sie.

Was?

Ich meine nur –

Warum fragst du mich das?

Schrei mich nicht an, Jon.

Warum stellst du mir all diese Fragen? Du weißt doch, dass ich meinen Schlaf brauche.

Kein Grund, dich so aufzuregen.

Du kommst betrunken nach Hause und pflaumst mich an. Ich hab *geschlafen*, Maria. Hätte das nicht bis morgen früh Zeit gehabt?

Dann wäre der Moment vorbei gewesen, sagt sie.

Tja, vielleicht wäre das auch besser gewesen.

Ich kann nicht immer den richtigen Augenblick abpassen. Manchmal muss etwas einfach gesagt werden.

Sei nicht so egoistisch. Außerdem hat es nichts mit dir zu tun, was ich male.

Autsch, sagt sie.

Was denn?

Das tut weh.

Red keinen Quatsch. Du bist total aggressiv. Merkst du eigentlich, wie aggressiv du bist?

Ich glaube nicht, dass ich –

Du glaubst nie, dass du dich irrst. Du siehst überhaupt nicht, wie du wirklich bist. Du hältst dich für so lieb und brav.

Ich halte mich nicht für brav.

Du provozierst mich, ständig provozierst du mich. Kannst du nicht einfach mal Ruhe geben?

Tut mir leid, sagt sie.

Dir tut dauernd irgendwas leid. Kein Wunder, dass ich dich nicht male. Ich sehe dich jeden Tag, warum sollte ich dich malen?

Sie würde gerne erwidern, dass das Meer auch jeden Tag da ist und er es trotzdem *jeden verdammten Tag* malt. Aber sie kennt den Ausdruck, der jetzt auf seinem Gesicht liegt. Ihr Körper kennt ihn und weicht zurück.

Er spürt ihren Rückzug, schüttelt sein Kissen auf und legt sich wieder hin, das Gesicht zur Wand.

Maria sitzt da und wartet. Worauf eigentlich? Ohne Hoffnung oder Erwartung fühlt sich das Warten albern und deprimierend an. Sie sitzt im Dunkeln auf der Bettkante und lauscht auf die Atemzüge eines Mannes, der sie nicht mag. Die Atemzüge sind lauter und gleichmäßiger, als wenn er schläft. Anders gesagt: Er tut nur so.

Jetzt ärgert sie sich über sich selbst. Sie hatte nicht vor, all diese Dinge zu sagen. Warum ist sie nicht einfach leise ins Bett gegangen, ohne ihn zu stören?

Ja, jemanden mit einer bedürftigen Frage zu wecken, ist ein aggressiver Akt.

Natürlich.

Apokalypse

Liebe Mum,
es ist erstaunlich aufwühlend, diese Worte zu schreiben: *Liebe Mum.*
Ich bin wieder hier, Mum. Ich kann es selbst kaum glauben.
Um ehrlich zu sein, macht es mir ein bisschen Angst.
Wo ich schon mal hier bin, dachte ich mir, es wäre vielleicht gut, Dir einen Brief zu schreiben. Einfach aufzuschreiben, was mir durch den Kopf geht, ohne viel Trara.
Also los.
Temperatur ist ein Stichwort. In den ersten Wochen waren die Leute nicht warm, wie man es erwarten würde, sondern heiß, schrecklich heiß. Und dann waren sie kalt.
In der ersten Zeit war es viel zu viel, dauernd haben sie geklopft und geklingelt und uns wahnsinnig gemacht: *Wenn wir irgendwas für euch tun können, ganz egal was, dann wisst ihr ja, wo ihr uns findet, nicht?*
Vorhin habe ich sie als Chor gemalt, der vor unserer Tür steht und diesen Satz Tag und Nacht singt. Und Dad, wie er einen Eimer Wasser aus dem Schlafzimmerfenster schüttet. Und Dich, wie Du lachend im Bett liegst und sagst, wie gemein von dir, sie wollen doch nur helfen. Und Jason, wie er sich im Bett aufsetzt und sagt, hast du das gehört, Syd, war das nicht Mums Stimme?
Dad fand es eigenartig, dass plötzlich alle meinten, wir

wüssten, wo sie sich aufhielten, als hätte der Tod sie mit Peilsendern ausgestattet.
Fällt euch irgendwas ein, was wir brauchen?, fragte er.
Wir dachten wirklich gründlich nach, bis uns der Kopf wehtat.
Uns fiel absolut nichts ein, außer dass sie vielleicht aufhören könnten, ständig zu klopfen und zu klingeln.
Anscheinend hatten sie unsere Gedanken gelesen, denn genau das taten sie ein paar Wochen später.
Wo sind die denn alle hin?, fragte Dad. Das ist ja wie eine gottverdammte Apokalypse.
Früher hätten wir über seine Flucherei gelacht, aber jetzt war es verstörend.
Eins noch. Mein Name. Sydney Oriel Smith. SOS, wie das Notsignal, wie kurz kurz kurz, lang lang lang, kurz kurz kurz. Das ist mein Code: *Save our souls* oder *Save our ship* oder so was in der Art. Das ist wie ein schlechter Scherz, der mich verfolgt.
Tja, das wär's erst mal, Mum.
Alles Liebe
Sydney

On the Rocks

Sie sitzen an seinem Küchentisch, trinken Tee und essen Toast. Sein Haus ist ein Projekt, ein *work in progress*, ein winziges Reihenhaus in einem heruntergekommenen Teil der Stadt, aber sie lieben es. Sie hat Fotos vom alten Waschsalon mit dem *Launderette*-Schriftzug gemacht (ein Designklassiker aus den Fünfzigerjahren, sagt sie), vom Rathaus, von der Bibliothek und vom Marktplatz. Sie ist neunzehn, er fünfundzwanzig. Sie wohnt noch bei ihren Eltern, aber die Tage sind gezählt, sie zählt die Tage, bis sie vor dem Standesbeamten stehen – *Wollen Sie, Maria Norton. Wollen Sie, Andrew Hearne* –, anschließend mit ihren Eltern und ein paar Freunden essen gehen und sich dann verabschieden, um mit einer Flasche Sekt auf einen steilen Hügel zu klettern. Dort oben werden sie ganz allein sitzen, aus der Flasche trinken und sagen: Kaum zu glauben, jetzt sind wir verheiratet, komisches Gefühl, oder, *Mrs Hearne*, und was gibt's zum Tee, ich hab schon wieder Hunger, nicht zu fassen nach dem ganzen Essen. Maria möchte Künstlerin werden, aber alle sagen, davon kann man nicht leben, deshalb studiert sie Naturwissenschaften und arbeitet nebenbei in der Bäckerei, die Andy so mag, weil sie alles, was sie nicht verkaufen, dem Obdachlosenheim spenden, anstatt es wegzuwerfen. Andy ist weder Künstler noch Wissenschaftler, aber er ist voller Schönheit, ein Wunder der Natur. Gerade liest er ihr aus einer zerlesenen Ausgabe von *Die Farm der Tiere* vor, während sie ihr letztes Stück Toast isst. Er trägt einen weinroten Pullover und abgetragene

Jeans. An diesem Traum ist nichts Ungewöhnliches, abgesehen von der Tatsache, dass Maria sonst nie von Andy träumt, schon lange nicht mehr. Sie sagt: Andy, kann ich dich was fragen? Er lässt das Buch sinken und sieht sie über den Rand seiner Schildpattbrille hinweg an. Findest du, ich habe wenig Selbstachtung? Warum solltest du, sagt er. Du bist wunderbar. Dann läuft der Traum im Zeitraffer, Andy ist zur Arbeit gegangen, sie sitzt allein da und betrachtet seine Lesebrille, die auf dem Tisch liegt. Ihr Anblick rührt sie jedes Mal, genau wie der seiner Armbanduhr auf dem Waschbeckenrand. Manche Dinge, vor allem die, die einen Menschen schon lange begleiten, scheinen etwas von ihrem Besitzer in sich aufzunehmen, das sie selbst dann noch ausstrahlen, wenn sie nicht mehr benutzt werden. Eine Art Osmose, denkt sie. Oder vielleicht eher Assimilation. Wenn man die Uhr eines anderen trägt, verwahrt man nicht nur seine eigene Zeit, sondern auch die des anderen. In diesem Traum setzt sie Andys Brille auf und greift nach dem Buch. Der Text ist verschwommen. Jetzt geht sie allein zum College, aber als sie das Gebäude betritt, ist sie wieder in Andys Haus, das bald auch ihr Haus sein wird, und sie sitzen auf dem Sofa, essen Fish & Chips und schauen *On the Rocks* auf BBC2, eine Dokureihe über die Geologie Großbritanniens. Du siehst ein bisschen bedrückt aus, Liebes, sagt er. Bin ich auch, sagt sie. Was hältst du davon, wenn wir morgen Abend ins Kino gehen, schlägt er vor. Sie sagt, das sei eine gute Idee. Sie bleibt über Nacht, was ihre Eltern mittlerweile dulden. Es hat eine Weile gedauert, bis sie akzeptiert haben, dass ihre Tochter mit einem sechs Jahre älteren Mann zusammen ist, aber sie hatten drei Jahre Zeit, sich daran zu gewöhnen, und jetzt mögen sie ihn. Und selbst wenn sie etwas dagegen hätten, würde sie es trotzdem tun. Sie hat ihren eigenen Kopf, ist aufmüpfig wie ihre Mutter, und insgeheim bewundern sie das, sie glauben, dass es ihr im Leben zugutekommen wird. Das sagen sie eines Abends zueinander, bei einem Stück Melone, Steak mit Pommes und Schwarzwälder Kirschtorte im Berni Inn. Später kommen sie betrunken nach Hause und wecken sie auf. Sie hält ihnen eine Gardinenpredigt, sagt: Jetzt seht euch bloß mal an, kichernd und rülpsend wie zwei Kinder, die zu viel gegessen haben, woraufhin sie noch mehr lachen und versuchen, sie in den Arm zu nehmen, weil sie so niedlich aussieht in ihrem verschlafenen Ärger, und genau den Moment träumt sie jetzt, wie sie ihren Eltern einen starken Kaffee kocht und sagt, sie sollten sich was schämen. Dann ist Maria wieder bei Andy, sie liegen im Bett, und er hält sie fest in seinen Armen, während sie von einem Engel auf einem Dach träumt, dann von einem riesigen Hund an einem Sandstrand, der auf sie zukommt, ein Hund, wie sie ihn noch nie gesehen hat, so königlich und sanft und mächtig. Sie wacht auf und erzählt Andy von dem prächtigen Hund. Nun, vielleicht sollten wir uns einen Hund zulegen, sagt er, vielleicht ist das die Bedeutung des Traums. Irgendwann werden wir sowieso einen haben, also warum nicht jetzt? Lieber nicht, sagt sie, wir brauchen doch erst mal ein neues Bett, das hier ist furchtbar, und das mit dem Hund können wir später immer noch machen.

Maria wacht auf, dreht sich um und sieht einen Mann neben sich liegen, der nicht Andy heißt.
    Was bedeutet schon ein Name?
    Alles natürlich.
    Alles.

Henry Moore

Howard liegt auf dem Sofa, isst Salt-and-Vinegar-Chips und sieht sich einen Dokumentarfilm über Henry Moore an. Er hat die Beine seiner Schlafanzughose in die neuen Wandersocken gesteckt und das Ganze mit den Hosenklammern gesichert, die er sonst zum Radfahren trägt. Etwas daran erfüllt ihn mit tiefer Befriedigung, und da dieses Gefühl äußerst selten geworden ist, genießt er jede Sekunde: die Chips, die sich in seinem Mund auflösen, diese wunderbaren Bronzefiguren auf seinem Fernsehbildschirm.

Jetzt zeigen sie Henry Moores Zeichnungen von seinen eigenen Händen, die er mit einundachtzig angefertigt hat. Sie beschreiben, wie Hände Gefühle ausdrücken können. Howard stellt seinen Becher mit Ingwertee hin und betrachtet seine Hände, fragt sich, was sie wohl über seine Gefühle aussagen. Seine gepflegten Fingernägel, sein Ehering. Er verwünscht sich dafür, dass er nie eine Nahaufnahme von Ilas Händen gemacht hat. Vielleicht sollten alle Paare versuchen, die Hände des anderen zu zeichnen. Das Dumme ist nur, Howard kann nicht zeichnen. Und die Hände seiner Frau stehen nicht mehr zur Verfügung. Er blickt hinunter auf seine dämlichen Knöchel und Füße. Mit diesen Hosenklammern sehe ich total bescheuert aus, denkt er.

Er öffnet einen Schrank, zieht einen Pappkarton heraus und kippt den Inhalt auf den Fußboden.

Er breitet die Fotos aus, sucht darin herum.

In diesem Augenblick ist es ungeheuer wichtig, dass er ihre Hände findet.

Er *muss* sie finden.

Dann, endlich, da:

Sie lacht und hält sich dabei die Hand vor den Mund, wie man es tut, wenn man meint, man sollte eigentlich nicht lachen.

Das Lachen funkelt in ihren Augen.

Er holt seine Lupe.

Genau wie er gedacht hat:

Ihre Hände waren klein, blass und pummelig.

Er hat es nicht vergessen.

Am nächsten Morgen sind Henry Moores Hände überall.

Sie sind neben ihm auf dem Küchentisch, während er sein Müsli isst.

Sie sind in der Spülschüssel, fuhrwerken darin herum.

Sie sind im Esszimmer, verpacken ein Paket mit braunem Klebeband.

Es sind nur Zeichnungen, und doch wirken sie so echt, so lebendig.

Hat Sydney je versucht, Hände so detailliert zu zeichnen? Er weiß es nicht, aber sie wäre bestimmt gut darin.

Er findet eine der Zeichnungen online, druckt sie sich aus und hängt sie an die Pinnwand. Während der nächsten Tage wird er jeden Morgen, wenn er in die Küche geht, seine rechte Hand auf die gezeichnete legen, eine Hand, so offen und voll Interesse an der Welt. Allein an diesen Linien kann er erkennen, dass Henry Moore ein prima Freund gewesen wäre. *High five*, Mister Moore. All diese Menschen, die gelebt haben und die er nie kennenlernen wird. Stattdessen steht er in seiner Küche und berührt den Ausdruck eines Drucks, noch nicht mal die echte Lithografie von der echten Hand.

Wenn diese Zeichnung schließlich abgenommen wird, tritt etwas anderes an ihre Stelle.

Ein Foto von seiner Tochter.

Das erste Foto, das er von Sydney gemacht hat, seit sie zehn Jahre alt war.

Es könnte mich überfordern

Dieses Zimmer, sagt Ila lachend.

Ja, nicht?, sagt Sydney. Ein bisschen zu viel des Guten.

Ila betrachtet das Ankermuster auf dem Bettzeug, den Spiegel mit Treibholzrahmen, die Schiffe an den Wänden, die Aquarelle mit Meeresmotiven. Das ist noch untertrieben, sagt sie. Man kommt sich ja vor wie in einem Dekoladen.

Stimmt, sagt Sydney. Aber schau mal, was hältst du davon?

Ila geht zu dem kleinen Schreibtisch in der Ecke, und sie blicken beide auf die Zeichnungen, die Sydney zu Papier gebracht hat: Jason, wie er seinen Kassettenrekorder vor das Radio hält; ihr Hausflur, in dem sich Koffer, Taschen, Bettzeug, Spiele, Eimer und Schaufeln stapeln.

Da nimmt etwas Form an, sagt Ila.

So weit würde ich nicht gehen. Es sind nur grobe Skizzen.

Ein grober Schnitzer.

Grobes Meersalz.

Auf einen groben Klotz …

… gehört ein grober Keil.

Das Spiel habe ich früher gerne mit dir gespielt, sagt Ila. Du warst immer gut mit Worten.

Jetzt nicht mehr, sagt Sydney. Nicht bei Ruth. Nicht bei Dad. Und auch nicht bei diesem verdammten Buch.

Ich könnte dir helfen.

Wie denn?

Erzähl mir, wie es anfängt, sagt Ila.

Wie was anfängt?

Du weißt schon.

Ich kann nicht.

Natürlich kannst du, warum hättest du sonst unsere Sachen im Flur gezeichnet? Komm, wir legen uns aufs Bett, und wenn du die Bilder im Kopf hast, bin ich bei dir.

Ich weiß nicht, sagt Sydney.

Komm schon, sagt Ila und nimmt die Hand ihrer Tochter. Ihr steckt alle so fest, das ist kaum auszuhalten.

Glaubst du das auch von Dad? Ich meine, weißt du, wie es Dad geht?

Ila lacht. Natürlich weiß ich, wie es deinem Vater geht.

Hörst du das Meer?, fragt Sydney, den Blick an die Decke gerichtet.

Schhh, sagt Ila. Konzentrier dich. Versuch dich zu erinnern, wie wir uns gefreut haben.

Ich will aber nicht.

Trotzdem hast du es gerade getan.

Wir freuen uns wie die Schneekönige.

Noch nie haben wir uns so auf einen Urlaub gefreut. Warum? Weil es diesmal anders sein wird.

Die Fahrt ist lang, aber das macht uns nichts aus. Wir haben Chips, eine Thermoskanne, riesige Brötchen mit Schinken und Pickles, Limo und das Radio. Jason hat extra für die Reise ein paar von unseren Lieblingssongs aufgenommen, indem er seinen Kassettenrekorder vor das Radio gehalten hat.

In diesem Sommer sind wir nicht einer Meinung, was die Musik angeht, im Gegenteil, unsere Geschmäcker gehen weiter auseinander als je zuvor, besonders seit Jason für Olivia Newton-John schwärmt. Er meint das wirklich ernst und duldet keine Bemerkung gegen sie. Dad musste in der Garage ein ernstes Wörtchen mit ihm reden, nachdem er mir einen Schokoriegel an den Kopf geworfen hatte. Deine Schwester hat ein Recht auf ihre eigene Meinung, sagte er. Nicht jeder muss »Xanadu« gut finden. Ich liebe »Xanadu«, sagte Jason. Ja, das wissen wir alle nur zu gut, sagte Dad, aber darum geht es nicht. Es geht darum, wie du dich verhältst, wenn jemand den Song *nicht* mag. Du musst ein bisschen toleranter werden, hörst du?

Als auf der Kassette im Auto »Xanadu« kommt, wirft Dad mir im Rückspiegel einen kurzen Blick zu. Ich weiß, was er bedeutet: Bitte, um des lieben Friedens willen, sag jetzt nichts gegen Olivia Newton-John. Also verkneife ich es mir und singe stattdessen mit. Das passt Jason aber auch nicht, weil er denkt, ich will mich über ihn lustig machen und ihm sein Hörerlebnis verderben. Manchmal kann ich es einfach nicht richtig machen.

Kurz vor dem Ende des Songs kann Jason seine Gefühle nicht länger für sich behalten. Er fängt an, mit verklärter Miene in die Luft zu boxen. Ich finde das so komisch, dass ich mir vor Lachen fast in die Hose mache.

Sydney, reiß dich zusammen, sagt Mum.

Dad sieht wieder in den Rückspiegel und zwinkert mir zu.

Mums Lieblingssong ist in diesem Sommer »Everybody's Got to Learn Sometime« von den Korgis. Als der kommt, ändert sich die Stimmung im Auto. Wir werden alle ganz still.

Worum geht es in dem Song?, frage ich.

Hm?

Er klingt so traurig, aber ich weiß nicht, warum.

Ich auch nicht, sagt Jason. Und was müssen alle irgendwann lernen?

Mum antwortet nicht. Sie packt zwei Schinkenbrötchen aus und reicht sie uns nach hinten. Währenddessen endet der Song, und ein neuer fängt an, »Could You Be Loved« von Bob Marley. Wir essen unsere Brötchen und zappeln herum, weil man bei dem Song einfach nicht *nicht* zappeln kann. Das gefällt mir so daran.

Ihr habt überhaupt keine Ahnung von Musik, sagt Dad. Wann kommt denn mein Song?

Bald, sagt Jason, weil er seine Kassette in- und auswendig kennt.

Dads Lieblingssong – »Love Will Tear Us Apart« von Joy Division – ist genauso traurig wie Mums, aber auf andere Weise.

Also, ich finde Olivia Newton-John viel besser als das, sagt Jason.

Wir lassen seine Kassette immer wieder von vorne laufen, bis das Meer in Sicht kommt.

Ferien sind einfach geil, sagt Jason.

Wie bitte?, sagt Mum.

'tschuldigung.

Am Ferienhaus ist kein Platz für das Auto, sagt Dad, deshalb halte ich nur kurz zum Ausladen und fahre dann zum Parkplatz.

Ja, Sie haben richtig gehört. Er hat *Ferienhaus* gesagt. Deshalb freuen wir uns so. Wir haben im Zelt geschlafen, wir haben einen Wohnwagen gemietet, aber wir haben noch nie in einem Ferienhaus gewohnt.

Ursprünglich hat es einem Fischer gehört, sagt Mum. Und dann einem Bildhauer.

Jason und mir ist es ziemlich egal, wem das Haus früher gehört hat. Aber was wir richtig klasse finden, ist, dass es ein Klo hat. Der Wohnwagen letztes Jahr war toll, viel besser als ein

Zelt, aber er hatte keine Dusche und auch kein Klo. Das Ferienhaus hat beides *und* einen großen Fernseher, *und* es liegt mitten im Ort, sodass wir alleine losziehen dürfen, zum Beispiel in die Buchhandlung (ich) oder in den Eisenwarenladen (Jason). Jason ist ganz verrückt nach dem Eisenwarenladen.

Wir haben übrigens eine kleine Überraschung für dich, Jason, sagt Dad.

Jason sieht ihn erschrocken an.

Du kennst doch Mister Trent, dem der Eisenwarenladen gehört?

Ja.

Nun, ich habe vor ein paar Tagen mit ihm telefoniert, sagt Dad.

Warum das denn?

Um ihn zu fragen, ob er diese Woche Hilfe im Laden gebrauchen kann. Letztes Jahr hast du doch gesagt, du würdest gerne dort arbeiten.

Und was hat Mister Trent gesagt?

Er hat gesagt, er würde sich sehr über deine Hilfe freuen, wenn du noch Interesse hast.

Echt?, fragt Jason.

Ja. Er kann dir nichts dafür bezahlen, aber wenn du ihm diese Woche ein paar Stunden hilfst, den Laden in Ordnung zu halten, kannst du dir hinterher etwas aussuchen. Solange es nicht allzu teuer ist natürlich.

Jason wirkt nervös und glücklich zugleich. Ich sehe ihm an, dass er das Angebot gerne annehmen möchte, aber nicht weiß, ob er sich das zutraut.

Es könnte mich überfordern, sagt er. Das ist einer von seinen Sätzen.

Du könntest die ganze Zeit Kopfhörer aufsetzen, so wie ich,

sage ich. Dann spricht dich keiner an, und du kannst dir alles in Ruhe ansehen.

Das stimmt, sagt er.

Wir biegen in eine schmale Seitenstraße ein.

Meine Güte, ist das eng, sagt Mum.

Keine Panik, sagt Dad.

Wir biegen noch mal ab, in eine genauso schmale Straße, dann halten wir an.

Da wären wir, sagt Dad. Unser Zuhause für die nächste Woche. Wenn ihr wollt, könnt ihr sofort das Badezimmer besichtigen und einweihen.

Er versucht, die Haustür zu öffnen, bekommt sie jedoch nicht auf.

Lass mich mal, sagt Mum. Da ist bestimmt ein Trick dabei.

Sie ruckelt ein bisschen mit dem Schlüssel herum, dann grinst sie.

Dad schnalzt mit der Zunge.

Und wir poltern hinein.

Jason und ich laufen sofort nach oben, reißen alle Türen auf und erkunden jeden Winkel unseres neuen Reiches.

Hier gibt's eine Badewanne *und* eine Dusche, ruft Jason.

Und einen Schrank voller Fischernetze, rufe ich.

Und ein Bügelbrett, ruft Jason.

Doch Mum und Dad hören gar nicht zu. Sie sind in der Küche und knutschen.

Iih, sagt Jason. Wie eklig.

Geht und holt die Sachen aus dem Auto, sagt Mum. Alles außer den Koffern. Ihr kriegt auch was dafür.

Wie viel denn?

Jeder fünfzig Pence.

Ein Pfund.

Na gut.

Und so fängt es an.

Es fängt damit an, dass wir Spielsachen und Bettdecken in ein kleines Fischerhäuschen tragen.

Es fängt damit an, dass Jason weint, weil er seinen Kopfhörer zu Hause vergessen hat, und ich ihm sage, er kann meinen ausleihen, wenn er mir dafür eine »Xanadu«-freie Woche verspricht.

Er sagt, ich kann ihn mal, und wir streiten uns.

Wir streiten uns, während wir die Sachen nach oben tragen.

Wir streiten darüber, wer in welchem Bett schlafen darf.

Wir streiten, weil wir müde und hungrig sind.

Wir streiten, weil es noch nicht passiert ist.

Ein Einmachglas mit Blumen

Ein Einmachglas mit Blumen war der Auslöser.

Tulpen, magenta und weiß.

Maria hat heute Morgen auf dem Markt zwei Sträuße gekauft. Auf dem Heimweg hat sie immer wieder gedacht, wie vollkommen sie sind. Sie hat sie ausgebreitet und auf einen Krug, eine Vase und ein Einmachglas verteilt.

Jetzt trägt sie das Glas hoch in sein Atelier.

Ich habe dir ein paar Blumen mitgebracht, sagt sie.

Jon sitzt im Sessel und liest. Er blickt auf.

Ich dachte, vielleicht hast du ja Lust, sie zu malen, sagt sie und stellt das Glas auf seinen Tisch.

Ich wäre dir sehr verbunden, wenn du mir nicht vorschreiben würdest, was ich zu malen habe, sagt er.

Es war ein Vorschlag, kein Befehl.

Ich weiß, du willst, dass ich Blumen male. Das sagst du mir dauernd.

Tut mir leid, das war mir nicht klar.

Auch wenn *du* Blumen magst, gilt das nicht für jeden.

Ich nehme sie wieder mit, sagt sie.

Gut, sagt er.

Dann hält sie inne. Sie stellt sich vor, dass jemand sie von der Tür aus beobachtet. Eine andere Frau.

Du hast sie als Geschenk gekauft, sagt die Frau. Lass sie, wo sie sind. Er ist ein undankbarer, launischer Mistkerl.

Maria sieht erst zu der Frau, dann wieder zu Jon. Er liest wieder und beachtet sie nicht.

Du hast recht, sagt sie. Ich liebe Blumen.

Er gibt ein Grunzen von sich.

Und du hast mir noch nie welche mitgebracht, kein einziges Mal.

Er klappt sein Buch zu. Er dreht es um, scheint die Rückseite zu betrachten, aber das tut er nicht. Die Wut ist wieder da, abstoßend und vertraut. Wut beunruhigt Jon – nicht das Gefühl als solches, sondern ihre Färbung, ihr Wesen, die Art, wie sie nicht nur seine Stimmung, sondern auch seine Vorstellung beherrscht. Würde er seine Wut malen, wäre sie ein kranker alter Mann, blass und grau, eine verhärmte Gestalt mit trockener Haut und brüchigen Nägeln, die sich in seine Schultern krallt.

Maria, warum tust du das immer wieder?

Er kann jetzt die Wärme ihres Körpers spüren, unter ihm auf dem Tisch.

Ihr hübscher Arm, verdreht.

Er weiß noch, wie es sich anfühlt, eine »Brennnessel« verpasst zu bekommen.

Er lässt sie los, taumelt rückwärts.

Sie rührt sich nicht. Er starrt sie an, wie sie da halb auf dem Tisch liegt. Gott, jetzt möchte er sie gerne malen, genau so. Sie ist perfekt.

Sie rührt sich immer noch nicht. Bei ihrem Anblick wird ihm heiß bis ins Mark.

Maria, sagt er.

Ihr Arm brennt.

Er berührt ihren Rücken, tippt dreimal mit seinen Fingerspitzen darauf.

Sie erschauert.

Es tut mir leid, Maria, sagt er.

Irgendwie ist sie dann in seinem Sessel. Er hat ihr hinübergeholfen, als wäre sie hundert Jahre alt, und kauert vor ihr, die Hände auf ihren Knien. Seine Liebe zeigt sich nur in der Reue – dann sieht sie sie, wenn er sie anbetet, wenn er mit den Händen durch ihre Haare streicht und jeden Teil ihres Gesichts küsst. Er sagt, dass sie zu viel von ihm braucht. Sie hat ein Problem, das ist offensichtlich, und er wird sich Mühe geben, besser damit klarzukommen, wie strapaziös es ist, eine Frau mit diesem Problem zu lieben. Durch ihre Bedürftigkeit fühlt er sich bedrängt. Warum musst du mich so bedrängen, Liebling, sagt er. Immer bedrängst du mich. Sie wischt seine Tränen weg. Sie wirkt sanft, traurig. Er nimmt eine Tulpe aus dem Glas, legt sie auf ihren Schoß und seinen Kopf daneben.

Dabei hat der Tag so gut angefangen, voll guter Vorsätze. Sie ist zum Markt gegangen, hat Blumen gekauft und Brot und Käse und Oliven.

Er folgt ihr nach unten und sieht zu, wie sie eine Kanne Tee für sie beide kocht.

Den ganzen Tag über folgt er ihr, weicht ihr nicht von der Seite. Wie hat sie sich nach dieser Nähe gesehnt, und jetzt ist sie ihr zuwider.

Schließlich pocht sein Kopf von dem, was er getan hat, ein Pochen voll zuckender Blitze, und er fällt ins Bett und bittet sie, ihm einen kalten Waschlappen zu bringen.

Sie steht eine halbe Stunde lang im Bad. Zieht an dem Band, das am Spiegel hängt, schaltet das Licht ein und aus, ein und aus.

Sie greift nach dem Waschlappen, legt ihn wieder hin.

Dann geht sie hoch in sein Atelier und setzt sich an seinen Tisch. Sie sitzt lange da, schaut aus dem Fenster, betrachtet die Welt aus dem Blickwinkel ihres Mannes.

Ich muss ihn mal geliebt haben, denkt sie.

Es fällt ihr schwer, sich an diese Liebe zu erinnern. Aber sie erinnert sich daran, wie haltlos sie sich gefühlt hat, erfüllt von Trauer und Schock, und wie Jon gesagt hat, was für eine Tragödie, dass ihr Verlobter mit fünfundzwanzig an einem Schlaganfall gestorben war, und noch dazu in der Bettenabteilung eines Kaufhauses. Jon war einfach da, Maria lief ihm immer wieder über den Weg, und seine Bilder waren damals ziemlich gut, vielversprechend. Sie liebte den Anblick der Marmeladengläser mit dem farbigen Wasser, der Pinsel, Farbtuben und Spachtel, all der Utensilien eines künstlerischen Lebens.

Er ist Belle ein guter Vater, denkt sie jetzt.

Dann bemerkt sie etwas unten am Strand.

Da ist eine Frau. Sie zieht ihre Gummistiefel aus und geht mit den Füßen ins Wasser. Dann beginnt sie zu tanzen. Sie singt für das Meer.

Jeder in der Stadt kennt die Frau, ohne sie wirklich zu kennen. Irgendwann ist sie mal operiert worden, so hieß es zumindest, und danach war sie wochenlang verschwunden. Zu ihrer eigenen Überraschung vermissten die Leute sie. Hat irgendwer die Tänzerin gesehen?, fragten sie. Der Strand sieht so leer aus ohne sie. Als sie wiederauftauchte, aus vollem Hals singend, grinsten die Leute und rollten mit den Augen, aber sie waren auch erleichtert. Ihr Anblick ist wie der des Hafens, des Rathauses, der Galerien und des Marktplatzes. Sie gibt ihnen das Gefühl, zu Hause zu sein. Niemand hat ihr das je gesagt, sie hat ihr ganzes Leben ohne dieses Wissen zugebracht. Aber weil es existiert und eigentlich ihr gehört, streift sie oft ein Gefühl der Leere. Mir ist, als hätte ich seit Stunden nichts mehr gegessen, denkt sie und greift nach den Schokokeksen. Und vielleicht sollte ich mir noch ein Haustier zulegen. Oder eine Fremdsprache lernen. Vielleicht sollte ich Lotto spielen. Oder einen Abendkurs belegen. Sie schreibt diese Dinge auf, voll Unruhe und Hoffnung und Leere.

Manchmal sieht Einsamkeit so aus.

Eine Liste in einem nagelneuen Notizbuch.

Eine einzelne Tulpe auf einem grauen Teppich.

Eine Frau, die am Meer tanzt.

Eine Frau, die von einem Fenster aus zuschaut.

Känguru

Am Strand stehen zwei Kapuzenpullis.
Eine Kapuze ist oben, die andere unten.
Sie stehen mit dem Rücken zum Land und mit dem Gesicht zum Meer.
So sollte das Leben immer sein: dem Meer zugewandt.
Sie schauen den Wellen zu und unterhalten sich. Mutter und Tochter.
Mum, sieh mal, da drüben, sagt Sydney.
Eine Frau mit Daunenjacke und Gummistiefeln ist zum Wasser hinuntergegangen. Sie schlüpft aus den Stiefeln und beginnt zu tanzen.
Was für ein schöner Anblick, sagt Ila. Ein freier Geist, so wie du.
Ha, sagt Sydney, das wüsste ich aber.
Na ja, so was in der Art jedenfalls.
Sydney erzählt ihr, dass sie diese Frau schon mehrmals gesehen hat, seit sie hier ist, und sie irgendwie charmant findet. Vielleicht wird sie sie nachher mal ansprechen und fragen, ob sie Lust hat, sich zeichnen zu lassen und in einem Buch aufzutauchen.
Apropos, sagt Ila.
Hmm, sagt Sydney.
Dieses Buch.
Was ist damit?
Du musst damit weitermachen.

Tue ich doch, deshalb bin ich ja hier.

Ich weiß, aber in letzter Zeit drückst du dich vor der Arbeit. Du darfst dein Talent nicht vergeuden.

Sydney seufzt. Es kommt mir einfach ein bisschen abwegig vor, sagt sie.

Was denn?

Dass ich meine Lebensgeschichte zu einem Buch verarbeite.

Wie kann es abwegig sein, deine Geschichte zu erzählen?

Na ja, eigentlich habe ich doch nicht viel zu erzählen.

Natürlich hast du das. Außerdem geht es doch vor allem darum, wie du die Dinge schilderst, nicht um die Ereignisse als solche. Jeder Moment im Leben eines Menschen ist interessant, wenn man herausfindet, wie er ihn erlebt.

Sydney steckt beide Hände in die Kängurutasche ihres Kapuzenpullis. Sie dehnt den Stoff so weit es geht nach vorne, ohne zu merken, was sie tut.

Erinnerst du dich an unsere gemeinsamen Abendessen, fragt sie, als jeder von seiner Woche erzählen sollte?

Ila lacht. Lange durchgehalten haben wir das ja nicht, sagt sie.

Nein, aber bei mir hat es Spuren hinterlassen.

Was?, fragt Ila und späht unter ihrer Kapuze hervor.

Ich sagte, bei mir hat es Spuren hinterlassen, wiederholt Sydney lauter. Vor ein paar Jahren habe ich einen Workshop zum Thema »Wie schreibe ich eine Graphic Novel« geleitet, und da habe ich von diesen Abendessen erzählt. Sie waren der Auslöser für meine Berufswahl.

Wirklich?

Sydney nickt. Ich habe den Teilnehmern das gesagt, was du mir damals gesagt hast: dass man, indem man einen Augenblick beschreibt, alles beschreiben kann.

Na, so was, sagt Ila. Und was hast du ihnen sonst noch erzählt?

Sydney nimmt die Hände aus der Bauchtasche. Ich habe darüber gesprochen, dass Graphic Novels Schaukästen solcher Augenblicke sind. Leben, Gefühl und Dialog werden in einem Bild verdichtet, und jedes einzelne Bild drückt viele Dinge aus. Jedes hat seine eigene oberflächliche Geschichte, aber zugleich ist es offen und mehrdeutig, die Geschichte hat immer viele Facetten.

Ilas Augen leuchten. So habe ich dich noch nie reden hören, sagt sie.

Doch Sydney zuckt die Achseln. Na ja, es war ein Workshop, also musste ich irgendwas sagen.

Ich bin ganz aufgeregt, sagt Ila.

Aufgeregt?, sagt Sydney.

Ja. Ich liebe deine Bücher, ich kann's kaum erwarten, bis das nächste erscheint. Aber das erste mag ich am liebsten, es ist so schön und schräg und melancholisch.

Du hast meine Bücher gelesen?

Was für eine Mutter liest denn die Bücher ihrer Tochter nicht?

Eine tote zum Beispiel, erwidert Sydney beinahe.

Wundert mich gar nicht, dass du dafür diesen Preis bekommen hast, sagt Ila. Das war wirklich großartig.

Danke, sagt Sydney leise. Dann, in gespielt munterem Ton: Aber von da an ging's bergab.

Was?, fragt Ila und kommt ein Stück näher.

Mum, nimm doch mal die Kapuze ab, du kannst mich ja gar nicht richtig hören.

Doch, kann ich.

Schön, was habe ich eben gesagt?

Irgendwas Sarkastisches, sagt Ila.

Sydney verdreht die Augen über die Sturheit ihrer Mutter. Sie blickt an sich hinunter.

Weißt du noch, wie du uns im Surfladen lauter gleiche Sachen gekauft hast? Wir sahen total albern aus, alle vier in blauen Kapuzenpullis.

Wir sahen fantastisch aus und sehr lustig, sagt Ila. Aber zurück zu deinem Buch. Ich finde das Projekt wirklich aufregend.

So würde ich es nicht nennen, vor allem in Anbetracht dessen, was ich mir antue, um das verdammte Ding aufs Papier zu bringen.

Ja, aber du würdest ohnehin nichts als aufregend bezeichnen, oder?

Was meinst du damit?

Liebes, du bist doch nie aufgeregt, jedenfalls nicht im positiven Sinne. Oder irre ich mich da?

Mit kindlich gekräuselter Nase denkt Sydney darüber nach, doch in ihrem Kopf herrscht Leere. Sie breitet die Arme aus und lehnt sich gegen den Wind.

Ich mache mir einfach Sorgen, verstehst du?, sagt ihre Mutter. Denn früher warst du nicht so –

Sie schweigen und sehen sich an.

Dann wendet Sydney den Blick ab und zieht die Kapuze über den Kopf.

Und jetzt sind sie einfach nur zwei Kapuzenpullis am Strand. Hand in Hand, den Blick aufs Meer gerichtet.

Durch Rasensprenger laufen

Nach dem Tod ihrer Mutter füllte sich das Haus bis oben hin mit Leere. Immer wieder stießen Sydney und Jason dagegen. Sie war wie ein unsichtbarer, wandernder Ballon, der die Form jeder Umgebung annehmen konnte, in der er sich befand.

Howard, der sich Sorgen um seinen Sohn und seine Tochter machte, hatte eine Idee. Er sprach mit anderen Eltern und beschloss, das Haus und den Garten mindestens einmal alle zwei Wochen mit etwas anderem zu füllen: mit anderen Kindern. Doch das war kein rechter Erfolg, weil Sydney und Jason an der Leere hingen. Ihre Mutter hatte sie zurückgelassen, also gehörte sie ihr, und sie mussten gut darauf aufpassen.

Die anderen Kinder waren seltsam. Sie wollten immer wieder durch den Rasensprenger laufen. Nachdem einer damit angefangen hatte, wollten die anderen auch. Sydney zeichnete sie dabei und machte kleine Clowns aus ihnen. Später, als die anderen Kinder nach Hause gegangen waren, hob Jason den Sprenger hoch und musterte ihn. Er versuchte, ihn auseinanderzunehmen und wieder zusammenzusetzen. Keiner von ihnen lief hindurch. Es war Wasser, das durch einen Schlauch floss und aus lauter kleinen Löchern kam, genau wie in der Dusche, nur andersherum. Wozu also die Aufregung? Fanden diese Kinder Regen und Brunnen auch aufregend? Warum waren andere Kinder so kindisch? Einige von ihnen waren schon zwölf, so alt wie Jason – er fand es absurd und peinlich.

Ich kapier's einfach nicht, sagte er. Ich meine, mit zwölf ist man doch praktisch erwachsen, oder?

Absolut, sagte Sydney.

Meinst du, wir sollten es mal probieren?, fragte Jason.

Was?

Er deutete mit dem Kopf auf den Rasensprenger.

Ach so, sagte Sydney. Meinetwegen.

Hinterher verstanden sie es noch weniger, und ihre Sachen waren nass.

Das ist doch doof, sagte Jason.

Total doof, sagte Sydney.

Ich setz mich vor die Glotze.

Ich fahr ein bisschen Rad.

Jahre später an der Universität nimmt ein wohlmeinender Dozent Sydney nach dem Seminar beiseite. Könnte es sein, dass Sie Depressionen haben?, fragt er.

Wie kommen Sie denn darauf?, erwidert sie.

Ich dachte nur, es täte Ihnen vielleicht gut, mal zur psychologischen Beratungsstelle zu gehen.

Aber warum?

Nun ja, Sie sitzen einfach da, essen Ihr Sandwich und sagen kein Wort.

Was ist daran falsch?

Eigentlich gar nichts.

Und uneigentlich?, fragt sie.

Es ist die Art, *wie* Sie es tun, sagt er. Als wäre um Sie herum nichts, als wären Sie alleine im Raum.

Noch ein paar Jahre später, an Jasons Hochzeitstag, sagt seine frisch Angetraute zu ihm, Schatz, ich dachte, wenigstens heute würdest du dich mal freuen.

Aber das tue ich doch, sagt er. Nur halt auf meine Weise.

Das ist schön, aber es wäre gut, wenn man es auf den Fotos auch sehen würde.

Was denn?

Da fragt sie sich, ob sie einen Fehler gemacht hat, denn sie ist keine tolerante Frau, und sie erwartet, dass ihr Mann seine Freude zur Schau trägt wie ein teures neues Hemd. Sie will, dass alle sie sehen, vor allem ihre Freunde. Eine Beziehung sollte doch ein positives Licht auf einen werfen, oder wozu ist sie sonst gut?

Und als die Wochen und Monate ins Land gehen, treibt seine in sich gekehrte Art, den Kopf ständig über irgendein Sachbuch gebeugt, versunken in seine Gedanken, sie allmählich in den Wahnsinn.

Was ist mit *ihren* Gedanken? Ist sie nicht genauso wichtig wie diese Essayisten und Historiker?

Sieben Monate lang versucht sie nun schon, ihn aus der Reserve zu locken, aber ohne Erfolg. Genervt von der übertrieben fröhlichen Art seiner Frau und ihren Versuchen, ihn umzumodeln, verbringt Jason immer mehr Zeit bei der Arbeit. Und so verlässt sie ihn für den Geschäftsführer von Debenham's, den Mann, der ihnen die Koffer für ihre Hochzeitsreise verkauft hat. Er schwärmt für Kleider, Wein, Einrichtungsgegenstände und Gepäckstücke. Er schwärmt für *sie*. Nach einiger Zeit, als sie mehr Selbstbewusstsein entwickelt hat, wird sie sich dabei ertappen, dass sie sich nach Jason sehnt, nach seiner ruhigen Gegenwart, der gemächlichen Wärme seines Körpers. Doch fürs Erste sehnen sich ihre Ohren nach einer Rhapsodie der Anerkennung.

Ich fand sie ein bisschen aufdringlich, wenn ich das sagen darf, bemerkt Sydney, als Jason zu Besuch nach Hause kommt.

Ja, darfst du, sagt Jason. Um ehrlich zu sein, ging es mir genauso.

Mir auch, sagt ihr Vater, und die drei machen es sich in Howards Wohnzimmer gemütlich, um eine alte Folge von *Cagney & Lacey* zu gucken. Bevor der Film beginnt, läuft ein Werbespot von einem Freizeitpark in der Nähe, in dem drei Kinder auf dem Weg dorthin vor Freude kreischen.

Warum flippen die Leute wegen jedem Mist aus?, fragt Jason. Ich versteh's einfach nicht.

Ja, das ist echt seltsam, sagt Sydney.

Ich glaube, die tun bloß so, sagt Howard.

Dann kommt der Vorspann von *Cagney & Lacey*, und beim Anblick von Tyne Daly und Sharon Gless lassen sie sich entspannt zurücksinken.

Erste Sahne, sagt Sydney.

Das ist wirklich mal was, worauf man sich freuen kann, sagt Howard.

Absolut, sagt Jason.

Sie sitzen schweigend da, den Blick auf den Fernseher gerichtet, und essen gesalzene Erdnüsse, jeder aus seinem eigenen Schälchen.

Hinterher kocht Howard ihnen eine Kanne Granny's Garden Tea, seine neueste Errungenschaft aus dem Teeladen in der Stadt. Auf dem Heimweg von der Arbeit geht er oft dort vorbei. Er mag die großen Vorratsgläser mit den getrockneten Kräutern und Früchten, den losen Teemischungen für alle erdenklichen Stimmungen, Beschwerden oder Lebenslagen. Allein der Geruch in dem Laden tut ihm gut. Es riecht nach Natur, Freundlichkeit und Geduld – natürlich nur für ihn, und er verbindet den Geruch mit diesen Dingen, weil sie genau das sind, was er braucht.

Ich glaube, der hier ist was für Sie, Howard, hat die Verkäuferin gesagt, während sie die Früchtemischung in eine braune Papiertüte füllte. Sie spricht ihn immer mit seinem Vornamen an, was ihn auf geradezu unvernünftige Weise glücklich macht.

Kann Glück denn unvernünftig sein, Howard?, würde sie bestimmt sagen, falls er ihr je davon erzählte.

Ja, würde er erwidern. Und zwar, wenn eine alberne Kleinigkeit so viel bedeutet, weil alles andere so wenig bedeutet. Das hat so was Trauriges.

Das sehe ich anders, würde sie sagen. Seit mein Lebensgefährte mich verlassen hat, wohne ich allein in der Schäferkate eines Freundes, ich höre die halbe Nacht lang Radio, weil ich nicht schlafen kann, und ich freue mich riesig darüber, dass Sie zweimal in der Woche hierherkommen und mich jedes Mal fragen, wie es mir geht. In diesem Abschnitt meines Lebens gibt es niemanden, der sich so oft nach meinem Wohlergehen erkundigt wie Sie. Mit anderen Worten, Sie bedeuten mir etwas, Howard.

Granny's Garden Tea ist eine Mischung aus Holunderbeeren, Himbeeren, Roter Bete, Brombeerblättern, schwarzen Johannisbeeren, Erdbeeren, Apfelstückchen, Hibiskus und Aronia.

Der ist nicht übel, sagt Jason.

Ja, kann man trinken, nicht?, sagt Howard. Vielleicht hole ich mir den noch mal.

Mir gefällt die Farbe, sagt Sydney.

Würdest du das als Scharlachrot bezeichnen?, fragt Jason.

Nein, dafür ist das Rot zu warm, und da ist auch noch eine Menge Purpur und Schwarz dabei. Sydney hält den Becher an ihre Nase und schnuppert. Riecht nach Hoffnung, finde ich, sagt sie.

Das lässt Howard und Jason aufblicken.

Für mich riecht das nur nach dunklen Früchten, sagt Jason und tappt mit dem Fuß auf den Boden, wie er es immer tut, wenn er frustriert ist. Er ist gerade mal einen Tag bei seinem Vater, und obwohl überhaupt nichts vorgefallen ist und alle total nett sind, würde er am liebsten sofort wieder verschwinden.

Weil genau dieses Nettsein das Problem ist. Warum muss sein Vater bloß so verdammt nett sein? Was hat ihm das denn genützt? Nichts, absolut gar nichts. Seine Treue gegenüber einer Toten finden Außenstehende immer so romantisch und lobenswert, aber in Wirklichkeit ist es erbärmlich. Weißt du, wie das ist, Dad, wenn man seinen Vater sein Leben lang *bemitleidet*? Wenn man nach Hause zurückkommt, und die verdammten Schlüssel hängen immer noch an den Haken mit Mums Beschriftung? Das ist krank, Dad. Gruselig. Warum musst du uns immer wieder daran erinnern? Kannst du uns nicht einfach unser Leben leben lassen? Vor allem Sydney? Wenn du nicht so wählerisch wärst und die Liebe von einer der vielen Frauen angenommen hättest, die sie dir im Lauf der Jahre angeboten haben, hätten wir gelernt, wie es ist, einen Vater zu haben, der imstande ist, sich dem Leben zuzuwenden, mehr als eine Frau zu lieben, eine Tragödie hinter sich zu lassen, die uns alle betroffen hat, nicht nur dich. Und manchmal *hasse* ich es, deine verdammte Einsamkeit zu spüren, Dad. Was glaubst du, warum ich so weit weggezogen bin? Ihr zwei seid echt kaum auszuhalten.

Doch Jason spricht nichts davon laut aus.

Er trinkt seinen Tee und sieht zu Sydney hinüber, deren Füße ebenfalls herumzappeln.

Ha, denkt er. Sie ist auch genervt. Sie musste drei Stunden lang still sitzen, während wir gekocht, gegessen und ferngesehen haben, das hat's noch nie gegeben. Bestimmt kann sie es kaum erwarten, ihre Turnschuhe anzuziehen und nach Hause zu rennen. Und ich muss das ganze beschissene Wochenende über hierbleiben.

Und er hat recht. Sydney kann es tatsächlich kaum erwarten, aus dem Haus zu kommen, aber nicht, weil sie sich langweilt oder genervt ist oder von ihrem Vater wegwill.

Sie ist eifersüchtig.

Eifersüchtig auf ihren Vater und Jason, die sich so locker über alles Mögliche unterhalten, so entspannt und vertraut wirken, obwohl sie sich nur ein paarmal im Jahr sehen. Sie ist die ganze Zeit über hier, besucht ihn mindestens zweimal in der Woche, und trotzdem verringert sich die Distanz zwischen ihnen nie.

Diese Distanz ist astronomisch.

Wenn Ruth nicht wäre, hätten sie sich wahrscheinlich sogar noch weiter voneinander entfernt.

Zwei Planeten, deren Bahnen sich nie kreuzen.

Die Antwort auf alle Fragen

Sydney sitzt im Black Hole und trinkt ihren fünften Whisky.

Dieses Pub gefällt ihr richtig gut. Es erinnert sie an ihr altes Stammlokal, in dem sie oft nach der Abendrunde mit Ruth und Otto noch ein Glas getrunken hat. Aber das heißt jetzt Jumping Fox und ist zu einem schicken Gastropub geworden, wo die Kellner schwarze Hosen und weiße Hemden tragen, die Tische nur für Gäste sind, die auch dort essen, und man sich schämt, wenn man nur etwas trinken will. An der Wand hängt ein Schild: GEFÄLLT IHNEN UNSER ESSEN? DANN POSTEN SIE ES!

Das Black Hole ist voll, düster und schäbig. Wenn hier ein Schild an der Wand hinge, stünde darauf WENN'S IHNEN HIER NICHT GEFÄLLT, KÖNNEN SIE GERNE GEHEN. Abgewetzte Samtpolster, dunkelblaue Wände, schlanke Kerzen, deren Wachs auf wackelige Tische kleckert. Die Einrichtung ist *shabby*, aber keineswegs *chic*, sondern sieht aus, als könne sie sich nur noch mit Mühe aufrecht halten und würde am liebsten zu einem müden Haufen Feuerholz zusammenfallen. Als Snacks gibt es Chips, Schweinekrüstchen und Minipackungen Kekse. Auf der Tageskarte steht *Chicken in a Basket* und Milchreis, und als Nachtisch *Bourbon Biscuit Delight*.

Warum ist *Chicken in a Basket* eigentlich aus der Mode gekommen? Und was um Himmels willen ist *Bourbon Biscuit Delight*?

Erinnerst du dich noch, wie wir früher immer hierhergekommen sind?, fragt Ila und rührt in ihrem Gin Tonic.

Dunkel, sagt Sydney. Waren wir oft hier?

Allerdings. Das Pub gibt es schon ewig, und es hat sogar noch denselben Namen. Du und Jason, ihr habt immer Scampi mit Pommes gegessen, und als Nachtisch *Knickerbocker Glory*. Unglaublich, was ihr verdrücken konntet.

Lag wahrscheinlich an der guten Seeluft, sagt Sydney.

Sie greift in ihre Manteltasche, holt einen kleinen Foxterrier aus Metall heraus und stellt ihn auf den Tisch.

Den habe ich neulich für Ruth gekauft, sagt sie. Er stammt aus den Fünfzigern. Die Farbe ist ziemlich abgeplatzt, aber das gefällt ihr bestimmt.

Wirklich?

Sydney nickt. Sie mag alles, was Macken und Kratzer hat, sagt sie.

Klingt sehr sympathisch, sagt Ila.

Hast du schon mal von Kintsugi gehört?

Ila schüttelt den Kopf.

Das ist die alte japanische Kunst, zerbrochenes oder angeschlagenes Porzellan zu reparieren. Dafür wird ein spezieller Lack verwendet, der oft mit Goldpigmenten versetzt ist. Anstatt den Schaden zu verbergen, wird er hervorgehoben. Er wird zu einem Teil der Schönheit eines Gegenstands.

Das gefällt mir, sagt Ila.

Ruth macht einen Abendkurs in Kintsugi, sagt Sydney. Unser ganzes Geschirr ist irgendwann mal zerbrochen.

Ila lächelt. Sie konserviert Momente des Lebens, sagt sie.

Ja, stimmt. So habe ich das noch nie betrachtet.

Und wo hast du das Kerlchen gefunden?, fragt Ila, während sie den Foxterrier genauer betrachtet.

Im Secondhand-Spielzeugladen. Ich habe ein Foto vom Schaufenster gemacht, hier.

Sie hält ihr Smartphone hoch und zeigt ihrer Mutter das Schaufenster voller Puppen und Plüschtiere, darunter auch ein Alf und ein Paddington Bär, dessen Jackenärmel abgerissen sind, sodass er eine ausgefranste Weste trägt. Es gibt Schlenkerpuppen und Puppen in Spitzenkleidern, manche mit Augen, manche ohne. Abgeliebt und aussortiert, hofft nun jedes Spielzeug auf einen Neubeginn.

Mum, sagt Sydney.

Ja?

Was du vorhin gesagt hast, dass ich nie irgendwas aufregend finde.

Hmm?

Das ist nicht das einzige Gefühl, mit dem ich Probleme habe.

Aha.

Und jetzt mache ich mir Sorgen. Ich meine, was ist, wenn ich so eine Art halbe Psychopathin bin?

Jetzt übertreibst du aber, Schätzchen. Und ich bezweifle, dass man eine *halbe* Psychopathin sein kann. Entweder man ist es, oder man ist es nicht.

Aber wir wissen beide, was ich getan habe. Wir wissen beide, dass ich die Voraussetzungen dafür mitbringe.

Hör auf, sagt Ila. Ich will nicht, dass du solchen Unsinn redest.

Das ist kein Unsinn, sagt Sydney.

Sie blickt sich im Pub um. Wenn ich keine Psychopathin bin, was bin ich dann?, fragt sie sich. Die Antwort ist einfach. Ich bin eine Frau, die ihr ganzes Leben lang nur um ihre Eltern gekreist ist, um die, die tot ist, und um den, der noch lebt.

In einer Ecke flimmert ein alter Fernseher.

Ist das nicht unser alter Philips-Fernseher?, fragt sie.

Der Apparat rauscht. Ein aufdringliches, monotones Geräusch, zu nah an der Vergangenheit.

Es ist so kalt hier drinnen, sagt sie. Ist dir auch kalt, Mum? Die sollten die Heizung höher drehen und den Fernseher ausmachen.

Sie erinnert sich an etwas, das der psychologische Berater an der Uni damals gesagt hat. Wenn Sie diese Flashbacks haben, lassen Sie die Bilder schrumpfen, stellen Sie sich vor, dass Sie sie im Fernsehen sehen, und dann versuchen Sie sie abzuschalten. Was für ein absurder Vorschlag. Offensichtlich hatte dieser Mann noch nie das Leben einer Familie ruiniert. Das Leben *seiner* Familie.

Es ist so hell hier drinnen, sagt sie. Mir ist nicht gut.

Ila legt die Hand auf die Stirn ihrer Tochter. Ich glaube nicht, dass du Fieber hast, sagt sie. Komm, lass uns an die frische Luft gehen. Ich glaube, du solltest Ruth anrufen.

Auf dem Weg nach draußen bleibt Sydney an der Bar stehen. Entschuldigen Sie, sagt sie.

Ja, meine Liebe?, sagt die Barfrau.

Was ist ein *Bourbon Biscuit Delight*?

Das ist ein Küchengeheimnis.

So geheim, dass man nicht wissen darf, was man da bestellt?

Na ja, da sind Kekse drin.

Und weiter?

Die Barfrau verdreht die Augen. Das ist Eiscreme mit Keksbröseln obendrauf, sagt sie. Aber Sie können sie auch untergerührt haben, wenn Sie das wollen. Sie sehen so aus, als hätten Sie sie lieber untergerührt.

Was soll das denn heißen?

Das liegt doch wohl auf der Hand, oder?
Nein, sagt Sydney. Tut es nicht.
Die Barfrau zuckt nur mit den Achseln.

Es hat den ganzen Tag geregnet, die Luft ist kalt und feucht. Sie sitzen am dunklen Strand, dicht beieinander, um sich zu wärmen. Und Sydney tut, was Ila ihr gesagt hat, und ruft Ruth an.

Ich bin bei deinem Dad, sagt Ruth. Ich habe uns was vom Inder geholt, und wir spielen Scrabble.

Klingt nett, sagt Sydney.

Sie fühlt sich betrogen, obwohl sie weiß, dass es dafür keinen Grund gibt. Sie ist eifersüchtig auf ihre Lebensgefährtin und auf ihren Vater.

Es ging ihm nicht so gut, sagt Ruth, deshalb dachte ich, ich leiste ihm ein bisschen Gesellschaft.

Versuchst du mir ein schlechtes Gewissen zu machen?, fragt Sydney.

Was?

Die egoistische Tochter, die ihren Vater allein lässt.

Jetzt mach mal halblang, ich hab nur –

Ich mache weder lang noch halblang, sagt Sydney.

Bist du betrunken?

Ich habe vorhin mit ihm telefoniert, und *mir* hat er nichts davon gesagt, dass es ihm nicht gut geht.

Stopp, sagt Ruth. Hör auf, okay? Du tust es schon wieder.

Was denn?

Mich für etwas anmachen, was ich gar nicht gesagt habe. Ich hab's satt, dass bei uns alles immer so kompliziert wird.

Seit wann wird bei uns alles immer so kompliziert?, fragt Sydney.

Sie wartet auf eine Antwort.

Während sie wartet, schaut sie auf die Schuhe ihrer Mutter, diese vertrauten Turnschuhe in Knallpink.

Sag ihr, es tut dir leid, flüstert Ila.

Warum sollte ich?, flüstert Sydney zurück.

Weil du kein Kind mehr bist.

Ich bin müde, sagt Ruth.

Sie sagt es ganz langsam, irgendwie anders als sonst. Und Sydney will wissen, was sie meint, ob etwas Bestimmtes sie müde macht, aber sie fragt nicht nach. Nur ein Dummkopf würde seine Zehen in dieses Wasser tauchen. Voll gefährlicher Strömungen und Untiefen.

Es tut mir wirklich leid, sagt sie.

Schon gut, sagt Ruth. Ich hatte einen *sehr* anstrengenden Tag und wollte einfach nur einen entspannten Abend haben. Wenn du wegen irgendwas ein schlechtes Gewissen hast, ist das dein Problem.

Sydney hört im Hintergrund Otto bellen. Wie geht's meinem Jungen?

Oh, dem geht's prima. Er versucht nur gerade, eine Taube zu verscheuchen, die auf dem Zaun sitzt und ihn provoziert.

Ist Dad jetzt bei dir?

Na klar. Er sagt, ich soll dich schön grüßen.

Dann gib ihn mir doch mal kurz.

Kurzes Schweigen. Genau genommen ist er gerade rausgegangen, um Feuerholz zu holen, sagt Ruth.

Ach, ist auch nicht so wichtig.

Manchmal hat sie das Gefühl, Ruth würde ihre Zeit viel lieber mit Howard verbringen. Er bringt sie zum Lachen und spielt ihr etwas vor. Diese Dynamik ist nicht einfach, und Sydney wollte das Thema schon oft ansprechen, sagen, ja, natürlich freut sie sich, dass Ruth und ihr Vater sich so gut verstehen, so gerne zusammen sind, aber für sie ist das schwierig und schmerzlich.

Aber sie hat kein Recht, so etwas zu sagen. Sie auseinanderzureißen.

Ist alles in Ordnung mit dir?, fragt Ruth.

Ja, sagt Sydney. Bin wohl auch bloß müde. Vielleicht werde ich langsam zu alt für diese Herumrennerei.

Meinst du das ernst?, fragt Ruth.

Wahrscheinlich muss ich nur mehr Eiweiß essen.

Ruth seufzt.

Ich muss jetzt abwaschen, sagt sie.

Sydney behält das Handy am Ohr, obwohl Ruth aufgelegt hat.

Vielleicht war's das, denkt sie.

Vielleicht sagt sie mir, wenn ich nach Hause komme, dass sie genug hat.

Von mir, von uns, von mir.

Irgendwie habe ich es nie geschafft, ihr das zu geben, was sie will, sagt sie.

Zum Meer, zum Handy, zu ihrer Mum.

Ruth öffnet die Tür und lässt Otto wieder herein. Sie steht in Howards Küche, betrachtet die Zeichnungen von den Händen eines Mannes, die an der Pinnwand hängen, blättert im Wandkalender.

Wie geht's Sydney?, fragt Howard, der in die Küche kommt, während Ruth seine hingekritzelten Pläne für den nächsten Monat inspiziert. Er mag es, wenn sie so herumschnüffelt, als würde sie hier wohnen, als würden die Einträge in seinem Kalender nicht nur ihn betreffen.

Ich glaube, sie ist ein bisschen betrunken, sagt sie.

An diesem Abend haben sie indisch gegessen, Scrabble gespielt und in seiner Schallplattensammlung gestöbert. Gleich werden sie noch eine Runde mit Otto gehen, bevor Ruth nach Hause fährt, und er wird auf das Schlafzimmerfenster in einem der Nachbarhäuser zeigen, wo hinter zugezogenen Vorhängen Licht brennt. Die Frau, die da wohnt, war früher Archivarin, wird er sagen. Sie bekommt die Milch in Flaschen geliefert, und manchmal sehe ich sie morgens, wenn sie sie reinholt, in einem Schlafanzug mit japanischem Muster, hellblau mit rosa Blumen. Und Ruth wird sagen, Howard, du bist so ein lieber alter Kerl, dass du solche Dinge bemerkst. Sie wird ihn mit dem Ellbogen anstupsen und sagen, vielleicht solltest du sie mal fragen, ob sie mit dir ausgeht. Klingt ganz so, als würde sie zu dir passen – altmodisch und mit einem Faible für Schlafanzüge. Also, ich finde, ein *bisschen* mehr sollte eine Frau schon zu bieten haben, wird er erwidern, obwohl es mir gefällt, wenn sie in ihrem Liegestuhl im Vorgarten sitzt und ein Buch liest, sogar im Winter. Oh, das klingt doch großartig, wird Ruth sagen, jetzt habe ich selbst Lust, sie kennenzulernen. Und er wird die Augen verdrehen und sagen, du findest doch fast alles großartig.

Und das stimmt. Woher kommt diese unerschütterliche Fröhlichkeit? Das fragen sich die Leute, die Ruths Geschichte kennen, oft. Ihre Mutter ist verschwunden, als sie drei war. Ihr Vater hat sie als Kind meist als *undankbares kleines Miststück* bezeichnet. Sie hatte also genug eigene Probleme. Aber für Howard Smith würde sie alles tun. Er ist das Beste, was Sydney ihr je gegeben hat, andere Geschenke braucht sie nicht.

(Wenn Beziehungen doch nur so einfach wären.)

Warum sollte ich die Kekse untergerührt haben wollen statt obendrauf?, fragt Sydney.

Sie blickt hoch zum Mond, schließt die Augen vor dem feinen Nieselregen.

Sag's mir, brüllt sie.

Sie fährt herum. Mum? Mum, wo bist du?

Nichts.

Und dann läuft sie, wie immer.

Laufen ist die Antwort auf alle Fragen.

Das Kino, ja, das ist jetzt genau das Richtige. Aber nicht, um sich einen Film anzusehen. Das Dach ist das Beste, was diese Stadt zu bieten hat: ein schöner, offener Raum mit rauer, rutschfester Oberfläche und gerade groß genug, um gefahrlos auf das Dach des Spielzeugladens darunter zu springen.

Sie beginnt ihren Aufstieg.

Es ist einfach, wenn man weiß, wie es geht, wenn man so was schon mal gemacht hat.

Siehst du, schon oben.

Sie schaut hinunter auf ein junges Paar, zwei hüpfende Regenschirme. Einer davon ist leuchtend gelb, und als sie zusieht, wie er sich durch die Straßen bewegt und hier und da abbiegt, erinnert sie das an Pac-Man.

Weißt du noch, wie wir das immer gespielt haben, Jason? Wie wir Pac-Man vor seinen Geistern gerettet haben?

Oh, und weißt du noch was, Jason? Direkt hier unter meinen Füßen essen die Leute Popcorn und Smarties und schauen sich John Cusack in *Teen Lover* an. Heute ist nämlich Eighties' Night. Du warst ganz vernarrt in den Film. Ich kann mich kaum noch daran erinnern, nur an die Szene, als John Cusack den Ghettoblaster hochhält und »In Your Eyes« von Peter Gabriel spielt.

Der Song ist jetzt in ihrem Kopf, und sie singt ihn laut, während sie dort am Dachrand steht.

Ich vermisse dich, Jason. Bis zu dieser Woche hatte ich davon keine Ahnung. Ich vermisse nämlich nie jemanden. Denn wenn ich das tue, vermisse ich alle. Und so kann man nicht leben.

In ihren Füßen und Beinen spürt sie das Vibrieren von Bässen. Das ist natürlich nur Wunschdenken. Es gibt keine Musik, und heute Abend hat sie keinen Rhythmus, deshalb sollte sie auch gar nicht hier oben sein, noch dazu mit dem Whisky intus. Das ist leichtsinnig und unverantwortlich. Und Denken in jeder Form hat beim Freerunning nichts verloren. Denken ist der Feind des Instinkts.

Sie lässt ihren Blick über die Stadt schweifen. Ein buntes Durcheinander aus Wohnhäusern, Hotels und Pensionen, Ateliers, Apartments, Doppel- und Reihenhäusern zieht sich dicht an dicht vom Wasser hoch bis zu den etwas zurückgesetzten Straßen mit den Prachtbauten, den Villen mit Meerblick.

Und in dem Durcheinander, fünf Straßen oberhalb des Strandes, in einer kleinen Seitengasse, kann sie die alten Fischerhäuser sehen.

Mitten im Winter kann sie einen Sommerabend sehen. Die Luft ist warm, und es ist Ebbe.

Da ist ein zehnjähriges Mädchen, das aus einer grün lackierten Holztür schaut, deren obere Hälfte offen steht. Sie dreht sich um und verschwindet im Innern, um mit ihren Eltern und ihrem Bruder Pizza und Salat zu essen.

Draußen neben den Stufen steht ein orangefarbener Eimer voll Meerwasser und Krabben. Daneben zwei Paar Kindergummistiefel, noch ein Eimer und eine Schaufel.

In ein paar Minuten wird eine Frau die Tür öffnen und den Sand aus einem Handtuch schütteln. Sie wird Flip-Flops, Shorts und ein rosa T-Shirt tragen.

Es ist der zweite Abend ihrer Sommerferien.

Ein Junge und ein Mädchen werden hinter ihr herausgestürmt kommen, Schläger und eine Rolle mit Federbällen in der Hand.

Diese Kinder wissen nicht, dass Menschen sich schon seit mindestens zweitausend Jahren die Zeit mit Bällen aus Federn und Kork vertreiben. Ihre sind natürlich aus Plastik. Sie spielen auf der Straße. Man hört ein Pock und dann einen Schrei. Das Mädchen schlägt den Ball zu fest, sie wird ermahnt, Rücksicht zu nehmen. Sei behutsam, sagt ihre Mutter.

Diese Kinder wissen nicht, dass es Menschen gibt, die ihre Federbälle mit einer Geschwindigkeit von über dreihundert Stundenkilometern schlagen. Das nennt man einen Smash, was so viel bedeutet wie zerschmettern, und daran ist nichts Behutsames.

Sydney sieht hinunter auf das Dach des Spielzeugladens und stellt sich Paddington Bär mit ausgefranster Weste und Puppen ohne Augen vor. Es gibt jemanden auf dieser Welt, der glaubt, dass diese Spielzeuge es wert sind, mit nach Hause genommen zu werden. Das erscheint ihr in diesem Moment wie eine wichtige Tatsache.

Und hier ist noch eine:

Ich habe meine Mum getötet, sagt sie.

Worte, die aufflattern wie ein Schwarm Krähen.

Gestern und vorgestern ist die Bewegungsfolge völlig ohne Probleme abgelaufen. Sydney ist mit vier Sprüngen und vier Landungen von hier auf den Boden gekommen.

Aber heute Abend denkt sie an das Ferienhaus.

An das Zimmer mit den zwei Betten, in dem sie und Jason geschlafen haben.

Morgens sind sie mit ihren Decken nach unten gegangen und haben *Die Abenteuer von Tom Sawyer und Huckleberry Finn* geguckt.

Es ist mitten im Winter, und es ist Sommer.

Ihre Füße sind weder hier noch dort.

Man kann nicht an zwei Orten zugleich sein, hat irgendwer vor langer Zeit zu ihr gesagt.

Er hat sich geirrt.

Der Kopf voll, der Himmel auch.

Ihre Augen sind feucht und der Boden auch,

vom Sprenger, weißt du noch, der Sprenger?

Die anderen Kinder, die hindurchlaufen, nass und kreischend.

Und ihr Anblick tat weh,

denn er war gewaltsam. Manche Dinge sind so,

obwohl man es ihnen nicht ansieht:

die Gewalt des Frühlings, Schlaf, der von Licht und Vogelgesang unterbrochen wird,

oder das grelle Gelb von Raps, in deinen Augen

und deiner Nase und deinen Augen.

Sydney schafft es auf das Flachdach des Spielzeugladens.

Aber nicht auf die Garage daneben und nicht auf die Mauer neben der Garage.

Sie landet nicht mit beiden Füßen auf dem Boden, diesmal nicht.

Es gibt nur einen Smash.

Und weil sie keine Federn hat,

fällt sie.

Und weil sie nicht aus Kork ist,

zerbricht sie.

Zweiter Teil

Engel

Stuart riecht ihn, bevor er ihn sieht. Den Körper da vorne auf dem Boden. Er riecht nach Whisky, Weizen, einem Babykopf. Er riecht nach frischer Farbe, Feuerwehrrot. Er riecht nach einer Kirchenglocke, einer Flagge, einem Nanci-Griffith-Song.

Nach welchem Nanci-Griffith-Song, Stuart? Denn es gibt doch bestimmt einen großen Unterschied zwischen dem Geruch von beispielsweise »Heaven« und »Late Night Grande Hotel«, oder?

Nein. Alle ihre Songs riechen gleich.

Faszinierend.

Der Menschenkörper liegt auf dem Boden vor dem Secondhand-Spielzeugladen. Den Geruch dieses Ladens liebt Stuart ganz besonders. Er ist nur einmal drinnen gewesen, als Belle dort war, um ein Matchboxauto zu besorgen (sprich: zu stehlen), als Geschenk für Dexter, ihren Kollegen, den sie nicht leiden kann, über den sie sich jeden Abend beim Essen auslässt, weil er immer so ein Klugscheißer ist und jedes Buch, das irgendwer erwähnt, schon gelesen hat, und falls nicht, dann kennt er zumindest die Besprechungen und weiß genau, worum es darin geht.

Stellen Sie sich vor, wie der Geruch von lauter altem Spielzeug für einen Wolfshund sein muss, der Gefühle riechen kann. Das ist der reinste Trip, wie in Luft aufgelöstes LSD für Hunde. Jedes Spielzeug riecht danach, wie es gekauft, bekommen, geliebt und aussortiert wurde. Es riecht nach hemmungsloser

Liebe und nächtlicher Umarmung. Manchmal auch nach Verzweiflung oder dem Angstschweiß eines Kindes, das sich daran klammert, während es seine Eltern streiten hört. Es ist alles da: auf Plastik, Blech und künstlichem Fell, an Glasaugen und Roboterfüßen, am Rücken eines Teddybären und am Ohr einer Puppe.

Stuarts Nase ist schnell abgelenkt, von einem Geruch zum nächsten gelockt. Er kann nicht nur Hunderte von Dingen gleichzeitig riechen, zum Beispiel den Essiggeruch von Fehlern oder die Leere von Abschiedsworten, sondern auch die Verbindungen zwischen ihnen.

Und in diesem Moment riecht er etwas unendlich Trauriges.

Es ist irgendwie mit seiner Besitzerin verbunden und doch ganz weit weg.

Ruhig, mein Junge, sagt Maria.

Er zerrt sie die Straße entlang. Normalerweise ist er rücksichtsvoll und zieht nicht so an der Leine.

Was ist denn los mit dir?, fragt sie.

Und dann sieht sie es.

Er ist dicht neben ihr, als sie sich hinhockt.

Es ist der Engel, sagt sie zu seinem weichen grauen Kopf.

Groucho

Howard ist es gewohnt, allein zu leben, normalerweise macht es ihm nichts aus. Und er kann sich nicht einmal vorstellen, wie es wäre, wieder mit jemandem zusammenzuleben. Aber wenn Ruth da ist, fühlt sich die Wohnung anders an, die Atmosphäre verändert sich, und wenn sie geht, muss er sich umgewöhnen und warten, bis alles sich wieder setzt. Er kennt das mittlerweile, weiß, wie diese Veränderung zusammen mit ihr kommt und geht.

Dieser Abend ist da keine Ausnahme.

Sie gibt ihm einen Kuss auf die Wange, verfrachtet Otto ins Auto und fährt davon.

Er geht wieder hinein und schließt die Tür.

Mittlerweile weiß er, dass es das Beste ist, wenn er sich mit kleinen Aufgaben ablenkt. Er räumt seine Schallplatten weg, wäscht ab, kocht sich eine Kanne Kamillentee, geht damit ins Wohnzimmer und setzt sich aufs Sofa.

Er klappt seinen Laptop auf und lässt einen Song laut über die kabellosen Lautsprecher laufen, die Sydney ihm zu Weihnachten geschenkt hat: »Psycho Killer« vom Ukulele Orchestra of Great Britain. Howard findet diese Version genial, viel besser als das Original. Er greift nach seiner Ukulele und spielt mit.

Dann begleitet er auch noch die Coverversion von »Teenage Dirtbag«, und als der Song vorbei ist, gehört das Haus wieder ihm.

Er schickt Ruth eine Nachricht: *Danke für den schönen Abend und bis bald, H.*

Sie antwortet sofort: *Danke zurück, auch für das leckere Essen. Alles Liebe und schlaf gut, R.*

Er wünschte, sie würde ihn Dad nennen. Das tun die Leute doch manchmal, ihre Schwiegereltern Mum und Dad nennen. Aber vielleicht ist das inzwischen auch längst nicht mehr üblich. Außerdem ist H wahrscheinlich besser. Man kürzt den Namen von jemandem doch nur auf einen Buchstaben, wenn man ihn mag.

Der nächste Song auf seiner Playlist beginnt: »Tougher Than the Rest« von Bruce Springsteen. Den mag er auch sehr, obwohl der Erzähler darin genau das Gegenteil von ihm ist, oder vielleicht gerade deshalb. Howard ist nicht »härter als die anderen«, wenn es um Liebe geht. Er möchte lieber in Ruhe gelassen werden.

Er nimmt die Decke von der Sofalehne, streckt sich lang aus und breitet sie über seine Beine. Denkt an Nina, seine Nachbarin, fragt sich, ob sie schon im Bett ist und ob sie wieder diesen Schlafanzug mit dem japanisch anmutenden Muster anhat, hellblau mit rosa Blumen. Er mag diesen Schlafanzug, würde ihn sofort auch selbst tragen. Er fragt sich, ob sie gestern Abend den Dokumentarfilm über die französischen Impressionisten gesehen hat, ob sie so was interessiert. Er hätte nie von sich gedacht, dass er mal seine Abende mit Fernsehsendungen über Kunst und Kultur verbringen würde, und manchmal hat er das Gefühl, seine Vergangenheit zu verraten, so zu tun, als wäre er jemand anders. Er hat keinen Schulabschluss. Er ist mit Dosenfleisch und Sardinen aufgewachsen, war mit achtzehn zum ersten Mal in einem Restaurant und mit achtundzwanzig zum ersten Mal im Theater, und das war eine Pantomime für die Kinder. Alles, was er weiß, hat er sich selbst beigebracht, sein Allgemeinwissen ist ein Trauerspiel und sein Gedächtnis für

Fakten noch schlimmer. Wenn er also morgen früh an der Haustür herumlungert, bis Nina auftaucht, und ihr von der hervorragenden Sendung über die französischen Impressionisten auf BBC4 erzählt, wird sie ihn für jemanden halten, der er nicht ist, und von da an kann jedes weitere Gespräch ihn enttarnen und sie enttäuschen. Allein aufgrund der Tatsache, dass er BBC4 guckt, wird sie annehmen, dass er ein Mann ist, der gerne ins Restaurant geht und sich mit Wein und Kunst im Allgemeinen auskennt, nicht nur mit den französischen Impressionisten; dass er wahrscheinlich mal im Ausland gelebt hat, mindestens eine Fremdsprache spricht und die Handlung von sämtlichen Shakespeare-Stücken auswendig kennt. Nein, wirklich, es ist ihm schon passiert, dass Frauen diese falschen Schlüsse gezogen haben, nur weil er ihnen erzählt hat, was er sich im Fernsehen ansieht oder im Radio hört. Obwohl er einfach nur gerne Dokumentarfilme schaut und ins Freibad geht. Er mag Ukulelen und Kräutertee, stellt gerne Playlists zusammen und hört sich manchmal *The Archers* im Radio an. Und das ist es dann auch so ziemlich. Und genau das ist das Problem, wenn er sich mit Frauen trifft – alle, die ihn mögen, halten ihn für jemanden, der er nicht ist. Sie packen ihn einfach zu schnell in eine Schublade. Deshalb hat er keine Lust mehr dazu.

Ila hat das nie getan. Sie hat ihm kein Etikett aufgedrückt, hat nicht von ihm verlangt, dass er bestimmte Dinge mag, nur damit er ihren Vorstellungen entsprach. Er war einfach Howard Smith, der mit dem Fahrrad zur Arbeit fuhr und Musik und Schreibwaren mochte. Und sie war einfach Ila, die über Politik und Umweltschutz sprach, aber ohne diese Begriffe je zu verwenden, denn das waren Themen, über die *andere Leute* sprachen, Leute, die etwas von Geschichte verstanden, die die Klassiker gelesen hatten, die aus Tassen tranken statt aus Bechern und Stoffservietten benutzten.

Er überlegt, womit er den nächsten Tag verbringen könnte. Vielleicht mal den Volvo sauber machen. Natürlich ist es nicht mehr der Volvo, den er damals zusammen mit Ila gekauft hat. Der steht unter einer Abdeckplane in der Garage. Manchmal öffnet er den Reißverschluss der Plane und setzt sich in die blaue Dunkelheit. Es ist, als wäre das Auto in ein Zelt gebrettert, und ihm gefällt diese Vorstellung, sie hat so etwas Wildes, Verwegenes.

Er blickt zu dem hölzernen Schaukasten an der Wand.

Ila sammelte Schlüssel. Anfangs bewahrte sie sie in einer alten Keksdose auf, rechteckig, angerostet und mit Scotchterriern in karierten Hundemänteln darauf. Das Shortbread darin war an einem Weihnachten verputzt worden, und sie hatte stattdessen ihre kostbaren Metallstücke hineingelegt: Schlüssel für Haustüren, Schuppen und Vorhängeschlösser, für Schränke, Schmuckkästchen und Autos. Symbole unseres Rein und Raus, unseres Öffnens und Schließens, der Dinge, die wir sicher aufbewahren wollen. Aber am liebsten mochte Ila die alten Schlüssel, schwer und geheimnisvoll, die zu uns finden und uns jahrelang begleiten, weil niemand es fertigbringt, sie wegzuwerfen.

Würdest du deine Schlüssel gerne sehen können?, fragte Howard sie.

Ich kann sie doch sehen, sagte sie.

Nein, ich meine, ob du sie an der Wand haben möchtest.

Oh. Ja, sehr gerne.

Und so fertigte er einen kleinen Kasten mit verschiedenen Fächern, lackierte ihn und besorgte Haken und ein festes Band. Er hängt noch immer dort und hat etwas von einem Museum oder der Rezeption eines eigentümlichen Hotels. In seinem Innern hängen acht Schlüssel, jeder beschriftet und an einem eigenen Haken, und im letzten Fach hängt ein Schlüsselring mit einem kleinen silbernen Frettchen.

Nr. 1 – unser erstes Haus
Nr. 2 – Grans Schmuckkästchen
Nr. 3 – unser Hillman Imp
Nr. 4 – mein altes Fahrradschloss
Nr. 5 – Schreibtisch
Nr. 6 – Grandads Schuppen
Nr. 7 – der Volvo
Nr. 8 – wer weiß, wozu der gehört
Nr. 9 – Barry

Sie können einen Schlüssel herausnehmen, wenn Sie möchten, aber nur, wenn Sie ihn wieder an den richtigen Platz zurückhängen. Sonst liegt Howard mit dem falschen Schlüssel in der Hand auf dem Sofa, der nicht die Erinnerung aufschließt, die er sucht. Zum Beispiel, wie er Ila ein Fahrrad gekauft hat, das beim Eckladen im Schaufenster stand. Das muss erst mal aufgearbeitet werden, sagte er, aber das mache ich gerne, also lass dich nicht von dem traurigen Zustand abschrecken, ja? Ach, das ist viel schöner als ein neues, sagte sie, ich würde gar kein neues haben wollen. Oder wie sie sich darüber gestritten hatten, was für ein Auto sie sich kaufen sollten, und Ila sagte, sie wollte einen Volvo, weil Volvos ewig hielten und solide wie Panzer wären und sie darin keine Angst haben müsste.

Als sie den Hillman Imp verkauften, weigerte sie sich, den zweiten Schlüssel herzugeben. Es ist gut, sich an die Reisen zu erinnern, die man gemacht hat, sagte sie und ließ ihn in ihre vollgekrümelte Rocktasche gleiten.

Aber, denkt er jetzt, wenn man die Gesetze der Wahrscheinlichkeit in Betracht zieht, wenn man sich anschaut, wie leicht andere Leute offenbar einen neuen Partner finden, müsste ihm seit

Ilas Tod doch schon jemand Passendes über den Weg gelaufen sein, jemand, der nicht von ihm erwartet, etwas zu sein, das er nicht ist. Was ist also mit dieser Frau passiert? Hat er sie übersehen oder abgewiesen? Waren seine eigenen Ansprüche zu hoch? Hat er sie abblitzen lassen, ohne ihr eine Chance zu geben?

Es hat Zeiten gegeben, in denen er offen war für eine Begegnung. Er erinnert sich, wie er mal bei einem Spaziergang im Park ein Paar gesehen hat, das dort ein Picknick machte, und sich gewünscht hat, er könnte so sein wie sie. Seine Freunde drängten ihn, es auf einer Onlineplattform zu versuchen. Sie sagten, er solle ein Profil anlegen und auf einen Button klicken und abwarten, was passieren würde. Das Leben ist kurz, sagten sie, was ihm wie eine Beleidigung erschien, denn das wusste er längst auf eine Weise, die sie nicht kannten. Schreib auf jeden Fall, dass du Mountainbiking magst, sagten sie. Aber das tue ich nicht, sagte er, ich fahre nur mit dem Rad zur Arbeit. Das ist egal, sagten sie, du musst ein paar Hobbys auflisten, damit du nicht langweilig oder deprimiert wirkst. Aber ich *bin* langweilig und deprimiert, sagte er lachend. Sie fanden das nicht komisch. Was sagt so eine Liste mit Dingen, die ich mag, denn überhaupt über mich aus?, fragte er. Nur weil eine Frau gerne ins Konzert geht, heißt das doch nicht, dass wir uns verstehen. Mich auf so eine Liste zu reduzieren, hat so etwas Kaltes, Abstraktes. Das ist wie Werbung – beschreibe dein Alleinstellungsmerkmal, Howard! Aber wir lieben doch einfach, wen wir lieben, oder nicht? Ich liebte den Duft von Ilas Haut, vor allem an ihrem Nacken. Ich würde alles dafür geben, noch einmal ihre Haut zu riechen. O nein, dachten seine Freunde. Jetzt geht das wieder los, jetzt fängt er wieder von Ila an. Schnell, holt ihn zurück. Pass auf, Howard, es ist im Grunde egal, was du schreibst, solange du *dynamisch* wirkst. Du liebe Güte, sagte er. Er sah sich die Onlineprofile einiger Singlefrauen an, dann ging er nach oben und legte sich hin. Während er schlief, klickten ihn neunzehn Frauen an. Sie scrollten und zoomten, drängend und wetteifernd. Er träumte, dass er jemanden mit einem Küchenmesser erstach, was er später als Zeichen interpretierte, dass die Suche nach einer neuen Beziehung nur Schaden anrichten würde. Allein die Idee, danach zu *suchen*, war grotesk – welcher normale Mensch würde denn nach jemandem suchen, den er noch nie gesehen hatte, über den er nichts wusste und den er logischerweise auch nicht erkennen würde, falls er ihn denn tatsächlich fand? Das war doch völlig verrückt.

Und die paar Verabredungen, zu denen er ging, waren bizarr. Fremde Frauen, Frauen, die nicht Ila waren, stellten ihm idiotische Fragen. Statt: Gehen Sie gerne auf Partys? Oder: Ist das Ihre Lieblingsbiersorte?, fragten sie Sachen wie: Was treibt Sie an? Wo sehen Sie sich in fünf Jahren? Was wollen Sie unbedingt noch tun, bevor Sie sterben? Was sind Ihre Hobbys? Er spürte, wie ihm eng ums Herz wurde, als er antwortete:

Meine Beine treiben mich an, meistens jedenfalls. Manchmal auch mein Volvo. Gutes, solides Auto. Hervorragende Sicherheitsstatistiken.

Ich nehme an, dass ich in fünf Jahren immer noch hier sein werde. Aber jeder von uns könnte morgen sterben. Es erscheint mir ziemlich vermessen, mir Gedanken darüber zu machen, was in fünf Jahren ist.

Solche Fragen stellen meiner Meinung nach nur Leute, die die kleinen Dinge im Leben nicht zu schätzen wissen. Um ehrlich zu sein, gibt es nur eine Sache, die ich gerne noch tun würde, bevor ich sterbe, nämlich meine Frau noch einmal sehen. Und da das nicht möglich ist, werde ich weiter lecker essen, gute

Bücher lesen, spazieren gehen und Musik machen. Ich habe keine Angst vor dem Tod. Ich bin bereit dafür, schon seit Langem. Meine Angelegenheiten sind geregelt.

Ich habe keine Hobbys im eigentlichen Sinn, ich lebe einfach mein Leben.

Howards Gewohnheiten und Vergnügungen waren mittlerweile tief verwurzelt. Er bezweifelte, dass irgendeine Frau das ändern könnte, und er wusste auch nicht, ob er das überhaupt wollte. Die kleinen Rituale, die ihn durchs Leben trugen, waren hart erarbeitet. Er wollte nicht verhandeln, Kompromisse schließen, diskutieren oder enttäuschen. Er wollte nicht die Möbel umräumen, darüber streiten, ob Butter oder Margarine gesünder war, oder in seiner Küche fremdartige Dinge finden, die er nicht essen mochte.

Er und Ila waren beide ohne Geld aufgewachsen. Sie verbündeten sich gegen Konsum und finanzielle Sorgen, lebten genügsam und kauften auf Vorrat und nach Angebot. Sie reparierten, recycelten und tauschten und versuchten, diese Werte auch Sydney und Jason nahezubringen. Auch als Ila eine besser bezahlte Stelle am Empfang der Tierarztpraxis bekam, arbeitete sie freitags weiter im Hofladen und brachte von dort Fleisch und Gemüse mit, das sie als Mitarbeiterin günstiger bekam.

Romantische Idylle? Keineswegs. Es war harte Arbeit, und sie stritten sich oft. Wenn sie gestresst waren, wurden sie abweisend und verletzend, gerieten in einen Kreislauf aus Forderung und Zurückweisung, Klammern und Mauern. Die Zeit reichte nie, um einfach mal dazusitzen und in die Gegend zu schauen. Sie stritten über Geld, nicht weil einer von ihnen zu viel ausgab, sondern weil sie immer Angst hatten, dass es nicht reichen würde, und Angst ist wie eine aufgescheuchte Katze, sie faucht und fährt die Krallen aus.

Manchmal verstanden sie einander, dann wieder war ihnen der andere mit seinen Stimmungen und Eigenarten fremd. *Wer ist diese Frau im Nachthemd, die da in der Küche steht und mich runterputzt wie ein Kind, weil ich die falschen Frühstücksflocken gekauft habe?* Wobei das alles natürlich ganz normal war. Was zählte, war, dass sie sich zusammen etwas aufbauten – chaotisch und schwierig, aber ganz allein ihres.

Es würde niemals eine zweite Ila geben. Mit der Zeit wuchs Howard die Bezeichnung *Witwer*, gegen die er sich früher gesträubt hatte, ans Herz, und er begann, sie bewusst und mit Stolz zu verwenden. Hallo, nett, Sie kennenzulernen, ich bin Howard Smith, Langzeit-Witwer. Er erkannte, dass *Witwer* ein komplexer Begriff war, der nicht nur für jeden, der ihn verwendete, etwas anderes bedeutete, sondern sogar jedes Mal, wenn er verwendet wurde. Anders als ein Freund aus dem Freibad benutzte Howard ihn nicht, um zu verkünden, dass er geliebt und getrauert hatte und nun wieder zu haben war. Ganz im Gegenteil. Er erklärte damit Ilas Abwesenheit und stellte sie zugleich unverrückbar an seine Seite. Jedes Mal, wenn er das Wort benutzte, fühlte er sich ihr nah. Am liebsten hätte er sich weiterhin als verheiratet bezeichnet, aber das führte zu Fragen und seltsamen Situationen – wo ist denn Ihre Frau?, und so weiter.

Ich bin mit einer toten Frau verheiratet. Warum kann er das nicht einfach so sagen? Schließlich ist es so. Ja, so ist es.

Und apropos Fragen und seltsame Situationen, denkt er, mit dreiunddreißig Witwer zu werden, ist schon ziemlich speziell.

Während der ersten paar Jahre bedauern dich die Leute wegen deines Verlusts. Danach gilt ihr Mitgefühl weniger deiner Trauer, die inzwischen nachgelassen haben sollte, als deinem

Alleinsein, der fehlenden Partnerin. Sie raten dir, *wieder da rauszugehen*, als hättest du dich einfach im Haus verschanzt, anstatt arbeiten zu gehen und ganz allein zwei Kinder großzuziehen. Und auch wenn du in deinem ganzen Leben noch nie auf einem Pferd gesessen hast, drängen dich alle, dich wieder in den Sattel zu schwingen.

Dann wird's interessant. Sagen wir mal, du bist seit zehn oder fünfzehn Jahren Witwer. Jetzt werden die Leute stutzig. Keine Mitleidsmienen mehr, kein *Oh, das tut mir leid*. Niemand spricht es aus, aber alle denken, dass du faul bist, verstockt, dich nicht bemühst.

Und jetzt stell dir vor, du sagst, du bist seit über dreißig Jahren Witwer. Da kommt Argwohn auf. *Was ist denn mit dem los? Warum hat er sich nicht längst jemand Neues gesucht?* Genau das denken sie.

Aus Gesprächen mit anderen Witwern weiß er, dass es etwas anderes ist, wenn man erst spät im Leben den Partner verliert. Dann ist da weniger Druck, sich wieder jemanden zu suchen. Was sowohl für den jüngeren als auch für den älteren Mann beleidigend ist.

Als er sich die Decke bis zur Brust zieht, fällt ihm noch etwas anderes ein.

Vor ein paar Jahren war er zum Einkaufen in der Stadt. In einem Geschenkeladen stöberte er in einem kleinen Korb mit lauter Buttons zum Anstecken, rund und aus Metall, auf denen Sachen standen wie BÜCHERWURM, GENIE, CHEFIN, BESTER FREUND, PANTOFFELHELD und SEXBOMBE.

Haben Sie auch welche mit *Witwer*?, fragte er zu seiner eigenen Überraschung.

Die Verkäuferin wurde rot und sah ihn verlegen an. Nein, leider nicht, Sir. Vielleicht können wir einen für Sie bestellen, aber ich bin mir nicht sicher, ob sie die im Programm haben.

Sollten sie aber, sagte er. Sie *sollten* sie im Programm haben.

Natürlich, sagte sie, aber sie verstand es nicht, konnte sich partout nicht vorstellen, warum dieser Mann mit einem solchen Button an seiner Wetterjacke herumlaufen wollte. Warum wollte er die Leute darauf hinweisen, dass er Witwer war? Oh, dachte sie. Er sucht eine neue Frau. Wie traurig.

Er kaufte ein kleines Buch für Ruth, das ihn zum Lachen brachte, weil es so herrlich absurd war: *Achtsamkeit: ein Handbuch*. Dann sah er sich die anderen Bände aus der Reihe an – *Der Ehemann*, *Die Ehefrau*, *Die Mutter*, und es gab sogar *Der Hund*, *Die Katze* und *Die Midlife-Crisis*. Und wieder fragte er sich: Was ist mit dem Witwer? Er fühlte sich unsichtbar, und in ihm stieg Ärger auf. Ob ihr's glaubt oder nicht, wir können auch über uns lachen!

Dann stockte er.

Natürlich gab es kein Handbuch über Witwer. Niemand lacht über einen Witwer, aus Angst, selbst einer zu werden.

Er wünschte, er hätte diesen blöden Laden gar nicht betreten.

Ich möchte das Buch zurückgeben, sagte er mit einer Stichflamme fehlgeleiteten Zorns zu der Verkäuferin.

Sie wich zurück. Jetzt schon?, fragte sie. Sie haben es doch eben erst gekauft.

Ich habe meine Meinung geändert.

Wir geben aber nur Gutscheine aus.

Aber Sie wissen doch ganz genau, dass ich das Buch nicht gelesen habe. Ich habe ja nicht mal den Laden verlassen.

Gut, meinetwegen, sagte sie und öffnete die Kasse.

Als er sah, wie ihr die Röte ins Gesicht stieg, bekam er ein schlechtes Gewissen. Tut mir leid, sagte er.

Schon gut.

Dann entdeckte er einen weiteren Korb mit Ansteckern in allen Formen und Größen, größtenteils aus Plastik. Er kramte darin, während sie das Geld für ihn abzählte.

Gerade als sie dachte, es sei überstanden, hörte sie, wie er verärgert schnalzte.

Er hielt einen runden Anstecker hoch, auf dem GOLF-WITWE stand.

Das, meine Liebe, ist eine Beleidigung für jeden, der tatsächlich verwitwet ist.

Wirklich?, fragte sie.

Allerdings. Ich hasse es, wenn jemand diesen Ausdruck benutzt. Am liebsten würde ich dann sagen, finden Sie es etwa witzig, sich als Witwe zu bezeichnen, wenn Ihr Mann irgendwo da draußen ist und mit einem Schläger auf einen Ball eindrischt, nicht tot in einer Kiste unter der Erde oder zu Asche verbrannt und vom Wind davongetragen?

Du meine Güte, so habe ich das noch nie betrachtet, sagte die Verkäuferin. Sie nahm ihm den Anstecker aus der Hand und warf ihn in den Mülleimer. So besser?, fragte sie.

Er lächelte und fragte sie nach ihrem Namen.

Ich heiße Harriet, sagte sie.

Nun, Harriet, ich nehme dieses alberne Buch doch mit, und es tut mir sehr leid, dass ich Sie so angefahren habe. Meistens gelingt es mir, diese Dinge für mich zu behalten, aber manchmal platzt es einfach aus mir heraus. Bitte verzeihen Sie.

Harriet schwieg einen Moment. Dann veränderte sich ihr Gesichtsausdruck. Sie nahm den Korb mit den Plastikansteckern und kippte sie in den Müll. Dann nahm sie den anderen Korb mit den Metallbuttons und leerte ihn ebenfalls. Schließlich zog sie eine Papiertüte aus dem Regal und legte das Achtsamkeits-Handbuch hinein.

Geht aufs Haus, sagte sie.

Wirklich?, fragte er.

Ja.

Dann streckte sie ihm ihre Hand hin, und er schüttelte sie.

Darf ich Sie etwas fragen?

Ja, natürlich, sagte er.

Haben Sie schon mal darüber nachgedacht, sich einer Trauergruppe anzuschließen?

Wie bitte?

Sind Sie bei Facebook?

Für so was habe ich keine Zeit. Zu viele neue Lieder, die ich üben möchte.

Sie könnten sich bei einer Gruppe für Witwer anmelden. Es gibt Gruppen, die Unterstützung anbieten, andere, wo man sich einfach austauschen kann, und sogar spezielle Dating-Gruppen. Mein Onkel ist Witwer, deshalb weiß ich das. Seine Frau ist vor zwei Jahren gestorben.

Das ist sehr nett, sagte er, aber meine Frau ist vor *über dreißig Jahren* gestorben.

Und dann wartete er auf die Reaktion.

Na bitte.

Die Neugier, der Argwohn.

Ich glaube also kaum, dass eine von diesen Gruppen mich aufnehmen würde. Mein Anrecht auf eine Mitgliedschaft ist vermutlich schon vor langer Zeit verfallen. Und selbst wenn sie mich nehmen würden, *gerade* wenn sie mich nehmen würden, hätte ich keine Lust, da mitzumachen.

Groucho Marx lässt grüßen, sagte sie.

Hallo du

Stuart beschnuppert den Körper. Er ist mit Turnschuhen, einer locker sitzenden Hose und einer wetterfesten Jacke bekleidet und auf seinem Gepäck gelandet, einem schmalen Rucksack, so ähnlich wie der von Maria, mit einem roten Hundepfotenabdruck vorne drauf, und er gehört einer Frau. Und zwar einer, die er diese Woche schon ein paarmal gesehen und beschnuppert hat.

Doch jetzt riecht sie nicht nach Salz und Schuldgefühlen,
sondern nach duftiger Kirschblüte,
einer der ergreifendsten Blumen,
denn ihre Blätter lehren uns,
dass wahrhaft Schönes
stets flüchtig ist,
wie ein Hauch.

Maria ruft einen Rettungswagen. Während sie eine Reihe von Fragen beantwortet, fällt ihr auf, dass sie noch nie zuvor die Notrufnummer wählen musste, in ihren ganzen achtundfünfzig Lebensjahren nicht. Und irgendwie passt es nicht zu dem Leben, das sie bisher gelebt hat, dieses Gefühl von Alarm, das in ihrem angespannten Nacken steckt.

Sie setzt sich neben den Hund und wartet.

Sie nimmt die Hand der Frau und legt sie zwischen ihre eigenen Hände, um sie zu wärmen.

Dann fällt ihr Blick auf den Rucksack der Frau. Instinktiv öffnet sie die Seitentasche, kramt darin, findet ein Handy in einer hässlichen, gummiartigen Schutzhülle.

Es ist nicht kaputt.

Sie denkt, dass sie sich vielleicht auch so eine Hülle zulegen sollte. Eigentlich sollte es zur Grundausstattung jedes Handys gehören, damit etwas von uns, etwas an uns unzerstörbar ist.

Komisch, woran man in solchen Momenten denkt.

Sie drückt auf den runden Knopf des Handys, tippt auf das Wort *Notfall* und dann auf *Notfallpass*.

Sie drückt auf den roten Wahlknopf neben dem Namen *Ruth Hansen*.

Hallo du, sagt eine Frauenstimme.

Seewetterbericht

In dieser Nacht weht der Wind.
 In dieser Nacht fahren sie gen Süden.
 In dieser Nacht fürchten sie, dass sie nie mehr Gelegenheit haben werden, ihr zu sagen, wie unvernünftig sie ist.
 Sie wünschen, sie wären bessere Menschen gewesen.
 Sie spüren mit schmerzhafter Deutlichkeit, wie zerbrechlich alles ist, wie flüchtig.
 Und sie schwören sich, das nie wieder zu vergessen – ein verbreiteter Schwur, den man nicht einhalten kann.

Auf dieser Fahrt gibt es kein *Ich sehe was, was du nicht siehst*. Kein Geplauder, keine Musik. Ruth fährt. Howard sitzt neben ihr. Otto schnarcht auf der Rückbank, in seine Fleecedecke gekuschelt.
 Vor ein paar Stunden haben sie noch indisch gegessen, Schallplatten gehört und über belanglose Dinge gesprochen. Zum Beispiel, ob die Leute immer noch Küchenkalender kaufen, wenn sie ihr Leben digital organisieren. Oder ob es Hunden schadet, wenn man ihnen mit Knoblauch gewürztes Naan-Brot gibt. Er war schon immer verrückt nach Papadam, sagte Ruth, aber ich habe keine Ahnung, ob Hunde Knoblauch vertragen. Sie gingen noch eine Runde mit Otto, dann verabschiedeten sie sich. Howard legte sich danach aufs Sofa und trank Kamillentee. Und Ruth stand in ihrer Küche und trank heiße Schokolade. Dann ging sie nach oben, duschte und ließ zu, dass Otto

sich auf Sydneys Kopfkissen legte statt in sein Körbchen in der Ecke. Sie lagen dicht beieinander und sahen sich an, während Ruth ihm den Kopf kraulte, und dann klingelte ihr Handy, und sie sah Sydneys Gesicht auf dem Bildschirm, aber es war nicht Sydney, die anrief, sondern eine fremde Frau, die Sydneys Handy benutzte und fragte, *ist da Ruth Hansen, spreche ich mit Ruth Hansen.*

Und jetzt sitzen sie in der Dunkelheit von Ruths Auto.

Das Auto ist vollgepackt mit Dingen, die sie nicht wissen.

Diese Dinge bedrängen sie, wecken Übelkeit in ihnen.

Sie wissen nicht, warum sie gelogen hat, warum sie gesagt hat, dass sie zu einem anderen Ort fährt. Diese Lüge muss eine Menge über Sydney und sie beide aussagen, aber sie wissen nicht, was.

Und ob es ein Unfall war.

Und was mit ihr passiert ist.

Sie haben sich noch nie so unwissend gefühlt wie jetzt.

Ich verstehe es einfach nicht, sagt Howard.

Ich auch nicht, sagt Ruth.

Was zum Teufel macht sie in St. Ives? Ich hätte nie gedacht, dass sie noch mal dahin fährt. Ist sie schon die ganze Woche da?

Ich weiß es nicht.

Und warum ist sie alleine dorthin? Wollte sie etwa –

Nein, das glaube ich nicht, sagt Ruth. Sie fängt an zu weinen. Ich war so gemein zu ihr, neulich am Telefon. Ich wünschte, sie hätte mir gesagt, wo sie ist.

Offenbar hatte sie das Gefühl, das geht nicht.

Sag so was nicht. Dir hat sie es doch auch nicht erzählt, oder?

Nein, aber *mir* erzählt sie ja nie was.

Hör auf, sagt Ruth.

In dieser Nacht lassen sie es aneinander aus.
Denn irgendetwas müssen sie tun.

Wenn sie schweigen, wirft Ruth ihre Gedanken auf Sydney wie eine Feuerschutzdecke auf einen brennenden Körper.
Wie konntest du nur so dumm sein?
Was hast du dir angetan?

Wenn sie schweigen, denkt Howard daran zurück, wie er diese Strecke zuletzt gefahren ist.
Es ist gut, sich an die Reisen zu erinnern, die man unternommen hat, sagt Ila.
Nein, ist es nicht, sagt er. Ich wünschte, ich hätte gewendet und wäre wieder nach Hause gefahren.
Sydney und ihre Mätzchen, denkt er. Ihre Unbedachtheit.
Egoistisch, sagt er laut.
Was?, fragt Ruth.
Sie ist egoistisch.
Nicht, Howard, sagt sie. Bitte nicht.

Sie sind voller Zorn und Angst.
Weil es dafür keine Worte gibt, sprechen sie über andere Dinge.
Ruth sagt, sie braucht einen starken Tee und ob er auch einen will.
Er sagt: Nein, für mich nicht.
Sie sagt: Ich weiß, es muss schlimm für dich sein, dorthin zu fahren. Ich kann mir nicht mal vorstellen –
Er sagt: Von mir aus können wir kurz anhalten. Dann kann Otto auch mal raus.
Sie sagt: O Gott, den habe ich ja ganz vergessen, der braucht was zu trinken.

An der Raststätte parkt sie ungeschickt, sodass sie zwei Plätze belegt, aber sie schert sich nicht darum.

Es ist befreiend, sich nicht um Dinge zu scheren.

Drinnen sitzen ein paar nächtliche Reisende im Schein der Lampen, die Hände um Becher mit Koffein gelegt, und starren hinaus auf den Parkplatz und den Nieselregen.

Sieht aus wie ein Edward-Hopper-Bild, sagt Ruth. Sie würde gerne hinzufügen, dass Sydney diese Szenerie wunderbar fände. Das Übergangshafte, die Einsamkeit – sie würde Schönheit darin finden. Stattdessen fragt sie Howard, ob er Kräutertee oder schwarzen haben möchte.

Schwarzen bitte, sagt er.

Anschließend gehen sie mit Otto eine Runde um den Parkplatz, die Pappbecher mit Tee in der Hand.

An einem kleinen Rasenstück neben einer Straßenlaterne bleiben sie stehen, und Ruth blickt hinauf in den feinen Regen, ins Licht.

Sie beginnt zu zittern.

Gib mal her, sagt Howard und stellt die beiden Becher auf den Boden.

Dann umarmt er sie.

Und ihr Gesicht liegt an seinem feuchten Wollmantel.

Mein armes Mädchen, sagt er und streicht ihr über den Rücken.

In dieser Nacht schweigen sie.

Sie schalten das Autoradio ein.

Alle halbe Stunde gibt es Nachrichten. Jedes Mal sind die Meldungen neu für sie, weil keiner von ihnen zugehört hat.

Es gibt eine Sendung darüber, wie man fehlerhafte Gene reparieren kann, um Krankheiten zu vermeiden.

Dann eine über Tierschutz in der Wollindustrie.

Und dann den Seewetterbericht.

Tyne, Dogger, Fischer, Deutsche Bucht.

Den höre ich mir jeden Abend an, sagt Howard. Es klingt so tröstlich. Wenn ich zu der Zeit schon schlafe, höre ich ihn morgens in der Wiederholung.

Das ist ja lustig, sagt Ruth.

Warum?

Weil Sydney genau dasselbe macht.

Ein zuckerfreies Stückchen Rebellion

Im Krankenhaus riecht es klebrig, künstlich, nach Lösungsmitteln. Auf jeden Fall nicht gesund. Eher wie Styropor. Oder ein abwischbares Platzset. Oder das Innere eines nagelneuen Schuhs.

Wenn man durch die Türen tritt, kommt man sich vor wie in einem Flughafenterminal, aber von hier gehen keine Flüge ab. Ein Café und ein Kiosk, ausgeblichene grüne Stühle, einige davon an Tischen, andere kreuz und quer verteilt.

Willkommen in Zone A: Sie befinden sich im Eingangsbereich.

In den frühen Morgenstunden ist Maria in diesem Bereich umhergewandert, hat sich auf einen der harten Stühle gesetzt, um ein KitKat zu essen und einen Caffè Latte zu trinken.

Jetzt ist sie westlich davon, in Zone D.

Sie steht in der Damentoilette und blickt in den Spiegel.

Schwer, das zuzugeben, aber das hier ist das Aufregendste, was ihr seit Jahren passiert ist; genau genommen, seit sie Stuart gefunden hat. Nicht die Damentoilette in Zone D – so langweilig ist ihr Leben nun auch wieder nicht. Nein, die Frau, die sie auf dem Gehweg gefunden hat. Und die Tatsache, dass *sie* sie gefunden hat. Das ist garantiert kein Zufall. Noch eine verlorene Seele. Und wie bei Stuart ist sie jetzt für diese Seele verantwortlich.

In gewisser Weise gehört Sydney Smith nun zu ihr.

Sie nimmt ihre Aufgabe ernst, sie hat die Ärmel hochgekrempelt und kaut mit einer neuen Entschlossenheit Kaugummi. Das tut sie sonst nie. Schlecht für die Zähne und fürs Lächeln, und beides fällt in Marias Zuständigkeitsbereich. Außerdem verursacht Kaugummi Magengeschwüre, und es sieht dumm und ordinär aus. Aber jetzt rollt es in ihrem Mund herum, ein zuckerfreies Stückchen Rebellion, und sie wünschte, sie hätte das schon vor Jahren getan. Dieses sinnlose Kauen entspannt sie – kein Wunder, dass alle das Zeug kaufen.

Sie hat eine Idee: Kaugummi gegen Angstattacken. Einfach ein bisschen Valium dazugeben, und fertig ist der Lack. Der Seelenlack. Damit Sie auch morgen noch angstfrei leben können.

Hmm, denkt Maria, das gefällt mir. Mir gefällt, was heute in meinem Gehirn passiert. Ich bin hellwach. Ich könnte ein Flugzeug steuern oder ein Buch schreiben. Warum schlafe ich jede Nacht acht Stunden, obwohl ich den Schlaf doch offensichtlich gar nicht brauche?

Sie öffnet ihre Handtasche. Und mit Handtasche meint sie ihren superdünnen Rucksack, ein Polyesterrhombus mit Reißverschluss. Offizielle Bezeichnung: Daypack. Den nimmt sie überallhin mit. Es ist kaum zu glauben, was man darin alles findet. Ein Portemonnaie, natürlich. Zahnseide, natürlich. Papiertaschentücher. Ein Taschenmesser. Einen Muffin in einem Gefrierbeutel. Zwei herausgerissene Seiten aus einer Gedichtsammlung über das Überleben. Ein Notizbuch, von Hand beschriftet: *Das Buch des Schweigens*. Zwei Paar Handschuhe. Ein Paar Babysöckchen, kleinste Größe. Ihren Reisepass. Einen Brief mit Umschlag. Und schließlich, ganz unten, das, wonach sie sucht: einen Lippenstift. Er ist vier Jahre alt, und soweit sie sich erinnert, hat sie ihn nur zwei Mal benutzt. Es war ein Geburtstagsgeschenk von Belle. Kann Lippenstift schlecht werden? Jetzt sind ihre Lippen leuchtend rot. Sie weiß nicht, ob das dem Anlass angemessen ist, beschließt aber, es einfach so zu lassen. Sie fragt sich, ob die andere Maria – die, die sie sich manchmal in der Galerie vorstellt, die mit Selbstbewusstsein und künstlerischer Begabung – wohl Lippenstift trägt. Sie fährt sich mit den Fingern durchs Haar, schiebt es hoch und zupft es nach außen. Marias Haar ist wie ein windgepeitschter Baum, es gehorcht nur den Gesetzen der Natur und sonst gar nichts. Es sieht nicht viel anders aus als zuvor, aber sie fühlt sich präsentabler, und nur darum geht es.

Dann fällt ihr etwas ein. Etwas aus ihrer Kindheit. Es gab noch eine *dritte* Seele. Natürlich. *Da* hat das alles angefangen. Wie hat sie das nur vergessen können?

Da war ein Kätzchen in einem Sack, das jemand in den Bach geworfen hatte.

Maria war sechs Jahre alt und ging mit ihrem Dad spazieren. Was ist das?, fragte sie und zeigte auf einen großen Jutesack, der im Wasser lag und sich bewegte. Sie knieten sich hin, zogen den Sack heraus und legten ihn vorsichtig aufs Gras. Als sie das Band lösten, fanden sie darin ein schwarzes Kätzchen mit weißen Pfoten und weißem Bauch, klatschnass und zitternd. Maria fing an zu weinen. Sie weinte, weil sie schockiert war, dass jemand so grausam sein konnte. Sie weinte, weil die Sonne auf ihren Rücken schien und der Bach funkelte, das Wasser sauber und warm, voll tanzender Algen und Kaulquappen, und jemand hatte versucht, darin ein Kätzchen zu ertränken, jemand, dem sie auf der Straße begegnen konnte oder mit dem sie sich vielleicht sogar anfreundete, ohne zu wissen, dass er es gewesen war. Dieses winzige Maul und dieser winzige Bauch hätten sich bald mit Wasser gefüllt. Nie wieder würde sie einen Bach an einem Sommertag mit dem gleichen Blick betrachten. Und sie weinte, weil sie und ihr Vater ein zitterndes kleines Leben gefunden hatten, ein Licht, das beinahe erloschen wäre. Dieses Leben gehörte jetzt ihnen. Natürlich würden sie es behalten. Sie brauchte nicht einmal zu fragen.

Ihr Vater zog seinen guten Wollpullover aus und wickelte das Kätzchen darin ein. Jetzt geht es ihr gut, sagte er und reichte das Bündel seiner Tochter. Es geht ihr gut.

Bist du sicher?, fragte Maria.

Ja, sagte er. Ich glaube, wir sind gerade noch rechtzeitig gekommen.

Sie nannten sie Georgie.

Georgie lebte fünf Wochen.

Maria stand da und umklammerte den ungewaschenen Pullover ihres Vaters. Warum?, fragte sie immer wieder unter Tränen. Was habe ich falsch gemacht? Ich dachte, wir hätten sie gerettet. Ich dachte –

Solche Dinge passieren einfach, sagte ihre Mutter. Niemand ist schuld daran. Wir wickeln sie in eine hübsche Decke und begraben sie im Garten, verabschieden uns von ihr, wie es sich gehört.

Jahre später, als Maria neunzehn war, sagte ihre Mutter bei Andys Beerdigung genau dasselbe: *Solche Dinge passieren einfach.*

Maria geht zu dem Kiosk im Eingangsbereich. Was schenkt man einer Frau, die man gar nicht kennt? Wie wäre es zum Beispiel mit diesem Plüschbären, der ein T-Shirt trägt und am Rücken eine Schnur hat. Wenn man daran zieht, sagt er mit hoher, hektischer Stimme *Werde bald wieder gesund!*. Der Bär ist ein batteriebetriebener Irrer, aber Maria mag ihn. Und ein Snickers, ein Mars und ein Curly Wurly. Vier Zeitschriften, am besten einmal quer durchs Regal, wer weiß, was sie gerne liest: *Living etc.*, *BBC Good Food*, *Simply Knitting* und *Hello!* Und vielleicht noch diesen Bleistift mit einem Affen-Radiergummi obendrauf. Und das Buch mit Kreuzworträtseln. Und diesen Krimi. Und auf jeden Fall das Kartenspiel. Wenn du deine Karten klug ausspielst, Sydney Smith, kümmere ich mich um dich, solange es nötig ist.

Sie hört die Stimme ihres Mannes: Zu viel, Maria.

Das sagt Jon oft, es ist einer seiner Lieblingssätze. Du bist mir zu viel, Maria. Halt dich doch mal ein bisschen zurück, Herrgott.

Was Jon auch noch sagt:

Ist es nicht Zeit für deinen Spaziergang?

Verdammt, Maria, lass mich einfach mal in Ruhe.

Deine Haare sehen gut aus, das hab ich dir doch schon gesagt.

Was redest du denn da? Du siehst mich doch ständig.

Glaubst du wirklich, deine ewigen Andeutungen wegen der Blumen machen mir Lust, dir welche zu kaufen?

So was wie neue Kleider bemerke ich nicht.

Und Geburtstage und so was kann ich mir auch nicht merken, das wusstest du, als du mich geheiratet hast.

Die Frau, die ich geheiratet habe, hatte nur ein Kinn.

Ach, komm schon, wo ist dein Sinn für Humor?

Wenn du meinen Namen angenommen hättest, wenn du *Maria Schaefer* wärst, würde das alles nicht passieren.

Ich hab dir nicht das Handgelenk gebrochen. Das hast du dir selbst zuzuschreiben.

Mist, ich sollte ihn mal anrufen, denkt sie, als sie die Sachen bezahlt und den Kiosk verlassen hat.

Hey, sagt sie.

Maria, sagt er.

Alles in Ordnung?

Na klar. Bist du in der Praxis?

Nein, noch im Krankenhaus. Ich hab mit Kath getauscht.

Du bist immer noch da?

Ja.

Du bist die ganze Nacht *und* den ganzen Tag dageblieben?

Ja. Ist eine lange Geschichte. Ich weiß noch nicht, wann ich wieder zu Hause bin.

Bist du denn die Einzige da?

O nein, ihre Lebensgefährtin ist hier, eine sehr nette Frau namens Ruth. Und ihr Vater, aber der ist ein bisschen seltsam.

In welcher Beziehung?

Na ja, als sie heute Morgen gekommen sind, um kurz vor sechs, glaube ich, war Sydney in ihrem Zimmer.

Ja?

Und ich war auch da, ich habe an ihrem Bett gesessen.

Warum?, denkt er. Warum bist du überhaupt da?

Und weiter?, sagt er.

Das Zimmer ist gar nicht so übel, besser, als ich gedacht hätte. Ein großes Fenster, schön hell und –

Komm zum Punkt, Maria. (Noch einer von Jons Sätzen.)

Aus dem Konzept gebracht, sieht sie nur Sydneys Zimmer vor sich, die steifen Vorhänge, den Bettbezug.

Was ist passiert, als sie gekommen sind?, fragt Jon.

Na ja, ihr Vater ist im Türrahmen stehen geblieben.

Die ganze Zeit über?

Nein, irgendwann ist er dann hereingekommen, aber nur, weil Ruth es ihm gesagt hat. Er ist ans Bett getreten, und dann hat er sofort wieder kehrtgemacht und ist ohne ein Wort verschwunden.

Wirklich seltsam, sagt Jon. Du solltest dich besser von denen fernhalten. Warum kommst du nicht nach Hause? Oder *gehst zur Arbeit?*

Ich habe sie gefunden, Jon. Ich muss mich um sie kümmern.

Nicht schon wieder, Maria. Also wirklich. Ihre Familie ist doch jetzt da. Komm nach Hause und geh unter die Dusche.

Unter die Dusche?

Und iss was.

Ich habe ein Sandwich mit Schinken gegessen. Sagte ich schon, dass sie einen Hund haben?

Was?

Sydney hat einen Hund. Er ist im Auto. Ruth geht immer wieder mit ihm über den Parkplatz. Ich hab mir gedacht, ich nehme ihn mit nach Hause.

Was?

Sie übernachten in dem B&B, wo Sydney gewohnt hat. Hier im Krankenhaus kann man nirgends schlafen, und das B&B erlaubt keine Hunde. Und im Auto können sie ihn ja auch nicht lassen.

Jetzt ist er still. Na ja, fast. Sie hört, wie er schwer atmend umherläuft. Ein klares Zeichen seines Ärgers, aber sie ist nicht in seiner Reichweite, deshalb ist es ihr egal.

Und sie vertrauen dir einfach so ihren Hund an, ja?

Natürlich. Warum fragst du?

Gut, sagt er, aber morgen können sie sich dann ja ein hundefreundliches Hotel suchen.

O nein, Jon, sagt sie.

Bitte?

Das lasse ich nicht zu.

Was lässt du nicht zu?

Dass sie in ein Hotel gehen, wo wir so viel Platz haben.

Das ist nicht dein Ernst.

Sie müssen bei ihrem Hund sein.

Wie ich schon sagte, sie können sich ein hundefreundliches Hotel suchen. Oder ein Ferienhaus. Im Moment steht doch alles leer.

Eben. Das ist alles andere als einladend. Und was sollen sie mit dem Hund machen, wenn sie im Krankenhaus sind?

Woher soll ich das wissen?

Na, er kann doch bei Stuart bleiben, oder? Stuart mag andere Hunde.

Vergiss es.

Ich habe ihnen bereits gesagt, dass sie zu uns kommen können, es ist also sinnlos, weiter zu debattieren.

Nein, Maria.

Jon, ich bitte dich sonst nie um etwas.

Kommt überhaupt nicht infrage. Wir kennen diese Leute doch gar nicht. Denk doch mal an Belles Sicherheit.

Belle kann sehr gut auf sich selbst aufpassen.

Hör mal –

Das ist ein Notfall, Jon. Würdest du dir in so einer Situation nicht wünschen, dass sich jemand um dich und um Stuart kümmert?

Ich glaube, du bist verrückt geworden.

Gastfreundlich zu sein ist verrückt? Kein Wunder, dass es mit der Gesellschaft bergab geht.

Es geht hier nicht um die *Gesellschaft*.

Natürlich, sagt sie. Worum denn sonst?

Zum Beispiel um unsere Ehe, sagt er.

Nun, das Private ist politisch.

Ach, jetzt komm mir doch nicht mit Feminismus.

Und warum nicht?

Du bist keine Feministin, Maria.

Was soll das denn bitte heißen? Natürlich bin ich Feministin.

Bloß weil du deinen Mädchennamen behalten hast, bist du noch lange keine Feministin.

Jetzt fang doch nicht wieder davon an. Und es ist nicht mein *Mädchen*name, sondern einfach mein Name.

Na, jedenfalls hattest du kein Recht, Leute zum Übernachten hierher einzuladen, ohne mich vorher zu fragen.

Es ist auch mein Haus. Seit wann brauche ich deine Erlaubnis?

Ich würde keine Frau mit nach Hause bringen.

Wie bitte?

Du hast doch gehört, was ich gesagt habe.

Brüll mich nicht an, Jon. Warum regst du dich so auf? Es ist doch nur für ein paar Tage, und mir liegt viel daran.

Wir kennen sie doch nicht mal.

Ich habe sie gefunden, Jon. Ich. Das bedeutet etwas. Das ist wichtig.

Verdammt, Maria, setz dich gefälligst ins Auto und komm her, damit wir vernünftig darüber reden können.

Maria nimmt das Handy vom Ohr. Sie kann seine Stimme immer noch hören, leiser jetzt, in ihrer Hand. Was sie daran erinnert, dass er nicht hier ist, dass sie sich damit nicht herumschlagen muss, dass sie einfach –

Sie tut etwas, das sie noch nie getan hat. Sie beendet das Gespräch. Ohne ein Tschüss, bis später, im Kühlschrank ist noch eine Portion Chili.

Nicht alles dreht sich um dich, Jon, denkt sie, während sie durch den Flur und die Treppe hinaufgeht. Dabei schwingt sie ihre Einkaufstasche mit den Geschenken so energisch, dass der Teddybär darin anspringt und unablässig *Werde bald wieder ge-*

sund! Werde bald wieder gesund! plärrt. Sie bleibt stehen, um den Lärm abzustellen, aber der Bär ist völlig ausgeflippt und lässt sich nicht zum Schweigen bringen. Sie würde ihn am liebsten in den Mülleimer werfen, aber was ist, wenn er den ganzen Abend und die ganze Nacht weiterplärrt? Wenn sie ihn wegwirft, gibt sie den Schwarzen Peter nur weiter und weigert sich, die Verantwortung zu übernehmen. Nein, kommt nicht infrage. Das ist *ihr* Plüschbär und *ihr* Problem. Sie inspiziert ihn von allen Seiten, stellt ihn auf den Kopf, zieht sein T-Shirt hoch und sucht nach dem Batteriefach, aber es ist fest verschraubt, und Maria hat zwar eine Menge nützliche Dinge in ihrem Rucksack, aber keinen Schraubenzieher. Und so tut sie das, was jeder in ihrer Situation und Verfassung tun würde: Sie schlägt den Bär gegen die Wand. Sieben Mal. Dann ist Ruhe.

Und ich dachte, *ich* hätte Probleme, sagt Howard hinter ihr.

Er geht an ihr vorbei und zum Zimmer seiner Tochter. Doch als er dort ankommt, bleibt er nicht etwa stehen, sondern geht weiter, immer schneller, bis zum Ende des Flurs, und dann ist er verschwunden.

Der Bär in Marias Hand erwacht zu neuem Leben.

Werde bald wieder gesund! Werde bald wieder gesund! Werde bald wieder gesund!

Ilas blauer Parka

Er war um die dreißig, als er das letzte Mal hier war. Aber er kam nicht durch diese Gleittüren herein. Er trat nicht aus der Dunkelheit in einen hell erleuchteten Empfangsbereich mit Café und Kiosk. Mit Jason an seiner Seite und Sydney ein Stück dahinter rannte er hinter zwei Rettungssanitätern und einer Trage Richtung Notaufnahme.

Es war wie ein anderes Land. Nein, eine andere Welt. Eine Welt mit eigenen Gesetzen, in der die Zeit sich anders verhielt.

Alles war zu schnell und zu langsam.

Dass *außerhalb* dieser Welt irgendetwas geschehen könnte, war unvorstellbar.

Niemand konnte Milch kaufen, Scrabble spielen oder ein albernes Lied pfeifen.

Nicht, während das hier passierte.

Der Geruch trifft ihn mit Wucht, als er durch den Haupteingang tritt. Wie kann es hier nach all der Zeit immer noch genauso riechen?

Er nimmt Ruths Hand.

Alles wird gut, sagt sie.

Manchmal klingt Freundlichkeit genau so: wie tröstliche Worte aus dem Mund einer Frau, die verzweifelt Trost sucht.

Vor ihm auf dem Fußboden liegt ein Schuh. Es ist einer von Sydneys Turnschuhen. Ja, jetzt erinnert er sich, wie sie ihn bei dem Sprint zur Notaufnahme verloren hat, wie er stehen bleiben und warten musste, bis sie ihn wieder angezogen hatte. *Herrgott, jetzt mach schon*, brüllte er. Sie liebte diese grün-weißen Turnschuhe. Aber danach trug sie sie nie wieder. Genau wie die Kleider, die sie an dem Tag angehabt hatte – alles wanderte sofort in den Mülleimer. Kann ich sie verbrennen?, fragte sie. Nein, sagte er.

Und da drüben über der Stuhllehne liegt Ilas blauer Parka.

Siehst du ihn, Ruth?

Ich dachte, den hätte ich auf den Dachboden gepackt.

Er greift im Vorbeilaufen danach, doch seine Hand schlägt nur gegen den Plastikstuhl.

Au, sagt er, bleibt stehen und reibt sich die schmerzende Stelle.

Ruth eilt weiter.

Warte, ruft er. Der Turnschuh, der Parka.

Warum fiel ihm jetzt der Parka ein? Sie hatte ihn doch gar nicht an. Es war Sommer, du Trottel.

Sie hat ihn beim Schlussverkauf erstanden, typisch Ila.

Orangefarbenes Futter, Kapuze mit Kunstpelzbesatz.

Da kann ich bestimmt drei Pullis gleichzeitig drunter anziehen, sagte sie lachend. Wenn du lieb bist, darfst du ihn dir auch mal ausleihen.

Und das hatte er getan. Ein einziges Mal, zwei Jahre nach ihrem Tod. Als sie streng genommen nicht mehr die Besitzerin war. Und doch war sie es.

Sie wollten einkaufen gehen. Jason und Sydney warteten an der Haustür auf ihn.

Jetzt komm schon, Dad.

Er nahm ihn vom Haken und schlüpfte hinein. Griff nach seiner Brieftasche und dem Schlüsselbund. Als wäre es ganz normal, als würde er das jeden Tag so machen.

Das ist Mums Mantel, sagte Jason.

Sydney starrte ihn nur an, wie üblich.

Ja, sagte er.

Warum hast du Mums Mantel an?

Ich weiß nicht, sagte er. Ich konnte einfach nicht anders.

Du konntest nicht anders?

Nein.

Was soll das heißen?

Ich weiß es nicht.

Verstört und überfordert vom Verhalten seines Vaters, bekam Jason einen Asthmaanfall.

Der Einkauf wurde gestrichen.

Sydney ging nach oben, um das komplexe Armaturenbrett eines Raumschiffs zu zeichnen.

Jason legte sich mit einer Decke aufs Sofa und sah fern.

Und um zu verhindern, dass sich dieser *Zwischenfall* jemals wiederholte, packte Howard den Parka in einen Müllbeutel und verstaute ihn auf dem Dachboden.

Während er da oben war, fand er Ilas Hochzeitskleid.

GOTTVERDAMMTE SCHEISSE, brüllte er.

Er trat gegen die Kartons mit Babykleidern.

Schlug mit der Faust gegen ein gerahmtes Foto von Ilas Eltern.

Danach starrte er auf die Schnitte und das Blut auf seinem Handrücken und wartete darauf, dass die beruhigende Wirkung eintrat.

Ah, ja.

So ist es besser.

Schmerz aus einer eindeutig sichtbaren Wunde, den er verstärken oder abschwächen konnte. Den er kontrollieren konnte.

Er schlug noch einmal zu. Dann dachte er an die Kinder. Sie

hatten bestimmt Hunger. Manchmal kam es ihm so vor, als hätten sie ständig Hunger.

Nach den gebackenen Bohnen mit Spiegelei fühlten sich alle ruhiger.

Niemand erwähnte den blauen Parka oder die Tatsache, dass Howard ihn angehabt hatte. Oder dass jetzt Mickymaus-Pflaster auf seiner Hand klebten.

Wie wär's, wenn wir drei heute Abend Pizza essen gehen, sagte er. Oder Burger, wenn euch das lieber ist.

Ihr Lächeln brannte in seinen Augen.

Da ist eine fremde Frau in Sydneys Krankenhauszimmer. Älter als seine Tochter, jünger als er.

Er bleibt im Türrahmen stehen und hört zu, wie Ruth und sie sich einander vorstellen.

Er sieht zu, wie Ruth sich hinunterbeugt und Sydney auf den Mund, auf die Wangen und auf den Kopf küsst.

Er sieht zu, wie sie Sydney das Haar aus dem Gesicht streicht und ihr die Hand auf die Stirn legt, als wollte sie prüfen, ob Sydney Fieber hat. Sie lässt die Hand dort liegen, rührt sich nicht mehr.

Er versucht sich vorzustellen, wie es wäre, so eine warme Hand auf der Stirn zu haben. Wo hat sie solche Zärtlichkeit gelernt? Der Anblick ist unerträglich, und doch kann er nicht wegsehen.

Danke, dass Sie bei ihr geblieben sind, sagt Ruth zu der Fremden.

Sie heißt Maria. Und nein, sie brauchen ihr nicht dafür zu danken, sie hat nur getan, was jeder tun würde.

Und Howard bemerkt, wie sie zur Tür blickt, ihn ansieht und bestimmt durch ihn hindurch, er ist durchsichtig, muss es einfach sein. Denn in ihm ist in diesem Moment nichts.

Und er sieht, wie Ruth ihn anschaut, mit einem Blick, den er von ihr nicht kennt. Herrgott noch mal, sagt der Blick.

Er versucht sich zu bewegen.

Es geht nicht.

Das ist neu, denkt er.

Was zum Teufel ist denn jetzt los?

In der Notaufnahme verschwand die zehnjährige Sydney, kurz nachdem sie dort angekommen waren, für zehn oder fünfzehn Minuten. Während die Ärzte und Schwestern versuchten, ihre Mutter zu retten – nur zur Show, denkt er jetzt, sie haben es nur getan, um ihm zu zeigen, dass sie es versucht haben –, versteckte sich Sydney. Keine Sorge, wir haben Ihre Tochter im Putzschrank gefunden, sagte eine Schwester. Eine Kollegin ist mit ihr und ihrem Bruder in die Kantine gegangen. Wunderbar, sagte er, erleichtert und wütend und vollkommen gleichgültig. In diesem Augenblick war er nicht in der Lage, irgendetwas anderes wahrzunehmen als diese fremden Menschen, dich sich über den Körper seiner Frau beugten. Warum erzählte ihm jemand etwas von einer Kantine?

Und genau so fühlt er sich jetzt. Erleichtert, dass jemand seine Tochter gefunden hat. Mordswütend auf seine Tochter. Und zugleich berührte es ihn nicht, als würde etwas seine Gefühle im gleichen Moment, in dem er sie empfindet, ausradieren. Als würde sein Inneres taub, als hätte er keine Liebe mehr für irgendeinen lebenden Menschen in sich.

Diese Gefühle passen nicht zusammen. Sie sind wie ein dunkler, zusammengeballter Schrei, der in seinem Magen gefangen ist. Kann bitte mal jemand diesen Mann operieren und den harten, schreienden Stein aus seinem Bauch holen?

Ihm ist, als müsste er sich übergeben.

Er fragt sich, warum niemand etwas sagt.

Hallo, hallo? Ich stehe hier in der Tür vom Krankenzimmer meiner Tochter, und ich mache das nicht zum Spaß, wisst ihr, mir ist durchaus bewusst, dass das nicht *normal* ist. Anfangs habe ich nur innegehalten, aber jetzt kann ich mich nicht mehr bewegen, ich schwitze, ich bin klatschnass, und meine Zunge klebt mir am Gaumen. Erst habt ihr alle geguckt, ich habe gesehen, wie ihr geguckt habt, aber jetzt bin ich anscheinend unsichtbar, während ich warte, während ich auf das Urteil warte. *Es tut mir sehr leid, Mister Smith* – so begann das Urteil, der Arzt sprach ganz langsam und sanft, und ich weiß noch, dass ich später dachte, es war wie in dem Song von Roberta Flack, »Killing Me Softly with His Song«, nur dass der Arzt nicht sang, sondern mir mitteilte, dass meine Frau tot war.

Willst du nicht reinkommen?, fragt Ruth.

Es klingt, als würde sie mit ihren Schülern reden.

Und genau so steht er jetzt da, mit rotem Kopf und rosafarbenem Hemd.

Zögernd tritt er in den Raum.

Das ist Howard, Sydneys Vater, sagt Ruth.

Er gibt Maria stumm die Hand und geht zum Bett.

Und er würde am liebsten sagen, dass diese Frau, die da so reglos liegt, nicht seine Tochter ist. Sie sieht nicht mal aus wie seine Tochter.

Du warst immer so wild, sagt er in Gedanken zu ihr. Hast dich versteckt, auf einem Baum oder in einem Schrank. Selbst bei der Beerdigung hast du dich auf der Toilette versteckt. Gib's zu. *Gib's zu.*

Er weicht einen Schritt zurück.

Was ist los mit mir, denkt er. Was bin ich für ein Mann. Was ist das für ein Mädchen.

Das ist unsere kleine Bergziege, sagt eine Stimme.
Wer war das?
Er dreht sich um.
Dann geht er hinaus.

Lego-Welt

Liebe Mum,
ich habe nicht gut geschlafen, seit ich Dir den Brief geschrieben habe. Hast Du letzte Nacht den Regen gehört? Ich habe am Fenster gesessen und rausgeschaut, es hatte so etwas Friedliches. Und ich habe Deine Beerdigung geschrieben. Als Liste, weil Listen ja Ordnung ins Chaos bringen sollen, dafür sind sie doch da, oder? Und ich werde uns zeichnen, wie wir an der Straße stehen und warten, Dad, Jason und ich. Mit einer Detailzeichnung von Jasons Schuhen, weil er die Spitzen so exakt an der Kante vom Gehweg ausgerichtet hat. Dad und ich haben es ihm nachgemacht, und da hat er gelächelt, ganz kurz. Wir sahen bestimmt seltsam aus, wie wir da in einer Reihe am Straßenrand standen.
Alles Liebe
Sydney

1. Ein schwarzes Auto biegt in die Sackgasse ein. Im Auto ist eine glänzende braune Kiste, und in der Kiste ist Mum. Ich weiß noch, wie ich sie mir darin vorgestellt habe, natürlich nicht mit Formaldehyd in den Adern statt Blut und mit Watte in Hals und Nase, sondern so, wie sie immer war, in Schlaghosen und blauem Rolli, und jeden Moment würde sie den Deckel hochklappen und lachend aus der Kiste springen. Komm schon, Mum, du kannst es. Jetzt ist der richtige

Moment für deinen großen Trick, wir stehen hier und warten, Dad, Jason und ich, alle in unseren besten Kleidern. Ich habe noch nie ein Auto gesehen, das so langsam fährt. Jason salutiert. Er ist durcheinander, steht unter Schock. Seine Haare sind zurückgegelt, er sieht älter und kleiner aus als sonst. Jemand hat gemeint, wir wären zu jung für eine Beerdigung. Blödsinn, hat Dad gesagt. Es ist ihre *Mutter*.
2. In der Kirche. »Morning Has Broken«.
3. In der Kirche. Stevie Wonder, »You Are the Sunshine of My Life«.
4. Auf dem Friedhof. Ein Loch in der Erde, sauber und tief. Wenn Mum erst mal da drin ist, hat sie keine Chance mehr zu entkommen, und das macht mich ganz verrückt. Was ist, wenn sie nur schläft und da unten aufwacht? Ich bin ganz nervös und zappelig vor lauter Sorge.
5. Wie sich zeigt, ändert das nichts. Alles geht trotzdem seinen Gang.
6. Jetzt sind wir in einem großen Saal in einem großen Hotel.
7. Quiche und Minisandwiches, ohne Kruste und zu Dreiecken geschnitten.
8. Dad riecht nach Bier.
9. Dad riecht nach Whisky.
10. Jason und ich spielen an einem Tisch in der Ecke Karten. Wir streiten uns über die Regeln.
11. Die Leute gucken uns komisch an.
12. Ein betrunkener Onkel lässt mich von seinem Wein trinken.
13. Ich gehe um alle Tische herum und trinke aus den Gläsern, die da stehen.
14. Ich hänge über dem Waschbecken und kotze. Eine Frau namens Becky legt mir die Hand auf den Rücken, sagt, sie ist Kellnerin, und fragt, ob ich die Frau kannte, die beerdigt

worden ist. Nein, sage ich. Und außerdem haben sie sie lebendig begraben. Die sind alle *böse*. Becky weiß nicht, was sie darauf erwidern soll. Sie geht hinaus, um Hilfe zu holen, und kommt mit Dad zurück. Er steht nur da, in der Tür zur Damentoilette, und sieht mich an. Wie ich höre, ist dir schlecht geworden, sagt er. Dann dreht er sich um und verschwindet, und die Tür knallt zu. Oh, sagt Becky.

15. Mitten in der Nacht stehen Jason und ich auf. Wir haben schon ewig nicht mehr mit dem Lego gespielt, aber jetzt kippen wir die große Kiste auf dem Wohnzimmerfußboden aus, setzen uns einander gegenüber und konzentrieren uns ganz darauf, etwas zu bauen. Die Gebilde, die wir erschaffen, sind kunstvoll und beeindruckend. Irgendwann gehen wir wieder ins Bett, und als wir morgens hinunterkommen, hat eine von unseren Tanten das Lego weggeräumt. Jason weint. Das kann doch nicht sein – alles weg, sagt er. Ich hole eine Packung Butterkekse aus dem Küchenschrank, und wir essen sie superschnell, jeden einzelnen, sodass überall auf dem Teppich Krümel liegen, da, wo unsere Lego-Welt war.

Kleiner Mann

Nanu, wen haben wir denn da? Das ist ja eine Überraschung. Lass dich mal beschnuppern, dein Hinterteil, deine Nase, dein Gesicht, deinen Bauch, alles. Hmm. Interessant. Wer bist du, Kleiner? Ein Welpe bist du nicht mehr, ich kann die Jahre riechen. Acht, fast neun? Du stehst ganz still und aufgerichtet da, während ich um dich herum schnuppere, wie ein Plüschhund. Du hast Angst, was? Ich rieche deine Anspannung. Ich rieche auch deinen Tag, du hast viele Stunden in einem engen Raum verbracht, nicht wahr? Haben sie dich eingesperrt, nicht beachtet? Heute war kein guter Tag, das riecht man auf zehn Meter gegen den Wind, als hättest du dich in Fuchsscheiße gewälzt. Tut mir leid, dass du so einen schlechten Tag hattest, aber du kannst dich jetzt entspannen, ich tue dir nichts. Willkommen, kleiner Foxterrier. Ich heiße Stuart, und ich bin ein Irischer Wolfshund. Bist du so einem schon mal begegnet? Ich war verloren, und Maria hat mich gefunden. Hat sie dich auch gefunden? Wie bist du denn hier gelandet? Komm, lass dich mal richtig anschauen. Wie ich sehe, bist du überwiegend weiß, mit einem ästhetisch ansprechenden schwarzen Sattel. Du hast braune Ohren und braune Flecken rechts und links auf deinem Gesicht. Du bist drahtig und lockig, siehst aus wie ein trauriger alter Mann und wie ein neugieriger Welpe. Hast du dieselben Fähigkeiten wie ich? Zum Beispiel meinen besonderen Geruchssinn? Hmm, anscheinend nicht, denn sonst würdest du Jon nicht so freudig begrüßen. Keine Menschenkenntnis.

Na ja, wir können nicht alle hochbegabt sein. Bleibst du länger, oder ist das nur ein Kurzbesuch? Wer ist dein Hauptmensch, hast du einen?

Ah, die Frau, die jetzt in die Küche kommt, die wird dir gefallen. Das ist Belle. Schön, du magst sie. Ich hoffe, du magst nicht jeden, mein Lieber – ein bisschen Unterscheidungsvermögen ist schon wichtig. Belle ist ein Superstar. So nenne ich sie. Ein wirklich wunderbarer Mensch. Nachts schlafe ich fast immer bei ihr im Bett. Wir haben eine sehr körperliche Beziehung. Himmel, nein, doch nicht auf *die* Art, wie kommst du denn bloß auf so was?

Das ist eine schöne Küche, nicht? In meinem letzten Zuhause gab es keine Küche. Wobei ich das Wort Zuhause eher allgemein verwende. Bevor ich hierhergekommen bin, hatte ich noch nie eine Küche mit einem Sofa darin gesehen. Darauf halte ich oft mein Nickerchen.

Moment, sei mal kurz still. Sie reden über dich.

Du heißt also Otto.

Sie gehen davon aus, dass du ein paar Tage hier bleibst.

Jon mag dich nicht. Das sage ich dir nicht, weil ich gemein bin, sondern um dich zu warnen. Jon ist ein gefährlicher Mann. Du brauchst dich nicht zu ducken, er tut nur Maria weh. Und in diesem Moment möchte er ihr wehtun. Und sie weiß es. Das kann ich an beiden riechen. Er ist wütend, weil du hier bist. Weil deine Besitzer in unser Leben geplatzt sind.

Klingt, als würden wir heute was Besonderes kriegen. Maria ist müde, deshalb gibt es nur Pizza und Pommes, und da fällt bestimmt was für uns ab. Außerdem will sie Muffins backen, mit Blauschimmelkäse, Birne und Walnüssen. Sie sind für jemanden namens Howard, der nichts essen mag und den ganzen Tag noch nichts angerührt hat. Ah, du magst Howard, das sehe ich daran, wie du mit dem Schwanz wedelst.

Warst du schon am Strand? Belle geht nachher mit uns dahin, nur eine kleine Runde, sagt sie, damit du dir die Beine vertreten kannst. Ich sollte dich allerdings warnen, wahrscheinlich wird sie uns unterwegs vor einem Geschäft anbinden. Keine Sorge, nicht lange. Nur lange genug, damit sie etwas stehlen kann. Ich weiß immer vorher, wenn es wieder so weit ist – das liegt am Adrenalinschub. Wenn ich den rieche, dann belle und heule ich die ganze Zeit, in der Hoffnung, dass es sie davon abbringt. Aber es funktioniert leider nie. Das passiert so ein, zwei Mal in der Woche. Natürlich klaut sie nur Kleinkram. Irgendwelche Süßigkeiten, die sie in den Ärmel schiebt, oder eine Zeitschrift in einer Zeitung, die sie dann tatsächlich kauft – ein uralter Trick. Was ist mit dir, haben deine Besitzer auch illegale Hobbys? Musst du mir nicht erzählen, schließlich haben wir uns ja gerade erst kennengelernt. Ich bin ein bisschen überdreht, nicht? Entschuldige. Ich kriege nicht oft Besuch. Abgesehen von Timothy, dem Hängebauchschwein von nebenan, aber das ist nicht dasselbe.

Oje. Das klingt ja schrecklich. Kein Wunder, dass du so streng riechst. Eine von deinen Besitzerinnen hatte also einen Unfall. Gehirnerschütterung und Oberschenkelhalsbruch, und sie muss so schnell wie möglich operiert werden.

Oh. Manchmal bin ich wirklich furchtbar langsam. Du gehörst *ihr*, stimmt's? Der Frau, die auf dem Boden lag. Wieso habe ich das nicht gemerkt? Du riechst überhaupt nicht nach ihr. Deshalb habe ich nicht geschaltet.

Schau mal, da sind deine Sachen. Deine Decke und dein Kaninchen. Wie ich sehe, hast du die Ohren schon ordentlich zerkaut und wahrscheinlich auch kräftig daran gezerrt. Spielst du nach dem Essen damit, oder wieso riecht es so nach Trockenfutter?

Ach, du bist einer von denen, die den Kopf schief legen, wenn sie ein bestimmtes Wort hören. Ich dachte, solche Hunde existierten nur auf Geburtstagskarten. Du magst das Wort *Ruth*, nicht? Das Parfüm an deinem Hals, ist das von ihr?

Ich muss sagen, meine Hauptbesitzerin, meine Maria, riecht heute Abend ganz merkwürdig. Sie ist total erschöpft, und obendrein riecht sie nach verbranntem Stoff und winzigen Samen, die sich zum Licht recken.

Belle hat heute schon etwas gestohlen. Das ist mir gerade in die Nase gestiegen. Also wird unser Spaziergang nachher wohl ohne kriminelle Aktivitäten verlaufen.

Nein, wirklich? Die Frau im Krankenhaus hält dich manchmal auf dem Arm, während sie Skateboard fährt? Und das macht dir Spaß? Ihr Stadthunde seid schon wirklich ganz anders. Ich gestehe, ich bin ein bisschen neidisch. Mich kann niemand tragen, erst recht nicht auf einem Skateboard. Wenn ich irgendwohin will, muss ich immer auf meinen eigenen Pfoten laufen.

Bitte entschuldige den Lärm, Otto. Nach einer Weile gewöhnt man sich daran. Sie denken, wir können sie nicht hören, wenn sie nach oben gehen, aber das ist natürlich Unsinn. Wir hören alles, stimmt's? Du lässt deinen Schwanz hängen, du bist Streit offensichtlich nicht gewohnt. Keine Sorge, sie lassen es nicht an Hunden aus, nur untereinander. Es liegt an Jon, verstehst du? Er ist ein richtiger Mistkerl. Er zermürbt sie, bis sie nur noch ein Schatten der Frau ist, die sie sein könnte, und dann beschwert er sich, dass sie nicht mehr die Frau ist, die er geheiratet hat.

Das mit unserem Spaziergang könnte noch ein Weilchen dauern. Belle geht nie weg, während sie streiten. Siehst du, sie macht es sich auf dem Sofa bequem, und jetzt setzt sie die Brille auf und greift nach dem Buch, das sie lesen muss, weil sie Dexter angelogen hat. *Ja, natürlich habe ich es gelesen*, hat sie zu ihm gesagt. Dexter ist ihr Kollege aus der Buchhandlung, und er hat angeblich alles gelesen. Die Geschichte handelt von einem Bildhauer und einer Putzfrau, mehr weiß ich noch nicht.

Wie wär's, wollen wir ein bisschen mit deinem Kaninchen spielen, Kleiner?

Flut und ein rotes Hemd

'n Abend, Struppi, sagt sie.

Nenn mich nicht Struppi, sagt er mit schläfrigem Lächeln.

Und warum nicht, wo du doch so struppig bist?

Weil mein Großvater einen Border Collie hatte, der so hieß. Und ich bin kein Border Collie.

Du mochtest ihn sehr, nicht? Ich meine, deinen Großvater.

Er hat mich mehr oder weniger großgezogen, sagt er.

Oh, das wusste ich nicht.

Und wer ist das da?, fragt Dexter und deutet mit dem Kopf auf den Foxterrier. Hat Stuart einen neuen Freund?

Das ist Otto, unser Hausgast. Ist eine lange Geschichte.

Er beugt sich hinunter und strubbelt durch Ottos lockiges Fell. Belle betrachtet die schlanken Finger ihres Kollegen, wie sie den Hals des Hundes kraulen. Otto schmiegt seinen Kopf an die Hand.

Das gefällt ihm, sagt sie.

Und, was kann ich für dich tun?, fragt Dexter.

Sie stehen vor der Eingangstür eines schmalen Hauses, das in zwei Wohnungen aufgeteilt worden ist. Es ist eines der fünf Häuser am Strand, nur ein kleines Stück von den Künstlerateliers und Ferienwohnungen entfernt. Belle begreift nicht, wie Dexter es geschafft hat, dieses Haus zu kaufen – wie konnte er sich das leisten?

Ich soll etwas ausliefern, sagt sie und lässt ihren riesigen Rucksack hinter sich auf den Boden fallen.

Wie mysteriös. Ich frage jetzt nicht, *was* du ausliefern sollst.

Hm?

Dein Geheimnis ist bei mir sicher.

Welches Geheimnis?

Drogen, flüstert er. Dann lacht er, denn er weiß ganz genau, dass Belle eher Auberginen ausliefern würde als Drogen.

Sie wird rot. Ich kann sie nicht finden, sagt sie, die Arme bis zum Ellbogen im Rucksack.

Sie schüttet den gesamten Inhalt auf die Erde, und Dexter hockt sich hin, voller Neugier, was sie alles mit sich herumträgt. Da ist eine Gartenzeitschrift und eine Schachtel mit Samen. Eine Handschaufel, Hundeknochen, eine Rolle Kotbeutel und ein Paar bunte Stricksocken. Algenreste, Muscheln, eine Handvoll Sand. Und schließlich sieben Zellophantüten mit Muffins, mit bunter Schleife und einem handbeschriebenen Kärtchen.

Die Hunde kommen auch näher und schnuppern.

Die Abendluft ist salzig und süß zugleich. Sie riecht nach Leder, nach Stille, nach Flut und einem roten Hemd.

He, nicht, sagt Belle und schiebt die Hunde weg.

Hast du die gebacken?, fragt Dexter.

Nein, meine Mum, sagt sie. Sie sind als Medizin gedacht, für Leute, die Schweres durchmachen.

Echt? Wobei helfen sie denn?

Ach, bei allem Möglichen. Da ist Kurkuma drin, gegen Entzündungen, getrocknete Aprikosen gegen Eisenmangel und Banane und dunkle Schokolade, um die Laune zu heben. Es gibt auch ein paar vegane mit Chili, aber ich darf nicht verraten, für wen die sind.

Kann ich so einen veganen probieren?

Nein.

Oder irgendeinen anderen?

Tut mir leid, die sind nicht für dich, sagt sie und zieht den Reißverschluss an der Seite ihres Rucksacks auf. Ah, hier. *Das ist für dich.*

Er nimmt das schmale Taschenbuch, das sie ihm hinhält. Danke, sagt er. Womit habe ich denn ein Geschenk verdient?

Oh, das ist kein Geschenk, sagt sie und richtet sich auf. Das sind Hausaufgaben von Yvonne. Der Autor kommt, um die Bücher zu signieren, und sie will, dass jemand etwas zu den *Schlüsselthemen* sagt. Ich komme dafür offenbar nicht infrage. Du bist der Beste dafür, der *Eloquenteste*. Ich habe ihr gesagt, dass du es schon gelesen hast, aber sie wollte, dass ich es dir trotzdem vorbeibringe, nur zur Sicherheit. Du hast es doch gelesen, oder?

Er nickt. Ist nichts Besonderes, sagt er.

Du bist also gar nicht wild darauf?

Na ja, geht so. Es handelt von einem Bildhauer und einer Putzfrau.

Ja, ich weiß. Es ist eine Liebesgeschichte.

Ich hasse Liebesgeschichten, sagt Dexter. Er sieht von dem Buch auf. Entschuldige, ich hätte dich reinbitten sollen. Möchtest du einen Tee?

Danke, aber ich hab's eilig.

Wie du willst.

Ist dir nicht kalt?, fragt sie mit einem Blick auf seine Knie. Er trägt weite graue Shorts und ein leuchtend rotes Hemd, das nur halb zugeknöpft ist.

Ich spüre die Kälte nicht, sagt er.

Aha, sagt sie und bückt sich, um ihre Sachen wieder einzupacken. Als sie fertig ist, hievt sie sich den Rucksack mit einem Ächzen auf die Schultern. Dann schaut sie auf das Buch in seiner Hand. Der Roman, sagt sie.

Ich glaube, das ist eine Novelle, sagt er.

Egal. Für mich ist es eine wirklich kraftvolle Studie des Verlusts. Der alte Bildhauer versucht immer wieder, seine verlorene Liebe nachzubilden. Und die Freundschaft, die sich zwischen ihm und seiner Putzfrau entwickelt, lenkt ihn davon ab, bringt ihn dazu, den Blick abzuwenden. Die Frau trägt die Außenwelt in sein Haus, sie steht für das Leben, und ja, er beschwert sich darüber, wie ungeschickt sie ist und dass sie unablässig redet, aber genau das liebt er auch an ihr, es wird zu einem wichtigen Bestandteil seines Lebens. So sehe ich es jedenfalls, sagt sie und sieht ihn dabei unverwandt an. Aber was weiß ich schon? Ich bin ja nicht *eloquent*. Bis morgen dann, mach's gut.

Sie stapft durch den Sand, lässt die Hunde von der Leine.

In ihr brodelt es.

Sie ist wütend auf Dexter und auf sich selbst.

Warum hat sie all das über das Buch gesagt? So ein Idiot. Und warum muss er sie immer auslachen? Eben auch, als sie weggegangen ist, ganz bestimmt. Jeden Tag bei der Arbeit gehen sie einander auf die Nerven. Weil Dexter was Besseres ist, studiert hat, in einer Großstadt aufgewachsen ist. Er hat einen Hipsterbart, eine zurückgegelte Haartolle, ein Tattoo und ein Einrad, und er spricht fließend Französisch. Belle hingegen ist eine selbst ernannte Landpomeranze mit dreckigen Fingernägeln, mittelprächtigem Schulabschluss und einer Autogrammkarte von David Essex. Sie ist trutschig und uncool und guckt verständnislos, wenn jemand etwas wie *joie de vivre* oder *amuse-bouche* sagt. Oh, und nicht zu vergessen: Dexter war mal wahnsinnig verliebt und ist furchtbar verletzt worden, während sie nur einmal Sex hatte, und das eine Mal reicht ihr.

Wären sie und Dexter ein Getränk, dann wäre er ein Single Malt Whisky und sie Johannisbeersaft. Allein seine Gegenwart ist demütigend. Deshalb ist sie kratzbürstig. Und er findet das interessant.

Dexter geht die Treppe zu seiner Wohnung hoch und schaltet im Wohnzimmer die Ben-Folds-CD wieder ein. Er legt die Novelle auf den Beistelltisch, neben den Stapel Penguin-Taschenbücher, den Füllfederhalter und das blutrote Notizbuch mit der Illustration einer Kassette auf dem Einband. Er zieht die Schuhe aus, setzt sich aufs Sofa und greift nach dem gerahmten Foto seines Großvaters.

Dexter liebt alles, was mit seinem Großvater zu tun hat. Von ihm stammt die Patchworkdecke, die auf der Sofalehne liegt. Sein Großvater war Textilkünstler und vor allem für seine großformatigen politischen Quilts bekannt, auf denen er die Nöte der Arbeiterklasse darstellte. Und er fertigte auch Sachen für seine Familie an. Diese Decke hat Dexter beim Auszug von zu Hause von ihm geschenkt bekommen.

Er stellt das Foto zurück auf den Beistelltisch und überlegt, was er jetzt tun soll. Eigentlich hatte er vor, seine Wohnung aufzuräumen, aber jetzt muss er dieses blöde Buch lesen. Also wird er die Unordnung ignorieren, duschen und sich an die Arbeit machen.

Ein wenig später steht er mit feuchtem Kupferbart und in seinen seidenen Morgenmantel gehüllt in der Küche und macht eine Flasche Rotwein auf. Er lässt das kleine Matchboxauto über die Fensterbank rollen, ein 1957er Chevrolet Corvette in Metallicblau. Das hat er zum Dreißigsten von Belle bekommen. Ich wusste nicht, was ich dir schenken sollte, du hast ja schon so ziemlich alles, sagte sie. Das Geschenk ließ vermuten, dass sie ihn mittlerweile recht gut kannte, doch ihre Worte verrieten das Gegenteil. Dexter hat keineswegs alles. Er hat natürlich seine

Wohnung – sein Schlupfloch, sein Rückzugsort, eine der großen Lieben seines Lebens. Aber abgesehen von der Wohnung und seiner Arbeit in der Buchhandlung gibt es für ihn kaum etwas von Bedeutung.

Er greift nach dem Buch, schlägt es bei Kapitel eins auf. Nein, noch nicht. Er ist nicht in der richtigen Stimmung. Er legt es beiseite und klappt seinen Laptop auf. Als Startseite hat er die Lokalnachrichten eingestellt. Er klickt auf eine Schlagzeile.

»Catwoman« überlebt Sturz
vom Dach des Spielzeuggeschäfts
Gestern Abend gegen 23 Uhr stürzte Sydney Smith (47) – die seit ihrer Ankunft in St. Ives am vergangenen Wochenende von den Einheimischen den Spitznamen »Catwoman« bekommen hat – vom Dach des Secondhand-Spielzeuggeschäfts an der Broad Street.

Der Besitzer Edward Piper sagte dazu: »So etwas ist meinem Spielzeugladen noch nie passiert. Ich kann es gar nicht glauben.« Laut Mr Pipers Quellen hatte Ms Smith an dem Abend im Black Hole etwas getrunken.

Gefunden wurde Ms Smith von Maria Norton, der Ehefrau des hiesigen Künstlers Jon Schaefer. »Ich war mit meinem Hund Stuart unterwegs«, sagte Ms Norton. »Wir drehen abends vor dem Schlafengehen immer noch eine Runde. Er hat mich zu ihr gezogen, sie lag einfach da im Dunkeln auf dem Gehweg. Ich habe einen Rettungswagen gerufen und dort gewartet, bis er kam. Dann bin ich nach Hause gelaufen, habe Stuart reingelassen und bin sofort ins Krankenhaus gefahren.«

Auf die Frage, ob es ein Unfall oder ein Selbstmordversuch war, erklärte Ms Norton: »Es steht mir nicht zu, über so etwas Vermutungen anzustellen.«

Sydney Smith wurde während der letzten Tage mehrfach dabei gesehen, wie sie über Bänke sprang oder auf den Dächern hiesiger Geschäfte Rad schlug. Fotos von ihr wurden unter dem Hashtag #catwoman auf Twitter geteilt. Ms Smith praktiziert den Extremsport Parkour, der ursprünglich aus Frankreich stammt, aber es gab auch reichlich Spekulationen über ihren Geisteszustand. Auf vielen der Fotos steht sie einfach auf einem Dach und starrt in die Gegend.

Pete Winner, der Wirt des Black Hole, meinte dazu: »Ich habe sie fast jeden Abend hier im Pub gesehen, und sie wirkte nicht glücklich. Ja, jetzt, wo Sie es sagen – es könnte schon sein, dass sie depressiv ist.«

Die hiesige Polizei warnt vor allem Jugendliche davor, Ms Smiths Verhalten nachzuahmen. Sergeant Anna Rubin sagte, Freerunning sei zwar ein beeindruckender Sport, aber er solle nur auf sichere und legale Weise ausgeübt werden. »Beschädigung fremden Eigentums und Hausfriedensbruch sind Straftaten und werden sehr ernst genommen«, erklärte sie. »Gegen Ms Smith wurde bisher keine Klage erhoben, aber wer Freerunning praktiziert, sollte darauf achten, dass er nicht gegen die gesellschaftlichen Regeln verstößt oder sich oder andere in Gefahr bringt. Auf Dächern herumzuklettern ist sehr gefährlich und kann leicht Schäden verursachen. Betrachten Sie diesen traurigen Zwischenfall also als Warnung. Wie allgemein bekannt ist, muss die Polizei sich um schwerwiegendere Verbrechen kümmern, und es will sicher niemand, dass wir kostbare Zeit und Ressourcen verschwenden. Ich wünsche Ms Smith eine baldige Genesung.«

Dexter scrollt hinunter zu den Kommentaren. Eigentlich hasst er das, er will sie nicht lesen, aber er kommt einfach nicht dagegen an. Gib den Leuten einen anonymen Onlineraum und einen Usernamen, hinter dem sie sich verstecken können, dann lassen sie alle Hemmungen fallen. Faszinierend, aber auch verstörend. Damit sollte sich mal ein Soziologe befassen, oder vielleicht auch ein Psychologe: wie sich das Verhalten der Menschen abhängig vom gesellschaftlichen oder, vielleicht noch interessanter, vom virtuellen Zusammenhang verändert. Dexter hat gerade einiges von Carl Gustav Jung gelesen – was der wohl zu alldem sagen würde? Vielleicht würde er die Kommentarseiten der Zeitungen als Spielplatz für den Schatten betrachten.

Er trinkt einen Schluck Wein, kratzt sich seinen Bart und beginnt zu lesen.

13.03 Uhr: Sie ist eine betrunkene Freerunnerin – was soll der Quatsch von wegen Selbstmord? Diese Zeitung ist sensationsgeil und der Artikel absurd und schlecht geschrieben.

13.09 Uhr: Die meisten haben sie gesehen, wie sie einfach irgendwo da oben stand und aussah, als würde sie gleich springen. Nur weil SIE keinerlei Mitgefühl haben, gilt das noch lange nicht für alle. Jemand kann Freerunner sein und trotzdem Selbstmordgedanken haben. Das Leben ist nun mal kompliziert.

13.14 Uhr: Sie ist eine Angeberin, die eine Dummheit gemacht hat.

13.19 Uhr: Ich sag's ja nicht gerne, aber wer auf Dächern herumturnt ...

13.23 Uhr: Ich fasse es nicht – 1009 Fotos! #catwoman

13.27 Uhr: Jetzt sind's 1010 ;-)

13.29 Uhr: »Wie allgemein bekannt ist, muss die Polizei sich um schwerwiegendere Verbrechen kümmern« – was für eine interessante Bemerkung von Sergeant Rubin. Wieso sollte das allgemein bekannt sein? Schließlich haben wir keinen Zugang zu den Polizeiakten. Ist irgendwas passiert?

13.34 Uhr: Die Sirene vom Rettungswagen war sogar im Kino zu hören.

13.40 Uhr: Oje, hat das etwa Ihr Kinoerlebnis beeinträchtigt?

13.51 Uhr: Deshalb hab ich das doch nicht gesagt, Sie Vollidiot.

13.59 Uhr: Voll war doch offensichtlich nur die Tante auf dem Dach.

14.04 Uhr: In dieser Gegend gibt es ein massives Drogenproblem. Außerdem sind in den vergangenen zehn Jahren zwei Mädchen ermordet worden, von den vielen sexuellen Übergriffen mal ganz zu schweigen. Reicht Ihnen das als »schwerwiegende Verbrechen«, oder hätten Sie gerne noch mehr?

14.08 Uhr: Das ist sehr, sehr schade! Mein Sohn würde so gerne mal Freerunning ausprobieren, und ich wollte sie fragen, ob sie uns einen Trainer empfehlen kann. Er hat eine sehr schwere Zeit hinter sich, und das ist seit Langem das Erste, woran er Interesse zeigt. Er hat ein paar großartige Fotos von Ms Smith gemacht (sie sind nicht online – wir glauben nicht an Twitter) und überlegt jetzt, ob er es stattdessen mit Fotografie versuchen soll. Ich habe ihm zu erklären versucht, dass der Sturz quasi unvermeidlich war, wenn sie alkoholisiert war. Außerdem hätte sie auf jemanden drauffallen und ihn töten können. Sie hat unseren Jugendlichen, für die die Anwesenheit einer Freerunnerin inspirierend hätte sein können, ein schlechtes Beispiel gegeben. Und seien wir doch mal ehrlich – was sollen die Jugendlichen in dieser Stadt schon tun? Es gibt ja nicht mal einen Jugendclub.

14.14 Uhr: Twitter ist nichts, woran man »glauben« könnte – es ist ein soziales Netzwerk, keine Religion.

14.18 Uhr: LOL! :-)

14.39 Uhr: He, jetzt macht Parkour nicht schlecht. Ich bin Trainer, und Ihr Sohn kann sich gerne an mich wenden. Vor ein paar Tagen habe ich mit der Frau gesprochen. Sie macht schon seit über zwanzig Jahren Freerunning, ist *sehr* erfahren, nimmt regelmäßig an Fortgeschrittenen-Workshops teil, ist Mitglied in einer seit Langem etablierten Gruppe und hat mit ein paar herausragenden Trainern, Athleten und Künstlern zusammengearbeitet. Freerunning ist ein Sport, eine Kunstform und eine anspruchsvolle Disziplin, die ein hohes Fitnesslevel erfordert. Es geht dabei um Selbstentwicklung, nicht um Selbstzerstörung, und ich habe noch NIE erlebt, dass jemand im Training Alkohol trinkt. Außerdem versuchen wir, Dächer zu meiden. Ich kann nur vermuten, dass diese Frau persönliche Schwierigkeiten hatte, also verurteilt sie bitte nicht, okay?

14.57 Uhr: Wieso halten Sie es für nötig, uns darüber zu informieren, dass Maria Norton die Frau des hiesigen Künstlers Jon Schaefer ist? Hat sie keine eigene Existenzberechtigung? Maria ist meine Zahnpflegerin, und zwar eine ausgezeichnete. Sie sollten Ihre Journalisten mal in Frauenfeindlichkeit unterrichten.

15.16 Uhr: Meinen Sie das ernst, »Ihre Journalisten in Frauenfeindlichkeit unterrichten«?! Mir scheint, Sie brauchen selbst mal ein bisschen Unterricht, es sei denn, Sie wollen, dass alle Journalisten frauenfeindlich werden!

15.20 Uhr: Kann hier jemand einen guten Zahnarzt empfehlen? Meiner nuschelt so, dass ich nie ein Wort verstehe.

15.31 Uhr: Ich fasse es nicht – eine Frau liegt im Krankenhaus und womöglich im Sterben. Interessiert es denn niemanden, was mit ihr passiert?

Schokokekse

Ich bin zehn, als ich zum zweiten Mal einen toten Menschen sehe.

Diesmal ist es meine Mutter.

Wir machen Urlaub am Meer. Mum hat sich seit Monaten auf diesen Urlaub gefreut, und jetzt –

Sie hat nur drei Tage was davon.

An einem der drei Tage hat es geregnet.

Sie hat noch nicht mal eine Fleischpastete gegessen.

Und auch kein Eis.

Draußen heulen die Sirenen der Rettungswagen, und der Fußboden im Krankenhaus ist blau und voller Risse.

Eine Frau bringt Jason und mir zwei Portionen Käsemakkaroni in Pappschachteln. Sie sehen ganz anders aus als die Käsemakkaroni, die wir kennen, deshalb rühren wir sie nicht an. Wir trinken die Cola, die wir dazu bekommen haben, und warten. Ich stoße meinen Becher um. Jason knirscht mit den Zähnen, aber die Frau sagt, macht nichts, ist nicht schlimm.

Das Krankenhaus riecht wie unser Volvo, wenn Mum die Sitze gereinigt hat. Außerdem riecht es nach Prittstift und Filzstiften, aber auf eine unangenehme Art.

Im Flur hängen gerahmte Bilder an den Wänden, und wir versuchen, sie anzusehen, aber wir sind nicht groß genug.

Unsere Schuhe quietschen auf dem Boden.

Ich versuche, den Mann nicht anzustarren, der auf einem Rollbett liegt und Schläuche in der Nase hat. Er winkt mir zu, und ich winke zurück.

Die Leute hier sind nett.

Aber wir wissen nicht, wo Mum und Dad sind, deshalb ist uns das egal.

Heute erlebe ich zum ersten Mal, wie es ist, mich selbst zu hassen. In diesem Moment ahne ich nicht, dass dieses Gefühl mich immer begleiten wird, wie eine Entführerin, der ich verzeihe und mit der ich mich anfreunde und von der ich irgendwann vergesse, dass sie mich entführt hat.

Aber da kommt Dad.

Nur Dad.

Wir müssen zurück zu unserem Ferienhaus. Dem mit der geteilten Tür, wie in einem Pferdestall. Heute Morgen habe ich noch darübergehangen und zugesehen, wie die Leute vorbeigingen. Du bist so neugierig, hat Mum gesagt.

Jetzt trägt Dad Mums Wanderschuhe, ihre wetterfeste Jacke, ihr Portemonnaie, ihre Armbanduhr, einen Schlüsselbund, vier gefüllte Schokokekse, die in ein Stück Küchenpapier eingewickelt sind, und ein paar Würstchen vom Markt, die fürs Abendessen gedacht waren.

Aber wir haben keinen Hunger.

Wir essen nur die Kekse aus Mums Jackentasche.

Im Rückblick weiß ich nicht mehr, warum wir das getan haben.

Wo bist du, Mum?

Dad erklärt uns, dass sie nicht ins Ferienhaus zurückkommen wird. Und dass jemand anders sie nach Hause fährt.

Wer denn?, fragen wir. Und warum darf jemand anders sie nach Hause fahren? Sie ist doch komisch, was Autos angeht, sie sorgt sich immer, ob es darin auch sicher ist. Ist dieser Jemand ein guter Fahrer?

Dad antwortet nicht, er hebt nur die rechte Hand, mit abgespreizten Fingern. Will er uns sagen, dass wir stehen bleiben sollen?

Ich möchte zu ihm gehen und meine Hand vor seine halten, als wäre eine Glasscheibe zwischen uns und wir könnten uns nicht berühren. Ich habe so was mal in einer amerikanischen Fernsehserie gesehen. Der Mann war im Gefängnis, und die Frau kam ihn besuchen, und sie haben durch ein spezielles Telefon miteinander gesprochen. Die Frau hat ihren Hörer hingeknallt, und dann war da nur noch die Glasscheibe.

Ich mache einen Schritt, hebe die Hand und lasse es dann doch.

In diesem Augenblick liegt meine ganze künftige Beziehung zu Dad. Von diesem Tag an wird immer etwas zwischen uns sein, ganz gleich, wie nah wir einander sind oder wie viel Zeit wir miteinander verbringen. Und wenn er die Hand ausstreckt, werde ich nie wissen, ob er damit sagt *komm her* oder *bleib weg*.

Im Ferienhaus sehen wir uns an.

Ich weiß, dass Dad böse auf mich ist, es aber nicht zeigen will.

Eigentlich sollten wir jetzt Würstchen essen und Vier gewinnt spielen.

Vielleicht sollten wir nach Hause fahren, sagt er. Aber ich will eure Mum nicht allein hier zurücklassen. Ich weiß nicht, was richtig ist.

Als er das sagt, ist es, als würde er in einer fremden Sprache sprechen. Einen Moment lang sieht er aus wie ein Junge, nicht älter als Jason, und das macht uns schreckliche Angst.

Am nächsten Morgen packt er unsere Sachen und wirft sie in den Volvo. Jason und ich setzen uns auf die Rückbank. Wir flüstern miteinander, obwohl niemand außer uns im Auto ist. Mir ist jetzt schon schlecht, sagt er. Mir auch, sage ich. Dad steigt ein und macht die Tür zu. Er sitzt lange einfach nur da. Dann steigt er wieder aus und stellt sich neben das Auto. Wir können sein Gesicht nicht sehen, wissen nicht, was er tut. Als er wieder einsteigt, blickt er zum leeren Beifahrersitz und umklammert das Steuer so fest, dass seine Fingerknöchel weiß werden. Ich denke an den Ausdruck *Weiße-Knöchel-Fahrt* und daran, wie Mum mit uns in der Achterbahn war. Das nennt man eine Weiße-Knöchel-Fahrt, sagte sie, weil man sich richtig gut festhalten muss.

Ich mochte die Achterbahn überhaupt nicht, und Jason auch nicht, aber er tat so, als fände er es toll, um Mum nicht zu enttäuschen. Er machte immer wieder begeisterte Geräusche, auch als die Fahrt längst vorbei war, was ich peinlich und seltsam fand, aber für Jason war das normal, er reagierte oft auf falsche Weise oder zum falschen Zeitpunkt auf etwas – *ein bisschen aus dem Takt*, nannte Dad es. Schluss jetzt, sagte Mum, hör auf mit dem Gejauchze, Herrgott noch mal. An dem Tag lernte ich das Wort Jauchzen, was allerdings nutzlos war, da ich es nie wieder brauchte. Ich bin einfach keine Jauchzerin. Übrigens nennt man einen bestimmten Ruf der Möwen Jauchzen. Das ist interessant. Mum erzählt uns oft interessante Sachen. Sie weiß alles Mögliche, zum Beispiel die Namen von Vögeln und Pflanzen. Sie weiß, wo das Wetter herkommt und was zu tun ist, wenn wir krank sind. Weiß Dad auch, was zu tun ist, wenn wir krank sind? Darüber denke ich nach, während wir über die Autobahn fahren, bis Jason anfängt zu weinen. Vor lauter Weinen kann er nicht mehr richtig atmen, und wir müssen an einer Raststätte halten, damit er seinen Inhalator benutzen kann. Wir bekommen Schokolade und Comics, nicht die Sorte, die wir mögen, aber wir lächeln und sagen Danke.

Ich würde auch gerne weinen, aber ich tue es nicht. Ich bin still. Das ist das Wenigste, was ich tun kann.

Als wir an dem Abend wieder zu Hause sind, stellt Dad drei Teller mit paniertem Fisch, gebackenen Bohnen und Pommes auf den Tisch, und dann fängt er auch an zu weinen. Ich weiß gar nicht, wie ich das beschreiben soll. Mum habe ich schon weinen sehen, aber Dad noch nie. Es fühlt sich an, als wäre ich unter der Erde, und das alles passiert irgendwo über meinem Kopf.

Jason kann schon wieder nicht richtig atmen. Er reagiert auf viele Sachen allergisch, und jetzt hat er eine nagelneue Allergie: Mums Fehlen.

Inhalatoren. Ungegessenes Essen. Überall auf dem Fußboden Haufen von abgebrochenem Urlaub. Eimer und Schaufeln. Wer ist es?, Monopoly, Mikado. Meine Decke (Raketen, Ufos, Planeten). Jasons Decke *(Star Wars)*.

Um mich besser zu fühlen, mache ich die Augen zu und stelle mir vor, ich bin Spider-Man, sprühe Netze aus meinen Handgelenken und schwinge mich von einem Gebäude zum anderen. Dann stelle ich mir vor, ich bin James Bond in *Leben und sterben lassen* und benutze Krokodile als Trittsteine, um über einen Fluss zu kommen. James Bond und Spider-Man überleben immer alles – kein Hindernis und kein Gegner ist zu gefährlich.

Jason schiebt seinen Stuhl zurück und steht vom Tisch auf. Mit seinem dichten Haar und den breiten Schultern kommt er mir vor wie eine Jungenausgabe von Mum. Ich dagegen bin groß und schmal wie Dad, der in den Urlaubshaufen herumwühlt und nach dem Inhalator sucht.

Wo zum Teufel ist dein Inhalator?, brüllt Dad.

Woher soll ich das wissen, sagt Jason. Dann hustet er und weint und wird ganz rot im Gesicht, und Dads Stimme wird ruhiger, als er eine Tasche auf dem Küchenfußboden ausleert und sagt, wir finden ihn, Jase, er muss ja irgendwo sein, tut mir leid, dass ich dich angebrüllt habe.

Nach Sachen suchen, die nicht da sind, tun wir während der nächsten Monate oft.
    Wir horchen auch nach ihnen.
    Vor allem horchen wir auf Mums Schlüssel in der Tür.
    Irgendwann begreifen wir, dass sie nie wieder nach Hause kommen wird, mit ihrem fröhlichen Hallihallo, ihren Geschichten und ihrer Handtasche voller Taschentücher, Make-up, Süßigkeiten, alter Einkaufszettel und sorgsam gefalteter Kassenbelege.
    Doch kaum haben wir es begriffen, vergessen wir es schon wieder.

Willkommen zurück, sagt eine Stimme.
    Dad?
    Ich bin Krankenpfleger, mein Name ist Malcolm. Ihr Dad kommt Sie bald besuchen. Ihre Operation ist gut verlaufen. Ist Ihnen kalt?
    Sehr kalt, sagt Sydney.

Ein fallender Groschen

Die Welt ist voller Beobachter. Züge, Geister, Schmetterlinge, Delfine, Vögel – man kann alles Mögliche beobachten. In diesem Moment sind Millionen von Menschen in Stellung, mit Kameras, Notizbüchern, Ferngläsern. Das Warten ist ebenso wichtig wie der große Augenblick. Manchmal gilt »je länger, desto besser«: was für eine Rarität, was für eine Sensation, was für ein Glück, so etwas zu sehen zu bekommen.

Maria ist auch eine Beobachterin, aber das Objekt ihrer Faszination ist mit dem menschlichen Auge nicht zu erblicken, sondern kann nur erfahren werden: Schweigen. Das ist ein Hobby von ihr. Jedes Schweigen ist einzigartig, und sie versucht, seine Beschaffenheit zu erfassen. Sie hat ein Notizbuch, *Das Buch des Schweigens*, in dem sie ihre Entdeckungen festhält. Manchmal – meistens, wenn sie im Dunkeln in das Atelier eines Künstlers späht – stellt sie sich vor, sie würde mit ihren Beobachtungen etwas Kreatives anstellen, sie auf visuelle Weise zum Leben erwecken. Allerdings hat sie keine Ahnung, wie sie das anstellen soll. Ich bin Dentalhygienikerin, keine Künstlerin, denkt sie.

Allein letzte Woche hat Maria elf prächtige Exemplare für ihre Sammlung gefunden: dumpf, verträumt, pflichtbewusst, gemeinschaftlich, aufgeregt, trostlos, seelenvoll, gefügig, boshaft, ausweichend, konzentriert (ausgelöst durch einen fallenden Groschen).

Und hier, an diesem Abend in der Küche, ist noch eins, aufgeladen mit Missmut. Es ist ein schmollendes Schweigen, denkt sie.

Belle liegt auf dem schmalen gelben Sofa, liest Zeitung und trinkt Wein. Zu ihren Füßen schläft Stuart auf seiner Decke, erschöpft von dem langen Spaziergang, den sie mit ihm und Otto nach der Arbeit gemacht hat. Der Foxterrier ist nirgends zu sehen; wahrscheinlich ist er oben bei Ruth und Howard, die duschen und sich umziehen wollten, um den Krankenhausgeruch loszuwerden.

Jedes Mal, wenn Belle eine Seite umblättert, tut sie es schnell und aggressiv, sodass das Papier laut raschelt. *Beachte mich*, sagt das Umblättern.

Doch Maria beachtet sie nicht. Sie ist damit beschäftigt, einen Salat für ihre Gäste zuzubereiten, den es zu dem gebratenen Hühnchen geben soll. Sie will, dass der Salat beeindruckend wird: fein geschnitten, schön anzusehen und voll frischer Kräuter.

Sie bemerkt das Schweigen, sortiert es ein und hackt weiter Kräuter.

Belles Gereiztheit schrumpft im gleichen Maße wie ihre Hoffnung auf Beachtung. Da sie sich unsichtbar vorkommt, trinkt sie noch ein Glas Wein.

Oben hört man Schritte. Eine Frauenstimme, vielleicht am Telefon. Ein Rumms, als wäre etwas vom Bett gefallen oder Otto hinuntergesprungen.

Stuart hebt den Kopf und lauscht.

Alles in Ordnung, mein Junge, sagt Belle, und der Hund lässt den Kopf wieder auf die Pfoten sinken.

Sie *spricht*, sagt Maria.

Was?

Du bist ungewöhnlich schweigsam, seit du von der Arbeit gekommen bist.

Bin ich nicht.

Doch, bist du.

Belle lässt die Zeitung auf ihren Schoß sinken. Erklär mir noch mal, warum sie hier sind, sagt sie.

Ihre Mutter hört auf zu hacken und dreht sich um. Nicht, sie könnten dich hören.

Nein, können sie nicht.

Das passt überhaupt nicht zu dir. Du bist doch sonst so großzügig.

Bin ich das?

Natürlich. Du tust so viel für andere, da kann ich ja kaum mithalten.

Aber im Gegensatz zu dir *kenne* ich die Leute.

Na und? Sollen wir etwa nur denen helfen, die wir kennen?

Belle zuckt mit den Achseln.

Stell dir das Ganze doch nur mal umgekehrt vor.

Wie meinst du das?

Stell dir vor, du bist im Urlaub und hast einen Unfall, und ich und dein Freund fahren den ganzen weiten Weg, um bei dir zu sein.

Wo ist Dad in der Geschichte?

Maria schweigt.

(Interessantes Schweigen, denkt Maria. Eins, das jemanden aus einem Bild entfernt. Man könnte es fast als mörderisches Schweigen bezeichnen.)

Und wer soll dieser Freund von mir sein?, fragt Belle.

Na ja, du könntest doch irgendwann einen haben. Oder eine Freundin.

Ich bin nicht lesbisch, Mum.

Maria sieht enttäuscht aus. Falls du es bist, haben wir damit kein Problem. Ich dachte nur, das ist vielleicht der Grund, warum du nie jemanden mit nach Hause bringst. Weil du vielleicht gerne ein Mädchen mitbringen würdest.

Ein *Mädchen*?

Oder eine Frau. Willst du eine Frau?

Belle lacht. Nein, ich will keine Frau. In diesem Haus gibt es nur eine Lesbe, und die ist oben.

Sie ist nett, nicht? Ich meine, sie scheinen beide nett zu sein.

Keine Ahnung, ich hab sie ja gerade erst kennengelernt.

Sei nicht so muffelig.

Bin ich nicht, das war nur eine Feststellung.

Spuck's endlich aus.

Was denn?

Was mit dir los ist. Ist es wegen Dexter?

Wie kommst du denn darauf?

Weil es meistens so ist.

Belle seufzt. Mir geht's gut. Wie viel Salat soll das werden? Wir sind doch nur fünf.

Ich mache das Dressing.

Im Kühlschrank ist eine neue Flasche, habe ich gestern gekauft.

Ich mache lieber selbst eins. War es nicht nett von ihnen, uns all diese Geschenke mitzubringen?

Na ja, schließlich wohnen sie bei uns.

Maria wirft ihr einen gereizten Blick zu.

Belle schenkt sich Wein nach. Willst du auch?, fragt sie.

Ja, warum nicht.

Belle holt ein zweites Glas, füllt es und stellt sich neben ihre Mutter.

Also?, sagt Maria.

Ach, ich weiß auch nicht, sagt Belle.

Maria trinkt einen großen Schluck Wein. Dann trocknet sie

sich die Hände am Küchentuch ab und legt sie auf Belles Kopf. Was geht da drin vor sich?, fragt sie.

Das ist genau das Problem, sagt Belle. Gar nichts.

Also geht es doch um einen Freund?

Nein, es ist mir scheißegal, ob ich einen Freund habe. Warum kommen mir alle immer wieder damit? Es interessiert mich nicht, okay?

Schon gut, kein Grund, so biestig zu werden. Von mir aus kannst du dein ganzes Leben lang Single bleiben, wenn dich das glücklich macht.

Wenn du es wirklich wissen willst, sagt Belle, ich komme mir einfach dumm vor.

Dumm? Warum das denn?

Weil ich es bin.

Liebes, du bist überhaupt nicht dumm. Du tust so viele Dinge, und in allen bist du gut.

Ich bin höchstens mittelprächtig. Und ich wusste noch nicht mal, was homogen bedeutet.

Homogen?

Es bedeutet einheitlich, gleichartig.

Ich weiß, aber –

Siehst du, sogar *du* weißt, was es bedeutet.

Wer hat das Wort denn benutzt?

Ist doch egal.

Nein, ist es nicht, denn du hast dich offenbar vor jemandem geschämt.

Belle wird rot. Ich weiß nie, was solche Wörter bedeuten. Und dann komme ich mir vor wie der letzte Trottel.

Davon hatte ich keine Ahnung.

Jetzt weißt du's.

Maria überlegt einen Moment. Wenn du mich fragst, sagt

sie, ist jemand, der regelmäßig das Wort *homogen* verwendet, es nicht wert, dass du dir seinetwegen Gedanken machst.

Also, das finde ich jetzt echt schräg, sagt Belle.

Willst du deshalb keinen Freund? Weil du denkst, du bist zu dumm?

Belles Augenbrauen schießen in die Höhe, und Maria wünschte, sie hätte ihre Worte sorgfältiger gewählt. Dies ist nicht der richtige Zeitpunkt für so ein Gespräch, sie ist mit den Gedanken nicht bei der Sache, sondern bei Howard und Ruth. Den ersten Gästen, die sie seit fast einem Jahr im Haus hat, abgesehen von dieser Autorin, Lily Whippet. Was für eine schockierende Erkenntnis. Noch viel peinlicher, als nicht zu wissen, was *homogen* bedeutet.

Hör mal, sagt sie. Ich weiß nur zu gut, wie furchtbar es ist, wenn man sich dumm vorkommt und sich deswegen schämt. Aber glaub mir, wenn du älter wirst, gibt es viel schlimmere Gründe, um sich zu schämen, als die Tatsache, dass man kein wandelndes Wörterbuch ist. Was ich damit sagen will, ist: Mach das Beste daraus. Vielleicht blickst du eines Tages darauf zurück und wünschst dir, das wäre dein größtes Problem.

Ihre aufmunternden Worte ernten nur Schweigen. Wie würdest du es beschreiben, Maria? Denn diesmal geht es um dich und deine große, unkonzentrierte Klappe.

Ich mache mir Sorgen um dich, Mum, sagt Belle schließlich.

Um mich? Maria sieht sie überrascht an. Warum das denn? Um ehrlich zu sein, Liebes, muss ich jetzt diesen verdammten Salat fertig machen. Hilfst du mir dabei?

Mum.

Was ist?

Du fluchst doch nie, sagt Belle.

Da kann man mal sehen, was du alles nicht weißt, sagt Maria.

Jede Menge, wie wir gerade gesehen haben.

Maria drückt ihrer Tochter eine Tüte Pinienkerne in die Hand. Kannst du die bitte rösten? Eins nach dem anderen, okay? Heute Abend sind unsere Gäste dran, morgen kümmern wir uns um deine Dummheit, sagt sie, um einen lockeren, scherzhaften Tonfall bemüht. Aber Maria ist schon sehr lange nicht mehr locker und scherzhaft gewesen, und sie sieht aus wie jemand, der nach jahrelangem Koma zu lächeln versucht, als wüssten ihre Gesichtsmuskeln nicht mehr, was sie zu tun haben.

Du solltest noch was trinken, sagt Belle. In dem Moment geht die Küchentür auf, und ein Foxterrier kommt hereingestürmt, gefolgt von einer Frau mit nassen Haaren, die statt der dunklen Sachen, die sie bei ihrer Ankunft anhatte, ein pinkfarbenes T-Shirt, Jeans und weiße Turnschuhe trägt. Sie sieht jünger aus, nicht mehr so streng.

Mmh, das riecht aber gut, sagt sie. Kann ich mich irgendwie nützlich machen?

Waren Sie nie ein Kind, Mister Smith?

Eine Vase mit Blumen, blaues Glas, purpurrote Blüten. Ein Krug mit Wasser. Ein Müsliriegel auf seinem Kopfkissen. All das hat Maria für ihn hergerichtet. Er isst den Müsliriegel, schlingt ihn förmlich hinunter. Vielleicht fühlt er sich danach nicht mehr so schwach und schwindelig. Er setzt sich auf das Bett und sieht sich im Zimmer um. Auf der Fensterbank sitzen lauter kleine Hasen aus Nadelfilz mit aufmerksam gespitzten Ohren. Die Hasen lauschen. Was ist los mit Ihnen, Mister Smith?, fragen sie wie aus einem Mund; ein gespenstischer Chor. Er geht hinüber, nimmt einen davon in die Hand. Blutorange, denkt er. Du, kleiner Hase, hast die Farbe einer Blutorange.

Hallo, Blut, sagt er.

Hallo, sagt der Hase. Ist alles in Ordnung? Sie sehen nicht gut aus.

Ich bin erschöpft. Alles ist so seltsam.

Seltsamer, als mit mir zu reden, kann es nicht werden, sagt Blut.

O doch.

Erzählen Sie mir, was passiert ist.

Howard legt sich hin und setzt Blut neben sich auf das Kissen. Wozu soll das gut sein?, fragt er. Was weißt du denn schon?

Nun, meine Eltern sind Kunst und Handwerk, sagt Blut. Ich trage ihre Weisheit und Widerstandsfähigkeit in mir.

Aha, sagt Howard.

Und ich bin mit einer Nadel erschaffen worden, mit Schmerz kenne ich mich also aus.

Er hält den Hasen über sein Gesicht und blickt in die schwarzen Punkte seiner Augen. Mein Schmerz ist tabu, sagt er zu den Punkten. Er ist unaussprechlich.

Flüstern Sie ihn in mein großes Ohr, sagt Blut.

Wozu soll das gut sein?

Tun Sie es einfach, Mister Smith.

Und so spricht er es, so leise er kann, in das Ohr eines Nadelfilzhasen: *Ich hasse sie.*

Gut gemacht, sagt Blut. Flüstern Sie Ihren Hass in mich hinein, und ich sage Ihnen, ob er echt ist. Manchmal ist er es nämlich nicht, und das, was wir als Hass in uns tragen, ist in Wirklichkeit etwas ganz anderes. Los, flüstern Sie es noch mal.

Ich hasse sie.

Und noch mal.

Ich hasse sie.

Noch mal, Mister Smith.

Ich hasse sie wirklich.

Diesmal bricht seine Stimme, dieses dünne, brüchige Rascheln. Oder vielleicht ist es auch nur sein Herz.

Sehen Sie?, sagt Blut. Sehen Sie, was mit dem Hass passiert, wenn Sie ihn in mich hineinflüstern? Wie er zerbricht? Ja, weinen Sie nur, lassen Sie es raus. Machen Sie Platz für all das, was neben Ihrem Hass lebt, daran scheuert und immer scharfkantiger wird. Wenn Ihr Hass weg ist, wird alles andere wieder weich. Sie haben Ihr eigenes Herz gebrochen, Mister Smith. Tag um Tag berauben Sie sich und Sydney des Lebens. Wann hören Sie damit auf? Unfälle passieren. Kinder rennen umher, folgen ihrer Sehnsucht, versuchen, näher ans Meer zu kommen. Ohne nachzudenken, versuchen Eltern, sie zu retten, und manchmal scheitern sie dabei.

Halt den Mund, sagt Howard.

Nein.

Ich sagte, halt den Mund.

Es war ein Akt reiner Liebe, reinen Instinkts, sie waren erfüllt und getrieben von der gedankenlosen, unbekümmerten Liebe von Mutter und Tochter. All diese Liebe, die sich da vor Ihnen ausbreitete – die Liebe eines Mädchens zum Leben, die Liebe einer Mutter zu einem Mädchen, das die unbeschwerten Tage eines Sommerurlaubs liebte, in der Sonne tanzte, angelockt vom Glitzern und Funkeln des Meeres, das sich in seinen Augen spiegelte, während es hüpfte und Räder schlug. Waren Sie nie ein Kind, Mister Smith? Wollten Sie nie vor Freude tanzen, Ihrem Körper freien Lauf lassen, umhertoben, springen? Ich springe dauernd, aber ich bin ja auch ein Hase.

Lügner, sagt Howard. Du bist aus Filz. Du sitzt einfach nur den ganzen Tag da.

Und doch bin ich ein Hase, sagt Blut. Die Sprünge, die ich im wahren Leben nicht machen kann, mache ich in meinen Träumen. Was ist mit Ihnen, Mister Smith? Trifft das auch auf Sie zu?

Als Howard aufwacht, hat er keine Ahnung, wo er sich befindet. Er wischt sich die Tränen aus dem Gesicht, sieht auf die Uhr und blickt sich im Zimmer um. Er liegt auf einem Bett in einem fremden Haus. Es riecht, als würde jemand etwas kochen. Verdammt, er hat über eine Stunde geschlafen! Warum hat Ruth ihn nicht geweckt? Schläft sie auch? Oder ist sie unten bei Maria und Belle, sitzen sie am Tisch und essen und trinken Wein? Haben sie womöglich ohne ihn angefangen? Würden sie so etwas tun? Er weiß es nicht, dafür kennt er diese Leute zu wenig.

Er steht auf, blickt in den Spiegel. Er sieht sauber aus, das ist ja schon mal was, aber sein Hemd ist zerknittert und sein Gesicht auch.

Dann ist es eben so, denkt er. Er streicht sich die Haare zurück und zupft die Hemdmanschetten zurecht, dann öffnet er die Tür und geht nach unten.

Vor der Küche hält er einen Moment inne. Er hört Musik, Stimmen, Besteckgeklapper. Die Leute hinter dieser Tür hören Jazz und essen zu Abend. Er überlegt, ob er wieder nach oben gehen soll. Das ist kindisch, Howard. Außerdem musst du etwas essen.

Maria steht auf, als er die Küche betritt. Sie sind wach, sagt sie.

Ja, es tut mir wirklich leid.

Ich hab vorhin kurz bei dir reingeschaut, aber ich wollte dich nicht wecken, sagt Ruth. Ich dachte, du brauchst ein wenig Erholung.

Er fühlt sich unbehaglich, wie er da steht, zu spät und noch ganz verschlafen. Ihre Teller sind fast leer gegessen. Und da ist ein Mann, der vorher nicht da war, er schneidet mit mürrischer Miene das letzte Stück Fleisch vom Knochen, dann erst sieht er ihn an.

Kommen Sie, setzen Sie sich, sagt Maria. Haben Sie Hunger? Mögen Sie lieber Brust oder Keule? Ich habe von beidem etwas auf Ihren Teller gelegt, sehen Sie, und Sie möchten doch bestimmt auch Wein, oder?

Ich bin Jon, sagt der Mann, als Howard an den Tisch tritt.

Howard Smith, sagt er und gibt Jon die Hand.

Und Belle kennen Sie ja schon, sagt Maria.

Ja, hallo. Das sieht wunderbar aus, vielen Dank.

Ach, es ist nur ein Salat, sagt Maria, nichts Besonderes.

Howard schaut zu Ruth, die sich Brot in den Mund stopft, als hätte sie seit einer Woche nichts mehr gegessen. Wie sie da zwischen Maria, Belle und Jon sitzt, kommt sie ihm vor wie eine Fremde. Selbst Otto, der den Fußboden beschnüffelt, könnte der Hund von jemand anderem sein.

Na dann, sagt er blinzelnd und erhebt sein Glas. Auf Ihre Freundlichkeit und Hilfsbereitschaft.

Maria, die neben ihm sitzt, errötet. Ihr Gesicht erscheint ihm zu nah, er spürt förmlich die Hitze, die es ausstrahlt. Nicht doch, sagt sie, es ist mir ein Vergnügen. Wir haben schon ewig keine Gäste mehr gehabt.

Jon starrt seine Frau an. Er reißt ein Stück Brot ab und tunkt es in Olivenöl und Balsamico, ohne den Blick von ihr abzuwenden.

Zum Nachtisch gibt es Apfelkuchen, falls Sie den noch schaffen, sagt sie.

Danke, sagt Howard. Er sieht zu Jon und Belle, dann zu Ruth. Er will nicht hier sein, es strengt ihn zu sehr an, sich mit Fremden zu unterhalten. Ruth hatte das vorhergesehen und gemeint, sie sollten im B&B bleiben, aber er wollte nicht auf sie hören. Er fand, abzusagen wäre unhöflich, nach allem, was Maria für sie getan hatte. Was hatte er sich nur dabei gedacht?

(Du hast gar nicht gedacht, Howard. Das war das Problem. Du hast dich um dich selbst gedreht wie ein Junge in einem Wirbelwind.)

Als er zu essen beginnt, tut er etwas, das er nicht mehr getan hat, seit Sydney und Jason klein waren. Er erinnert sich im Stillen daran, dass er immer noch Boden unter den Füßen hat. Da, spürst du ihn? Er ist immer da.

Bergziege

Dad, bist du wach?, fragt sie.

Er rührt sich nicht.

Daddy?, flüstert sie seinem Rücken zu.

Sie streckt die Hand aus, um ihn an der Schulter zu berühren, lässt es dann jedoch bleiben.

Sie steht vollkommen reglos in der Dunkelheit des Elternschlafzimmers und sieht zu, wie die Minuten auf dem Digitalwecker verstreichen.

06:04

06:05

06:06

Die Zeit blinzelt. Sie sieht alles.

Sie geht um das Bett herum und stellt sich an die andere Seite, neben das unbenutzte Kissen. Von hier aus kann sie das Gesicht ihres Vaters sehen. Er sieht friedlich aus, glücklich, wie der Mann auf den Fotos in ihrem Album. Zuerst fühlt es sich schön an, ihn wiederzusehen, aber dann verstörend, als würde sie einen Toten betrachten.

In ihrer linken Hand hält sie ein Blatt Papier. Gestern hat sie eines ihrer besten Bilder gemalt. Das weiß sie, und es macht sie stolz. Die Farben sind gut gewählt, und die Gestalten sehen echt aus. Sie hat ihre ganze Familie gemalt. Wobei *ganze* das entscheidende Wort ist. Sie stehen alle zusammen auf einem besonderen Planeten, auf dem man Tote besuchen kann. Ihr Dad steht links, in Jeans und einem blauen Kapuzenpulli. Daneben Jason, in einer grauen Hose und einem von seinen geliebten Herrenhemden, bis oben zugeknöpft – er denkt, in so einem Hemd sieht er klug und erwachsen aus, aber das tut er auch so schon. Neben Jason ihre Mutter. Sie trägt eine Cordhose und ein Stevie-Wonder-T-Shirt. Sydney ist besonders stolz darauf, dass das Gesicht wirklich aussieht wie Stevie Wonder – dafür hat sie den ganzen Nachmittag gebraucht. Als Letztes hat sie sich selbst gemalt, in einem dicken Raumanzug mit Sauerstoffgerät auf dem Rücken und einem kugelrunden Helm mit Visier, der sie vor allem beschützt: Flugobjekten, gefährlichen Gasen, extremen Temperaturen und so weiter. Sie ist eine autarke Einheit und hält sich an der Hand ihrer Mutter fest. Sie weiß nicht genau, warum sie sich so gemalt hat, obwohl alle anderen normale Kleidung tragen. Es ist seltsam, aber auch cool. Es erinnert sie an den Jungen in dem Film *Bubble Trouble*.

Sie legt das Bild aufs Bett und verschränkt die Hände hinter dem Rücken, wie es Leute tun, wenn sie auf jemand Wichtigen warten. Sie steht lautlos und aufrecht da wie eine kleine Wächterin.

Es ist so still in dem Zimmer. Sie schließt die Augen und stellt sich vor, sie stünde oben auf einem Berg und sähe auf eine Herde wolliger weißer Bergziegen hinunter. Vor ein paar Wochen hat sie im Fernsehen eine Sendung über diese Ziegen gesehen, sie haben spitze Hörner und extradickes Fell und gespaltene Hufe, mit denen sie super klettern können. Alles, was sie brauchen, um zu überleben und leichtfüßig von einem Felsen zum nächsten zu kommen, ist das Laub der Büsche und Bäume, die an den Berghängen wachsen. Sydney konnte gar nicht wieder aufhören, von den Ziegen zu erzählen, denn das waren die tollsten Tiere auf der ganzen Welt – so elegant und trittsicher. Sie malte sie, wie sie auf den winzigsten Felsen und an den steilsten Abhängen balancierten. Wenn ich sterbe und wiedergeboren werde, will ich auf jeden Fall eine Bergziege sein, sagte sie zu Jason. Lass das bloß nicht Dad hören, sagte Jason, und da schämte sie sich so, dass sie ihre Ziegenbilder zusammenknüllte und in den Mülleimer warf.

06:14

Sie öffnet die Augen und betrachtet die Hände ihres Vaters. Sie sind dunkel und rau. Sie kann die blassblauen Adern hervorstehen sehen. Warum sind Adern blau, obwohl das Blut doch rot ist? Das ist eins von den vielen Dingen, die sie nicht versteht.

Dies sind die Hände, die sie mit fünf aus einem Baum gehoben haben, so vorsichtig, als wäre sie ein kleines Kätzchen.

Dies sind die Hände, die ihr Fahrrad festgehalten und dann losgelassen haben: *Du kannst es, du fährst jetzt ganz allein, ja, weiter so.*

Dies sind die Hände auf dem Steuer des Autos, das sie zur Schule, zum Einkaufen, ins Kino gefahren hat.

06:16

Sie sieht hinunter auf ihre Hausschuhe. Sie sind zu klein geworden, ihre Zehen schauen heraus.

06:17

Da krabbelt eine Spinne an der Wand entlang, erstaunlich schnell. Sie hofft, dass die Spinne nicht in ihr Zimmer krabbelt und dann womöglich in ihren Mund, während sie schläft. Sie hat gehört, dass Spinnen so etwas tun.

Ihr Vater rührt sich. Er dreht sich um.

Dad?, sagt sie.

Er gibt ein kleines Schnarchgeräusch von sich, schläft aber weiter.

Vielleicht ist es doch keine gute Idee, ihm das Bild zu geben.

Vielleicht macht es ihn nur wütend oder traurig.

Sie schleicht auf Zehenspitzen hinaus und geht nach unten ins Wohnzimmer. Dort zieht sie ein schweres Buch über Astronomie aus dem Regal, schlägt es auf und legt ihr Bild vorsichtig hinein. Dann blättert sie in den Seiten, betrachtet die Sterne und das Sonnensystem und die pockennarbige Oberfläche des Mondes.

Danach malt sie ihre Mutter über dreißig Jahre lang nicht. Als sie es schließlich tut, zeichnet sie sie, wie sie in eine Fernbedienung singt, und schickt das Bild ihrem Vater, zusammen mit einem Buch über Ukulelen, das sie in einem Antiquariat gefunden hat.

Hinterher wünscht sie sich, sie hätte es nicht getan.

Seit sie das Päckchen abgeschickt hat, fühlt sie sich klein und verletzlich. Sie tut nichts anderes mehr, als auf seine Reaktion zu warten. Selbst wenn sie mit anderen Dingen beschäftigt ist, ist ihr bewusst, dass sie wartet. Sie wartet schon sehr lange. Seit ihre Mutter gestorben ist, hat sie einen großen Teil ihres Lebens damit verbracht, das Gesicht ihres Vaters zu beobachten und auf die richtige Reaktion zu warten, auf die, an der sie sich festhalten kann wie an einem lange verloren geglaubten Schatz, einem Schlüssel zu einem besseren Leben.

All die gut gemeinten Worte, die die Leute im Laufe der Jahre zu ihr gesagt haben: dass sie ihre Mutter loslassen soll.

Es waren die richtigen Worte, aber auf den Falschen bezogen.

Es ist ihr Vater, den sie loslassen muss.

Und sie wünscht sich, sie hätte die Zeichnung von ihrer Mutter behalten.

Liebe Mum,
ich war gerade bei der Post. Ich habe Dad ein Buch geschickt und eine Zeichnung von Dir, wie Du herumalberst.

Ich hatte ganz vergessen, wie lustig Du sein konntest.
Hier sind noch ein paar Sachen, die ich vergessen hatte:
Du mochtest Kreuzworträtsel, Krimis, *The Good Life* und *Rising Damp*.
Du mochtest Arme Ritter, Brathähnchen und *Sherry Trifle*.
Und wir konnten Dich ganz leicht zum Lachen oder Weinen bringen. Ich bin da anders. Ich weine nur selten, und ich bin auch nicht so ein Scherzbold. Ganz bestimmt würde ich nicht mit einem Schlüpfer auf dem Kopf ins Wohnzimmer kommen, wie Du es mal an einem Sonntagabend getan hast, als Du unsere muffelige Laune satthattest. Vielleicht sollte ich so was mal tun, um Ruth zum Lachen zu bringen. Einmal hast Du Dir auch ein Nudelsieb auf den Kopf gesetzt, und ich war so verstockt, dass ich nicht mal gelächelt habe. Aber das gehört zu den Erinnerungen, die ich lieber wieder vergessen möchte.
Alles Liebe
Sydney

Dusty Springfield

Heilige Schmeißfliege, sagt Belle, als sie sich zu weit nach links beugt und beinahe das Gleichgewicht verliert.

Sie steht im Schaufenster der Buchhandlung auf einer Leiter und befestigt kleine Lesungsplakate an einer Infotafel.

Versucht, die Schaufensterdeko sexy zu gestalten, hat die Chefin zu ihnen gesagt, schließlich ist unser kleines Literaturfestival sexy, okay? Bei Yvonne Partridge dreht sich alles um Sex, und für sie ist nichts so sexy wie Bücher. Das Problem dabei ist, dass sie davon mehrere pro Woche liest und von ihren Angestellten dasselbe erwartet. Und Belle schafft das einfach nicht. Sie begreift nicht, wie jemand so schnell lesen kann. Yvonne muss die Bücher wie einen Hürdenlauf angehen, bei dem sie immer wieder ganze Absätze überspringt. Belle liest lieber langsam, wandert hierhin und dorthin, kehrt zu Lieblingsstellen zurück und stellt Verbindungen her. Sie geht gerne nah heran und tritt dann wieder zurück, um die ganze Gestalt eines Buches wahrzunehmen. Manche Sätze sind so lebendig, als hätten sie einen Puls, und dann streicht sie mit dem Finger darüber, um ihn zu spüren. Doch so wird man keine belesene Buchhändlerin. Für Yvonne zählt nicht, wie man liest, sondern wie viel. Sie will, dass Belle schneller macht, die *Spitzentitel absorbiert, mehr Content konsumiert*. Das klingt ja so, als sollte ich die verdammten Dinger essen, hat Belle darauf gesagt.

Jetzt beobachtet Yvonne vom Tresen aus, wie sie auf der Leiter herumeiert. Belle lächelt und versucht, souverän auszusehen.

Sie trägt grüne, fingerlose Handschuhe, einen weinroten Rollkragenpullover, Jeans mit Schlag und braune Schuhe. Dexter kniet unter der Leiter, ebenfalls im Schaufenster, und er hat einen dicken cremeweißen Strickpulli, eine Latzhose und Wanderschuhe an. Er ist vollkommen vertieft in seine Aufgabe, nimmt Bücher von einem Stapel und legt sie hierhin oder dorthin oder vielleicht doch lieber ganz woandershin. Jedes dieser Bücher ist frisch erschienen, darunter ein indisches Kochbuch, ein experimenteller Roman, ein Thriller und ein wieder aufgelegter historischer Roman einer Autorin, von der kaum noch etwas lieferbar war, bis eine andere Autorin sie entdeckt und im *New Yorker* darüber geschrieben hat, und jetzt sind ihre Bücher vor der Auslöschung gerettet, abgestaubt und in glänzende neue Umschläge gesteckt worden. Dann gibt es eine Star-Autobiografie, einen Ratgeber über die Macht der Dankbarkeit, ein Memoir von einem Sportreporter, Gedanken über den Tod von einem Tierfotografen und eine Sammlung von Kichererbsen-Rezepten für alle Gelegenheiten. Und dann ist da noch Dexters neuestes Lieblingsbuch: *Die frühe Manifestation der Liebe*, ein vierhundert Seiten langes Gedicht über unsere völlig ruinierte Welt.

Dexter hat ein Interview mit dem Autor gelesen, in dem dieser den Titel des Buchs erklärt. Die Liebe erscheint erst kurz vor dem Ende, sagte der Autor, obwohl sie eigentlich gar nicht darin vorkommen sollte. Es sollte ein rein politisches Werk werden, aber dann ist die Liebe einfach hereingestürmt und hat sich darin eingenistet, wie es nur die Liebe kann. Dieses heimtückische kleine Mistding, sagte der Dichter. Die Liebe überkam ihn wie eine Grippe. Er ging in Deckung und nahm Vitamine, Lebertran, Antidepressiva, Echinacea, Präbiotika und Probiotika. Er hatte die Liebe schon einmal erlebt und wusste, dass dabei nichts Gutes herauskam. Das Beste war, das Frühstadium über sich ergehen zu lassen, viel zu trinken und sie so schnell wie möglich aus dem Körper zu spülen.

Dexter war begeistert von dem Interview. Endlich jemand, der seine Ansicht bestätigte, dass man die Liebe besser den Verrückten überließ, die bereit waren, diese monumentale, gefährliche Aufgabe in Angriff zu nehmen, als wäre sie so harmlos wie das Aufhängen von Wäsche. Für ihn war das romantische Ideal so absurd wie ein extremistischer Glaube – all diese Bekehrten, die sich im Namen der Liebe in die Luft sprengten.

Im Grunde geht es in jedem dieser Bücher um Liebe, dachte er, sogar in den Kochbüchern. Ein Biryani für das erste Date, eine herzförmige Kichererbsen-Frittata zum Valentinstag. Warum sind wir alle so empfänglich für etwas so Schädliches? Die Gewinne machen die Verluste nicht wett. Das Schöne wiegt das Schlimme nicht auf.

Ja, ganz recht: Gebranntes Kind scheut das Feuer. Mit zweiundzwanzig war er mit Abbie zusammengezogen, und drei Jahre später teilten sie ihre Besitztümer auf in seine und ihre (hauptsächlich ihre). Nach dem Auszug schlief Dexter, ohne Abbie etwas davon zu sagen, noch eine Woche auf dem Fußboden ihres einstigen Schlafzimmers, bis ihr Mietvertrag offiziell endete, bis die Vermieterin kam und überall herumschnüffelte, alles inspizierte und Fotos von allem machte: Wände, Teppich, Ofen, Dusche, Waschbecken, Toilette und so weiter. Sieht gut aus, sagte sie. Sieht aus, als würden Sie Ihre volle Kaution zurückbekommen. Wohin ziehen Sie beide denn jetzt, haben Sie etwas Schönes gefunden?

Er erzählte ihr, sie würden aus der Stadt rausziehen. Mehr Platz fürs gleiche Geld, und sogar ein kleiner Garten, sagte er, obwohl er sich dafür hasste. Er beschrieb ihr das kleine Haus und den Hund, den sie sich zulegen würden, sobald sie eingerichtet waren. Noch Monate danach verfolgte ihn diese Geschichte, lief in seinem Kopf wie ein Wohlfühlfilm, obwohl er sich dabei alles andere als wohlfühlte.

Es dauerte vier Jahre, bis er sich davon erholt hatte – falls man es so nennen konnte. Jetzt hat er eine neue Wohnung, ganz für sich allein, und er hat sich geschworen, sie niemals mit jemand anderem zu teilen. Und um sich stets an die Gefahren zu erinnern, hat er noch immer einen leeren Umzugskarton in seinem Schlafzimmer, auf den sie mit Filzstift geschrieben hat: *Ds Küchenkram.*

Das ist einer der Gründe, weshalb Dexter Belle bewundert. Sie scheint von Natur aus ein Wissen um die Liebe zu besitzen, ohne erst durch die Hölle gegangen zu sein, um es zu erlangen. Sie ist nicht auf der Suche, putzt sich nicht heraus, schwärmt nicht von irgendwelchen Typen. Und es kümmert sie auch nicht, was die Leute über sie denken.

Heilige Schmeißfliege, sagt sie.

Was ist das denn für ein Ausdruck?

Hm?

Heilige Schmeißfliege.

Das ist ein Belle-Schaefer-Ausdruck.

Er lächelt. Magst du indisches Essen?, fragt er und blättert in dem Kochbuch.

Na klar, sagt sie. Ich liebe Zwiebel-Bhajji.

Was?

Ich sagte, ich liebe Zwiebel-Bhajji, wiederholt sie etwas lauter, weil Yvonne die Musik aufgedreht hat: »I Close My Eyes and Count to Ten« von Dusty Springfield.

Und ich liebe diesen Song, sagt Dexter. Im Grunde ist es das perfekte Liebeslied, wenn man genau zuhört.

Was?

Hör einfach zu, Belle.

Würde ich ja, wenn du mal still wärst.

Der Text ist voller Verlangen, sagt er, aber die ganze Atmosphäre des Songs ist unheilvoll und düster. Ich glaube, Dusty wusste Dinge, die die meisten Menschen nicht wissen, und deshalb hat sie so gelitten.

Wovon redest du?

Sie ist einfach genial, sagt er. Ich meine, denk doch nur mal an »The Windmills of Your Mind« und wie sie das singt.

Belle blickt zu ihm hinunter. Er sieht ganz ernst aus, und seine Augen glitzern verdächtig. Den Song kenne ich nicht, sagt sie.

Echt nicht?

Er fängt an, den Text zu zitieren, und es klingt wie ein geheimnisvolles Gedicht, ganz schön sogar, aber sie versucht, ihn nicht zu beachten. Er macht sich wieder wichtig, denkt sie wie jedes Mal, wenn er über etwas spricht, wovon sie keine Ahnung hat.

Dusty Springfield ist für die Musik, was Patricia Highsmith für die Literatur ist, sagt er.

Sie verdreht die Augen und klettert die Leiter hinunter.

Dexter steht auf und jammert, dass ihm die Knie wehtun. Dann macht er eine ausholende Armbewegung. Na, wie findest du's?, fragt er.

Was denn?

Das Ergebnis meiner Arbeit, sagt er und deutet mit dem Kopf auf das Schaufenster.

Du meinst wohl das Ergebnis *unserer* Arbeit, sagt sie.

Beide mustern schweigend das Werk des jeweils anderen.

Nicht übel, sagt er. Auch wenn einige deiner Plakate ein wenig schief hängen.

Tun sie nicht.

Doch, tun sie. Ein bisschen.

Und warum liegen da viel mehr Ausgaben von *Die frühe Manifestation der Liebe* als von den anderen Büchern?

Weil es einfach großartig ist.

Aber dadurch sieht es so aus, als wäre seine Lesung ein richtig großes Ereignis. Und das ist sie nicht.

Für mich schon, sagt er. Ich kann es kaum erwarten, ihn kennenzulernen. Hat dir das Buch nicht gefallen?

Es ist doch gerade erst erschienen, sagt sie mit einem müden Seufzer.

Er hält mich bestimmt für eine totale Niete, denkt sie.

Diese fingerlosen Handschuhe gefallen mir, denkt er.

Er nimmt eine Ausgabe von *Die frühe Manifestation der Liebe* in die Hand. Im Grunde, sagt er, geht es darin um den Zustand der Welt – um Leichen, die ans Ufer gespült werden, narzisstische Psychopathen, die andere Leute als krank bezeichnen, und Türen, die sich auf globaler Ebene schließen und Menschen aussperren. Aber dann befasst es sich mit der Liebe und damit, wie verrückt und egoistisch sie uns machen kann.

Du bist heute aber sehr gesprächig, sagt sie.

Bin ich das? Meinst du damit, ich sollte lieber die Klappe halten?

Sie lächelt. Vielleicht, sagt sie.

Ich dachte nur, das Buch würde dir gefallen.

Warum?

Wegen der Einstellung zur Liebe.

Woher weißt du denn, was ich für eine Einstellung zur Liebe habe?

Na ja, ich hatte den Eindruck, dass du damit nicht so viel am Hut hast, jedenfalls nicht im engeren Sinne. Eher im größeren Kontext, Gemeinde und Nachbarschaft und so.

Sie hat keine Ahnung, worauf er hinauswill. Was soll das heißen?, fragt sie.

Ich meine ja nur.

Was meinst du?

Er überlegt einen Moment. Ich weiß nicht, wie du tickst, sagt er dann.

Und was soll das jetzt wieder heißen?

Na ja, du bist irgendwie anders. Ich habe von dir noch nie gehört, ob du einen Freund hast, oder ob du irgendwen attraktiv findest. Es ist fast so, als hättest du diesen Teil des Lebens gar nicht auf dem Schirm. Oder du sprichst einfach nicht gerne darüber.

Aus dem Augenwinkel sieht Belle, wie Yvonne an einem Tisch in der Nähe einen Stapel Kinderbücher zurechtrückt. Wahrscheinlich ist sie neugierig. Oder sie gibt ihnen gleich eins auf den Deckel, weil sie zu viel reden. Belle schaut hoch zu den Plakaten. Dexter hat recht, ein paar hängen schief. Dann wendet sie sich wieder ihm zu, sieht ihm direkt in die Augen.

Ich bin asexuell, sagt sie. Ist es das, was du hören willst? Willst du, dass ich mich oute? Bitte sehr, ich bin altmodisch, altbacken und asexuell.

Wow, sagt er in ihr rotes Gesicht.

Wow? Mehr fällt dir dazu nicht ein?

Das ist alliterierend.

Na toll, ich erzähle dir etwas ganz Intimes über mich, und du beleidigst mich.

Nein, das bedeutet einfach nur, dass alle drei Adjektive mit dem gleichen Buchstaben anfangen.

Warum tust du das? Warum musst du immer solche Wörter benutzen?

Was denn für Wörter?

Die niemand sonst benutzt. *Homogen* zum Beispiel. Wer sagt denn so was im normalen Leben?

Tut mir leid, sagt er. Er würde sie gerne fragen, was das normale Leben ist, lässt es jedoch lieber bleiben. Er schämt sich, weiß aber nicht, warum.

Davon mal abgesehen: Was bist *du* denn?, fragt sie. Du bist doch genauso wie ich, oder?

Was meinst du?

Asexuell.

Jetzt zuckt seine Nase ganz komisch.

Bist du's, oder bist du's nicht?

Nun ja, sagt er.

Das ist doch eine ganz einfache Frage.

Donnerwetter, jetzt gibt sie aber Gas, denkt er. Sie sieht richtig wütend aus, und das hat er bei ihr noch nie erlebt. Faszinierend.

Ich finde es großartig, dass du asexuell bist, sagt er. Ich wette, eine Menge Leute sind asexuell, sie geben es bloß nicht zu. Ich bin abstinent, wir sind also quasi auf derselben Seite.

Was heißt das denn jetzt schon wieder?

Ich lebe enthaltsam. Ohne Sex.

Ihr zwei redet ja ganz schön viel über Sex, dafür, dass ihr es nie tut, sagt Yvonne plötzlich von hinten.

O Gott, sagt Belle, die vor Verlegenheit nicht weiß, wohin mit sich. Am liebsten würde sie sofort im Boden versinken.

Wollt ihr wissen, was der Unterschied ist zwischen jemandem, der asexuell ist, und jemandem, der abstinent ist? Einer davon ist ein Wichser, sagt Yvonne. Dann lacht sie schallend und geht weg.

Belle steht wie zur Salzsäule erstarrt da und kneift die Augen zu, als könnte sie Dexter und Yvonne und die ganze Welt dadurch verschwinden lassen, oder wenigstens sich selbst.

Tut mir wirklich leid, sagt Dexter. Ich hab nicht gesehen, dass sie da stand. Und ich hätte dich nicht so bedrängen sollen.

Ihre Augen sind immer noch geschlossen.

Belle?

Was.

Alles in Ordnung?

Ich brauche nur einen Moment.

Okay.

Er betrachtet Belle. Sie sieht aus, als würde sie im Stehen schlafen, oder wie eine von den lebenden Statuen auf der High Street. Er lauscht der Musik von Dusty Springfield, während er sie anschaut wie ein Gemälde. Ihre Locken sind heute lockiger als sonst, und ihm fällt jetzt erst auf, wie buschig ihre Augenbrauen sind. Nicht zu schmalen, überraschten Strichen gezupft wie die von Yvonne.

Kann ich dich noch was fragen, wenn ich verspreche, dass ich uns einen Tee koche?

Nein, sagt sie, immer noch mit geschlossenen Augen. Oder doch, meinetwegen. Aber ich will Kekse dazu. Und zwar welche mit Schokolade.

Einverstanden, sagt er. Stört es dich, dass du asexuell bist? Ich meine, macht es dir etwas aus?

Jetzt öffnet sie die Augen. Sie sehen röter aus als zuvor. Natürlich macht es mir etwas aus, sagt sie.

Was nicht stimmt. Wegen all ihrer freiwilligen Verpflichtungen – Hund ausführen, Schwein ausführen, sich um Autoren, Otter *und* ihre Mutter kümmern, ganz zu schweigen von dem ganzen Gemüse im Schrebergarten – ist Belle zu beschäftigt, um überhaupt darüber nachzudenken. Sie hat sich ihr Leben so mit Oberflächlichem vollgepackt, dass darin kein Platz mehr für etwas Bedeutsames ist. Du hast dir den Teller zu voll gepackt, hat ihre Mutter mal zu ihr gesagt, und ausnahmsweise hatte sie damit recht. Deshalb kümmert Belle ihre Sexlosigkeit nicht sonderlich.

Okay, sagt er. Tee und Schokokekse.

Als er auf die kleine Küche zusteuert, tippt ihm ein älterer Mann mit roter, runder Brille auf die Schulter. Was für einen Klassiker können Sie mir empfehlen?, fragt er.

Was für eine Art Klassiker?

Für meine Frau, sagt der Mann so laut, dass man es im ganzen Laden hören kann.

Was liest sie denn gerne?

Sie mag die Kombination von Unterdrückung und Sinnlichkeit.

Das ist sehr präzise, sagt Dexter.

Allerdings, sagt der Mann mit selbstzufriedener Miene. *Lady Chatterley* hat ihr gefallen. Haben Sie etwas Ähnliches?

Kennt sie *Der Regenbogen* schon?, fragt Dexter. Oder *Sturmhöhe*? Das wäre vielleicht etwas für sie.

Sehr schön, sagt der Mann. Und wo finde ich die Bücher? Ich nehme beide. Meine Frau ist nämlich krank, wissen Sie, und dann ist sie nicht zu ertragen.

Ich zeige es Ihnen, sagt Dexter.

Kaum dass der Mann den Laden verlassen hat, ruft Yvonne Dexter und Belle zu sich. Ich will mit euch reden, und zwar sofort.

Die drei stehen am Tresen, trinken Tee und essen Kekse.

Also, sagt Yvonne. Der Herr eben hat etwas bestätigt, das ich mir sowieso schon überlegt hatte. Ich möchte hier ein paar Änderungen vornehmen, damit wir *up to date* bleiben.

Puh, denkt Belle. Als ob wir im neunzehnten Jahrhundert stecken geblieben wären.

Er hat sich so über deine Empfehlungen gefreut, sagt Yvonne.

Danke, sagt Dexter.

Und genau das wollen die Leute heutzutage. Sie wollen, dass man ihnen sagt, was sie tun sollen, wohin sie gehen sollen, was sie essen, denken und lesen sollen. Die Leute wollen Bewertungen und Anregungen: Wenn Ihnen dies gefallen hat, wird Ihnen auch das gefallen. Außerdem wollen sie *alles* kommentieren.

Belle verdreht innerlich die Augen.

Und deshalb habe ich die hier anfertigen lassen, sagt Yvonne.

Sie kramt in ihrer riesigen Handtasche, dann tritt sie einen Schritt vor und heftet Belle einen Anstecker an den Rolli.

Belle ist entsetzt. Sie liebt diesen Rolli, er leistet ihr schon seit fünf Jahren treue Dienste und hat keinerlei Löcher oder Ziehfäden. Wie kann Yvonne es wagen, eine Nadel hineinzustechen? Das ist übergriffig. Und es ist eine Frage der Macht. Sie würde nie auf die Idee kommen, eine Nadel in Yvonnes Pullover zu stechen – zum einen würden dabei womöglich die Ballons in ihrem BH kaputtgehen, und zum anderen wäre es total respektlos.

Sie blickt hinunter auf den Anstecker.

WAREN SIE MIT MEINEM SERVICE ZUFRIEDEN?

Ist nicht dein Ernst, sagt Belle.

Jetzt heftet Yvonne auch einen an Dexters Strickpulli.

Das ist ein Witz, oder?, sagt Dexter.

So läuft es nun mal, sagt Yvonne. Wir müssen mit der Zeit gehen.

Grundgütiger, sagt Dexter.

Ihr werdet euch schon dran gewöhnen, sagt Yvonne. Vor allem, wenn ihr jede Menge *wunderbares* Feedback bekommt.

Feedback ist der Fachausdruck für eine unerwünschte Klangverzerrung, sagt Dexter.

Ich richte eine Feedbackseite auf unserer Homepage ein, sagt Yvonne unbeirrt. Wenn die Kunden ihren Namen und ihre Adresse eintragen, nehmen sie an einem Preisausschreiben teil.

Und was ist der Preis?, fragt Belle.

Mal schauen. Vielleicht eine signierte Erstausgabe oder die Eintrittskarte zu einer Lesung. Oder, noch besser: eine persönliche Beratung durch den Verkäufer mit dem besten Rating.

Rating?, sagt Belle.

Ihr findet heraus, was derjenige mag, und gebt ihm mehr davon, sagt Yvonne.

Aber das tun wir doch jetzt schon, sagt Dexter. Das ist schließlich unser Job. Warum sollte das ein besonderer Preis sein?

Weil sie eine ganze Stunde lang eure ungeteilte Aufmerksamkeit bekommen, sagt Yvonne. Wo kriegt man das heutzutage sonst noch?

Beim Therapeuten, sagt Dexter.

Eben.

Ich rede gerne mit jedem über Bücher, sagt Belle, aber warum muss ich ein Rating dafür bekommen? Was ist, wenn den Leuten meine Vorschläge nicht gefallen? Geschmack ist schließlich subjektiv.

Genau, sagt Dexter. Ich schlage nämlich nicht immer etwas Ähnliches vor. Manchmal sage ich auch: Wenn Ihnen dieser Winterroman gefällt, schauen Sie sich doch mal diesen Kunstband mit Schneebildern an.

Ja, sagt Belle. Oder: Wenn Ihnen dieses Memoir von einem Künstler gefällt, der in einem schrulligen alten Haus lebt, ist dieses Buch über Shabby-Chic-Einrichtung vielleicht etwas für Sie.

Oder, sagt Dexter, wenn Ihnen dieser Roman gefallen hat,

der in Paris spielt, wie wäre es dann mit diesem neuen französischen Kochbuch?

Oder –

Stopp, hört auf, sagt Yvonne. Das will doch niemand. Jeder will mehr von dem, was ihm bereits gefällt. Ich versuche, den Laden hier am Laufen zu halten, um euch bezahlen zu können, kapiert?

Aber, sagt Dexter, manchmal wissen wir nicht, was uns gefällt, bis wir es gefunden haben, und dann ist es vielleicht vollkommen anders als das, was wir kennen.

Ganz genau, sagt Belle.

Yvonne holt tief Luft und brüllt: Schluss jetzt! Sie hat die Schnauze gestrichen voll von ihren neurotischen, arroganten, halsstarrigen Verkäufern und würde ihnen am liebsten einen Baseballschläger über den Kopf ziehen. Ihr Mund ist zu einer schmalen Linie zusammengepresst, und sie hat die Schultern zurückgezogen und die auf Körbchengröße E aufgepolsterten Brüste vorgeschoben, sodass sie in den Raum ragen wie der Bug eines Kriegsschiffes. Das tut sie immer, wenn ihr etwas nicht passt.

Auch Dexter kocht vor Wut. Ich will ja nicht unhöflich sein, sagt er, aber dieser Anstecker ist geschmacklos.

Sei ein braver Junge und trag ihn mit Stolz, sagt Yvonne. Außerdem wird es doch spannend zu sehen, wer von euch das beste Feedback bekommt, oder?

Ha! Nehmt das, ihr Grünschnäbel, denkt sie. Teile und herrsche, so leitet man ein Team.

Dexter und Belle sehen sich an, und zum ersten Mal springt dabei ein Funke über.

Ein Funke der Empörung.

Dein Feuer

Sie spricht schnell und wild, mit lockerer Zunge und fliegenden Händen, über die Zeit und die Jahreszeiten und darüber, wie die Dinge sind und wie sie nicht sind. Sie ist ganz außer sich vor Freude, ihn zu sehen. Andy, ihr Andy. Hier bei ihr am Strand, auf ihrem Felsen.

Er lacht.

Er lacht, während sie Worte zu Papiersträngen zusammenrollt, zu Anzündholz zerbricht, zu Scheiten hackt und daraus am Strand ein Feuer macht, um seine toten Hände zu wärmen. Bis das Feuer richtig brennt, reibt sie seine Hände zwischen ihren, bläst ihren warmen Atem auf seine Finger.

Sie malt mit Worten Bilder von all den Tagen und Monaten und Jahren, die er verpasst hat, von all den Frühlingen und Sommern und Herbsten und Wintern. Aber wenn ich ehrlich bin, sagt sie, kommt es mir manchmal so vor, als wäre jeder Frühling wie all die anderen Frühlinge, die ich erlebt habe. Oder als wären alle Jahreszeiten gleich, als gäbe es keine Zyklen, keine wirkliche Veränderung, während die Zeit vergeht und die Blätter fallen und die Knospen sprießen und alles von Neuem beginnt. Verstehst du, was ich meine, Andy?, fragt sie ihn, während das Feuer knisternd Feuer spuckt und immer größer wird, bis es fast so groß ist wie das Meer. Das weite alte Meer, in dem sie verschwinden könnte. Sie hat es sich schon oft vorgestellt, wie sie hineinwatet, die plötzliche Kälte, die sie umfängt und in der sie versinkt.

Du hast mir so gefehlt, sagt sie. Weißt du noch, wie wir uns eigene Worte für bestimmte Dinge ausgedacht haben? Aber es gibt keine Worte dafür, wie sehr du mir gefehlt hast, jedenfalls keine, die dem gerecht werden.

Er lächelt. Sieh dir dein Feuer an, sagt er. Das spricht Bände.

Ja, aber ich bin eine ganze Bibliothek, sagt sie. Für dich, Liebster, bin ich größer als die Library of Congress, die British Library und die New York Public Library zusammen.

Freut mich, dass du deinen Lebensfunken nicht verloren hast.

Da irrst du dich. Mein Lebensfunke ist zerkratzt und zerbissen wie ein Vogel im Maul einer Katze, an die Stoßstange eines Autos gebunden wie eine leere, zerdrückte Dose bei einem frisch verheirateten Paar. Mein Lebensfunke ist zwischen die Seiten der Geschichte eines anderen gepresst. Aber er war nie bei mir.

Er lacht.

Das ist nicht komisch, sagt sie.

Tut mir leid, aber was du gesagt hast, erinnert mich an einen Song.

An welchen denn?

Er beginnt, eine Melodie zu summen.

»I've Never Been to Me«, sagt sie und verdreht die Augen. Wieso kennst du den überhaupt? Du warst doch gar nicht mehr da, als er rauskam.

Ich weiß es nicht, sagt er. Vielleicht, weil du ihn kennst.

Wie auch immer. Mein Lebensfunke, wie du ihn so treffend genannt hast, ist wie ein Glühwürmchen, das in einem Glas gefangen ist. Ich habe ihn ein paarmal gesehen, abends, hinter der Schaufensterscheibe einer Galerie.

Warum bist du nicht hineingegangen und hast versucht, ihn zu fangen?

Das wäre Einbruch, und das Letzte, was ich brauche, ist ein neues Gefängnis. Aber sag mal, Andy, wie kommt es, dass ich auf einmal dauernd von dir träume?

Hm, sagt er. Er erhebt sich von dem Felsen, massiert sich den Rücken, als schmerze er wie bei einem echten, lebendigen Menschen, und überlegt. Vielleicht wirst du wieder mehr zu der Frau, die mich einst geliebt hat.

Wie meinst du das?, fragt sie.

Nach dem, was ich gelernt habe, seit ich tot bin, passiert so etwas bei den meisten irgendwann.

Was passiert irgendwann?

Dass die Lebenslinie eines Menschen die Richtung wechselt, dass sich ein Kreis schließt, sagt er. Es ist aber keine Reise zurück, denn es geht niemals zurück, sondern der Mensch durchläuft alle Ichs, die er mal gewesen ist, und dann öffnet sich etwas, und er kann entscheiden, wer er sein will. Es ist ein ganz besonderer Augenblick im Leben eines Menschen.

Hm, das klingt ja sehr interessant, aber auch ganz schön abgehoben. Wenn ich dich richtig verstehe, geht es in meinen Träumen also gar nicht um dich, sondern um mich und um die Version meines Ichs, die dich einst geliebt hat. Deshalb bist du hier.

Ja, genau.

Das ist Quatsch.

Wieso?

Weil alle meine Ichs dich geliebt haben und immer noch lieben.

Während sie spricht, dirigiert sie das Feuer, als wäre es ein Orchester.

Jetzt ist auch Musik zu hören. Bach natürlich. Maria liebt Bach.

Andy blickt hinunter auf seine handgenähten italienischen Schuhe. Qualitätsarbeit, denkt er. Die haben deutlich länger gehalten als ich. Dann sieht er wieder Maria an. Ich hatte befürchtet, dass du das sagen würdest. Ich dachte, ich könnte dich davon abbringen.

Träum weiter, sagt sie. Du siehst übrigens immer noch so gut aus wie früher. Du bist kein bisschen älter geworden.

So ist das halt im Tod. Es ist nur die Zeit, die uns altern lässt, und die hat mich verschont.

Soll ich dir noch was sagen?, fragt sie.

Nur zu.

Ich fühle mich so verloren. Ich weiß nicht, wer ich bin und was ich hier mache, und ich habe das Gefühl, ich habe so viel Zeit vergeudet, dass es jetzt zu spät ist für einen Neuanfang. Ich wünschte, ich könnte dieses Leben einfach weglegen und ein neues beginnen, es diesmal besser machen, die Zeit besser nutzen.

Er nickt. Deshalb ist es so gefährlich, Dinge aufzuschieben, sagt er. Das ist wie ein Sumpf, aus dem man nicht mehr herauskommt. Je länger es dauert, bis man eine Entscheidung trifft und tut, was getan werden muss, desto schwerer wird es. Alles erscheint einem sinnlos. Es ist schon so viel Zeit vergangen, dass man ohnehin nicht mehr schafft, was man hätte schaffen können, wenn man rechtzeitig angefangen hätte, wozu sich also die Mühe machen?

Ja, genau, sagt sie. Warum sollte ich mir die Mühe machen?

Weil du lebst, sagt er. Du könntest anderen Menschen helfen. Was ist aus deinem Kampfgeist geworden?

Für so was bin ich zu schwer und zu deprimiert.

Du bist nicht schwer. Ich wette, ich könnte dich immer noch hochnehmen und über den Strand tragen.

Das meine ich nicht, sagt sie. Ich weiß nicht, ob du das verstehst, Andy. Ich spreche von der Last der vergeudeten Zeit, die man mit sich herumschleppt, und der Trauer um das nicht gelebte Leben.

Letzteres verstehe ich sehr gut, sagt er.

Entschuldige, sagt sie. Wie gedankenlos von mir, über vergeudete Zeit zu jammern, während deine mitten durchgeschnitten wurde wie ein Band.

Sie blickt hoch, und in dem Traum flattert direkt über ihr ein orangefarbenes Band in der Luft.

Er greift danach. Dieses Band ist real und hübsch und funkelnagelneu, sagt er. Aber als Bild passt es nicht. Bänder werden für gewöhnlich zerschnitten, wenn etwas feierlich eröffnet wird, zum Beispiel ein Gebäude, und nicht, wenn etwas endet.

Stimmt, sagt sie. Ich wünschte, du wärst am Leben geblieben, um mir zu zeigen, wo ich falschliege. Ich weiß nicht, wie ich auf dieses Band gekommen bin. Kann ich es haben?

Er gibt es ihr, und sie wickelt es um ihr Handgelenk.

Es passt zu dir, sagt er. Du bist leuchtend orange, du bist Feuer und Wasser, du bist alles, was du sein willst.

Das stimmt leider nicht, sagt sie.

Das stimmt leider doch, sagt er. Leider deshalb, weil ich es nicht miterleben werde. Und weil du es nicht sehen kannst, jetzt nicht und vielleicht auch nie. Und noch etwas: Wir alle sind über unser Unbewusstes miteinander verbunden. Wir sind nicht getrennte Einzelwesen, sondern wir lösen etwas ineinander aus, stoßen etwas ineinander an. Das ist das, was wir Zufall, Fügung, Synchronizität nennen. Das Telefon klingelt, und du sagst, witzig, ich hab grad an dich gedacht. Oder du denkst an jemanden, und dann läuft er dir über den Weg. Oder du träumst von irgendeinem scheinbar zufälligen Gegenstand, und am nächsten Tag siehst du ihn vor dir.

Wir sind ganz schön überdreht, nicht?, sagt Maria grinsend. Wenn ich so überdreht bin, kriege ich von Jon immer zu hören, ich soll mich beruhigen. Er behauptet, ich wäre hormongesteuert, hysterisch und all diese frauenfeindlichen Sachen.

Dann lass uns zusammen überdrehen, sagt er. Lass uns überschießen, überfliegen.

Und was wäre, wenn ich sagen würde, ich überliebe dich?

Er lacht und hebt sie hoch und stellt sie wieder hin, und dann hebt sie ihn hoch und wirft ihn sich über die Schulter, die ganze lebendige Last seines Wesens, und rennt über den Strand, schneller, als sie es je für möglich gehalten hätte, und dann sind sie im Meer, zwei Flammen, die im Wasser umeinandertanzen, und dann sind sie kleine orangerote Fische, die nebeneinanderschwimmen, und dann sind sie verschwunden.

Sich vor allen Leuten ausziehen

Wie ist denn der Stand der Dinge?, fragt Belle. Was sagen die Ärzte?

Sie hat eine Gehirnerschütterung und einen Oberschenkelhalsbruch, sagt Ruth. Sie haben sie schon operiert, aber sie wird noch eine ganze Weile Krücken brauchen und Physiotherapie und Gott weiß was sonst noch.

Puh, sagt Belle.

Jepp, sagt Ruth.

Zwei Frauen am Strand. Handschuhe, Mützen, Pappbecher mit Kaffee.

Neben ihnen tobt ein kleiner Hund mit einem sehr großen, ein agiler, hüpfender Terrier mit einem langsamen, schlaksigen Wolfshund. Hinterteile in die Luft, dann ein Sprung, ein Ringen, ein spielerischer Biss ins Ohr, und schon jagen sie wieder los, wobei Otto immer wieder innehält und sich umblickt, als wollte er sagen, *wo bleibst du denn, na los, komm schon*.

Die beiden scheinen sich zu mögen, sagt Ruth.

Belle lächelt. Sie liebt es, Stuart zuzuschauen, könnte den ganzen Tag damit zubringen. Sie sehen immer so fröhlich aus, sagt sie.

Apropos fröhlich, sagt Ruth. Sydney hat definitiv was am Kopf. Normalerweise hasst sie Krankenhäuser, aber gestern war sie total lustig und seltsam und hat mir eine Packung Smarties mit einer Schleife drum herum geschenkt.

Belle lacht. Vielleicht liegt es an den Medikamenten.

Ja, kann sein. Ich wünschte, sie würden Howard auch welche geben. Er war seit der OP erst einmal bei ihr und da auch nur für zehn Minuten.

Hm, das klingt gar nicht gut.

Es ist kompliziert, sagt Ruth.

Sie sind seit sieben Uhr draußen, wandern in den anbrechenden Tag, weil sie beide nicht schlafen konnten.

Oh, schauen Sie mal, da, sagt Belle und stupst Ruth in die Seite.

Was denn?

Die Frau da drüben.

Ruth blickt in die angegebene Richtung. Da ist eine Frau, die sich hin und her wiegt, dicht am Wasser, als würde sie mit dem Meer tanzen.

Das macht sie jeden Tag, sagt Belle.

Ich wünschte, ich wäre so ungehemmt, sagt Ruth. Wie heißt sie denn?

Keine Ahnung.

Wohnt sie hier?

Belle nickt.

Sie tanzt jeden Tag am Strand, und Sie wissen nicht, wie sie heißt?

Wir ignorieren sie mehr oder weniger. Das machen alle so.

Das ist doch schrecklich, sagt Ruth.

Ja und nein. Es ist nicht so leicht, Gewohnheiten zu ändern. Alle dachten, sie wäre plemplem, weil sie so mit dem Meer und für das Meer tanzt, also haben sie sie nicht weiter beachtet. Und jetzt ist es so eingefahren, dass man es nicht mehr ohne Kraftaufwand ändern kann. Vielleicht gefällt es ihr ja, dass wir sie in Ruhe lassen?

Ruth lächelt. Sie mag Belle. Sie ist offen und geradeheraus, und man kann gut mit ihr reden, auf eine mäandernde Weise, sodass sich das Gespräch anfühlt wie eine Reise, auf der man die falsche Abzweigung nimmt und sich verläuft und an einem Ort landet, den man von allein nie gefunden hätte.

Sie denkt daran, wie sie und Sydney im Urlaub oft durch die Gegend gefahren sind und im Auto so viel geredet haben, dass sie ganz woanders ankamen, als sie geplant hatten. Das waren immer die schönsten Teile der Reise.

Sie schlendern weiter über den Strand, und Belle merkt, dass sie sich gerne bei Ruth einhaken würde, was sie natürlich nicht tut, weil es übergriffig wäre. Aber für einen kurzen Moment neigt sie sich ein wenig zur Seite, sodass ihr Körper den von Ruth berührt. Dann richtet sie sich wieder auf und geht weiter.

Vielleicht wünsche ich mir eine große Schwester, denkt sie. Vielleicht wünsche ich mir ein wenig Nähe. Vielleicht wüsste ich gerne, wie es sich anfühlt, mit jemandem eingehakt über den Strand zu gehen, der nicht meine Mutter ist.

Sie sind jetzt nah bei der Tänzerin, können sie singen hören.

Sehen Sie, das ist so toll an einem kleinen Ort, sagt Ruth.

Was denn?, fragt Belle.

In der Großstadt würden jetzt eine Menge Leute um sie herumstehen, sie mit ihren Handys filmen und über sie lästern. Aber nicht hier. In der Großstadt gibt es keine Privatsphäre.

Ach, das passiert hier genauso, glauben Sie mir, sagt Belle. Privatsphäre gibt es nirgendwo, schauen Sie sich nur mal das hier an. Sie knöpft ihren Mantel auf und zeigt auf den Anstecker an ihrem Pullover.

O Mann, sagt Ruth.

Gruselig, nicht? Der ist neu, wir haben ihn gestern gekriegt.

Und jetzt macht sich jeder, der in den Laden kommt, darüber lustig. *Oh, das war großartig, wie du meine Kreditkarte durch den Leser gezogen hast, Belle. Toll, wie du mein Buch in die Papiertüte gesteckt hast.*

Aber so was ist in einer Buchhandlung doch weder passend noch notwendig, oder?

Das ist noch nicht alles, sagt Belle. Unsere Buchempfehlungen werden ab sofort bewertet. Wir bekommen ein *Rating*.

Ein *Rating*?

Jepp.

Aber so was ist doch vollkommen subjektiv. Was ist, wenn den Leuten nicht gefällt, was Sie ihnen empfehlen?

Ich fasse es nicht, genau das habe ich auch gesagt. Wortwörtlich!

Ruth lacht über Belles Aufregung. Die spinnen doch alle mit ihrem ewigen Feedback, sagt sie. Als Nächstes müssen Sie die Leute auch noch begrüßen, wenn sie hereinkommen, und sie fragen, wie es ihnen geht. Ich hasse das. Ich hasse es, wenn ich bloß ein verdammtes Brötchen kaufen will und gefragt werde, was ich denn heute Schönes vorhabe. Höflich, wie ich bin, antworte ich natürlich, und hinterher ärgere ich mich über mich selbst.

Sie sollten mal in den Laden kommen und das meiner Chefin erzählen.

Mache ich.

Wirklich?

Warum nicht? Ich kann Sydney ohnehin erst heute Nachmittag besuchen.

Belle strahlt. Sie trinkt ihren Kaffee, dann holt sie ein Croissant aus der Tüte und reißt es in der Mitte durch. Wollen Sie auch?, fragt sie.

Warum nicht, sagt Ruth.

Sofort kommen Stuart und Otto angerannt und schnuppern nach heruntergefallenen Bröseln, dann setzen sie sich auf den Sand, ein Bild hoffnungsvoller Erwartung.

Hallo, Jungs, sagt Belle.

Sie essen eine Weile schweigend und schauen aufs Meer.

Wie ist es so, hier zu leben?, fragt Ruth.

Mir gefällt's sehr gut, sagt Belle.

Wie erfrischend.

Wieso?

Das sagt sonst niemand über den Ort, wo er lebt. Erst recht nicht, wenn er schon immer dort gelebt hat.

Hier gibt es alles, was ich brauche. Und ich glaube, wenn man viel zu tun hat, ist es egal, wo man lebt.

Na ja, das hängt davon ab, ob man das, was man zu tun hat, gerne tut.

Stimmt, sagt Belle.

Ruth mustert sie ein wenig genauer. Belle ist neunundzwanzig, wirkt aber viel älter und zugleich viel jünger. Sie ist eigentümlich, irgendwie alterslos, oder vielleicht hat es auch gar nichts mit dem Alter zu tun. Es ist schwer in Worte zu fassen, wie es sich anfühlt, mit ihr zusammen zu sein.

Und haben Sie viel zu tun?, fragt Ruth.

Allerdings, sagt Belle mit Nachdruck.

Und das gefällt Ihnen.

Ich glaube schon. Ich habe keine Zeit, darüber nachzudenken.

Oh, Sie würden es wissen, wenn es nicht so wäre.

Und Sie?

Was?

Haben Sie viel zu tun, und gefällt Ihnen, was Sie tun?

Ruth schweigt einen Moment und blickt nachdenklich aufs Meer. Mir scheint, heutzutage haben alle viel zu tun, sagt sie dann. Und ob mir gefällt, was ich tue? Das ist eine schwierige Frage. Ich schätze, wir können nicht nur Dinge tun, die uns gefallen, oder?

Ich glaube, im Grunde geht es gar nicht darum, dass alle so viel zu tun haben, sagt Belle. In den Zeitschriften steht dauernd etwas darüber, wie man Zeit spart, als wäre es *das* große Thema, das alle beschäftigt. Aber das stimmt nicht. Einsamkeit ist ein Thema. Und Armut natürlich. Nicht Zeitmangel. Meine Mum ist einsam, deshalb sorgt sie dafür, dass sie immer etwas zu tun hat, um die Leere zu füllen. Denn unter allem ist doch immer eine Leere, nicht? Ganz gleich, was obendrauf liegt. Das Gefühl habe ich jedenfalls. Und statt über die Leere zu sprechen, reden die Leute darüber, wie viel sie zu tun haben.

Die beiden sehen sich an.

Belle weiß nicht, was in Ruth vorgeht. Sie sieht nachdenklich aus und überrascht und auch ein bisschen verstimmt.

Entschuldigen Sie, wenn ich Sie zutexte, sagt Belle.

Schon in Ordnung, sagt Ruth. So was muss manchmal sein.

Belle wartet, aber mehr kommt nicht. Sie gehen wieder ein Stück über den Strand.

Komisch, dass wir so schnell bei diesem Thema sind, denkt Ruth. Manchmal braucht man Monate oder sogar Jahre, bis eine Freundschaft so weit gediehen ist, dass man über Dinge wie Einsamkeit oder Leere sprechen kann.

Meine Güte, ist das kalt, sagt sie und hakt sich bei Belle ein. Sie geht jetzt schneller, wie zur Rechtfertigung, als hätte sie sich nur eingehakt, um das Tempo zu beschleunigen und aus der Kälte herauszukommen.

Sie sehen sich nicht mehr an. Sie sind sich näher und zugleich weiter voneinander entfernt. Was es Ruth leichter macht zu sprechen.

Sind *Sie* einsam, Belle?, fragt sie. Haben Sie deshalb so viel zu tun?

Na ja, sagt Belle, als wäre es eine vollkommen harmlose Frage wie Honig oder Marmelade, Katzen oder Hunde, Käse oder Schinken. Ich habe mich gestern geoutet, also ist es wohl egal, wenn ich es heute noch mal tue.

Oh, sagt Ruth. Ich verstehe.

(Was nicht stimmt.)

Ich bin asexuell, sagt Belle.

Wirklich?

Ich war noch nie scharf auf irgendwen.

Noch nie?

Nein.

Meine Güte.

Belle zuckt die Achseln, als wäre es gar nichts.

Das ist natürlich völlig okay, sagt Ruth und nimmt Otto wieder an die Leine. Aber sind Sie sicher, dass es stimmt?

Ich glaube schon. Ich habe nicht das Bedürfnis, mit irgendwem zu schlafen. Reicht das als Beweis, Euer Ehren?

Ruth lacht. Die Sache ist die, sagt sie.

Belle wartet mit großen Augen. Sie bewundert Ruths Wollmantel, die schlichte, aber modische Eleganz.

Ich glaube es einfach nicht, sagt Ruth.

Wie unhöflich, sagt Belle. Sie wirkt jetzt wieder jünger und ein bisschen aufmüpfig.

Tut mir leid, aber Sie wirken überhaupt nicht asexuell, sondern im Gegenteil sogar ziemlich leidenschaftlich.

Was hat Leidenschaft für das Leben mit Sex zu tun? Außerdem gibt es auf dieser Welt bestimmt Millionen von Menschen, die enthaltsam leben.

Enthaltsamkeit ist eine bewusste Entscheidung. Sie sprechen davon, dass Sie kein Verlangen empfinden.

Gut, dann gibt es halt Millionen von Menschen, die keinen Sex wollen.

Ja, aber ich wette, irgendwann vorher wollten sie schon. Was ist, wenn irgendwas Ihr sexuelles Verlangen, Ihre Fähigkeit, Lust zu empfinden, blockiert?

Bell ruft Stuart und nimmt ihn ebenfalls an die Leine. Dann steht sie einfach nur da, wie vom Donner gerührt von Ruths Reaktion auf ihre Erklärung, die ganz anders ist als Dexters. Sie fühlt sich bloßgestellt, als hätte sie zu viel von sich preisgegeben und zugleich zu wenig.

Wenn das, was du über dich preisgibst, vielleicht gar nicht stimmt –

Wenn das, was du über dich preisgibst, nur etwas ist, das du anprobierst wie ein neues Outfit –

Dann fühlt sich das ziemlich unbehaglich an. Als würdest du dich vor allen Leuten ausziehen. Als würdest du im Spiegel eine Fremde erblicken.

Es heißt ja, es ist einfacher, mit jemandem zu reden, den man kaum kennt, sagt sie, um das Ganze zu beenden.

Wollen Sie Hausaufgaben haben?, fragt Ruth.

Belles Augen werden noch größer. Einmal Lehrerin, immer Lehrerin, wie?, sagt sie.

Ich glaube, Sie sollten ein bisschen fantasieren.

Bitte?

Nachher bei der Arbeit, wenn Sie mal ein paar ruhige Minuten haben, lassen Sie Ihre Gedanken einfach wandern, ganz egal wohin, Hauptsache, es hat mit Sex zu tun. Und nicht urteilen. Es kann abgedreht sein, politisch inkorrekt oder was auch immer. Und es ist egal, um wen es dabei geht.

Das ist ja widerwärtig, sagt Belle mit gespieltem Entsetzen.
Vielleicht haben Sie einfach noch nicht Ihr Ding gefunden.
Mein Ding?
Das, was Ihren Kahn zum Schwimmen bringt, sagt Ruth.

Crumpets, ein Schaffellmantel,
ein Kieselstein, ein Gedicht

Vor drei Jahren hat Maria angefangen, Tagebuch zu schreiben, um ihr Dasein zu studieren. In ihrer freien Zeit, wenn sie nicht arbeitet oder spazieren geht oder bäckt, beobachtet sie aufmerksam ihren eigenen Schmerz. Ihr *Buch des Schweigens* ist leichter zu füllen, denn Schweigen ist allgegenwärtig, entweder auf offenkundige Weise oder versteckt in den Lücken – das große Unausgesprochene. Aber sich selbst zu beschreiben ist viel schwieriger. Manchmal muss sie zwanzig Seiten füllen, bevor sich auch nur eine Zeile wahr anfühlt.

Deshalb ist sie auch schon bei ihrem *achten* Tagebuch.

Die Notizbücher, die sie dafür verwendet, müssen nur zwei Bedingungen erfüllen: Sie müssen blau sein, irgendeine Variante von Blau, und unliniert. Auf dem Papier will sie keinen Regeln folgen, denn es muss im Leben auch einen Bereich geben, in dem man unordentlich und wild sein kann.

Und in diesem blauen Notizbuch verlässt sie ihn.

In dieses blaue Notizbuch schreibt sie die Geschichte des Wie und Wann.

Sie bricht ihr Schweigen in türkisblauer Tinte.

Jon, ich gehe, schreibt sie.

Und wo willst du hin?, fragt Jon.

Wir werden eine Vereinbarung treffen, antwortet sie. Ich kaufe mir ein kleines Haus oder eine Wohnung in Fußnähe zum Strand. Das Wohnzimmer streiche ich blau, die Küche gelb. Ich werde mehr arbeiten, um mehr zu verdienen. Aber vor allem will ich versuchen herauszufinden, wer ich bin, wenn ich dir nicht hinterherrenne.

Was soll das heißen, du rennst mir hinterher?

Ich versuche ständig, etwas von dir zu bekommen, was du mir nie geben wirst.

Sie spürt, wie ihr Tagebuch lacht. Ach, komm schon, Maria, das tust du ja doch nicht. Kein Wort wirst du davon sagen.

Bitte lach nicht, sagt sie. Ich benutze dich als Trainingsbahn. Ich drehe meine Runden, um fitter zu werden, Muskeln aufzubauen. Bevor ich wirklich loslaufe. Bevor ich springe.

Aber warum bleibst du?, fragt das Tagebuch. Warum gehst du nicht sofort, was hindert dich daran?

Nun, dank der ganzen Schreiberei kann ich dir diese Frage beantworten, sagt sie. Du hast mir klargemacht, dass ich *wegen* des Schmerzes bleibe, nicht trotzdem. Ich kenne diesen Schmerz sehr gut: den Schmerz, mit Jon verheiratet zu sein. Ich habe ihn stundenlang studiert. Wie eine Künstlerin betrachte ich seine Form, seine Beschaffenheit, seine Farbe, wie er sich je nach Licht und Jahreszeit verändert. Wie eine Wissenschaftlerin messe ich seine Eigenschaften und Besonderheiten, wie er sich ausdehnt und zusammenzieht, fest oder flüssig wird. Wie ein Forscher beobachte ich ihn aus einiger Entfernung in seiner natürlichen Umgebung, wie er durch die zerfurchten Felder meiner Stimmungen läuft. Und das Ergebnis meiner Studien lautet: Ich habe keine Angst mehr vor diesem Schmerz.

Das erklärt aber nicht, warum du ihn weiter erträgst, sagt das blaue Notizbuch.

Weil ich Angst davor habe, allein zu leben und den Schmerz trotzdem zu fühlen, ohne offensichtlichen Grund. Jetzt weiß ich, wessen Hand mich unter Wasser drückt, indem er mich nicht genug liebt oder mir seine Liebe nicht zeigt, falls denn noch welche da ist. Aber untergehen, ohne dass jemand nachhilft? Die Vorstellung ist grauenvoll.

Maria hat ihr Tagebuch diese Woche noch nicht aufgeschlagen, was ganz untypisch für sie ist. Es liegt in der Schublade mit ihrer Unterwäsche, wo niemand hineinschauen wird. Ihre Unterwäsche interessiert schon sehr lange niemanden mehr außer ihr selbst.

Gehen Sie heute Nachmittag ins Krankenhaus?, fragt sie beim Frühstück.

Vielleicht heute Abend, sagt Howard.

Sie bestreicht ein Crumpet mit Butter und denkt, wie angenehm es ist, mit einem Mann hier zu sitzen, der neutral ist, der nichts mit diesem Haus oder dieser Familie zu tun hat. Vielleicht mag er sie, vielleicht auch nicht. Es ist nicht wichtig. Sie muss nicht interessant sein oder gesprächig oder was auch immer. Sie ist eine Insel neben einer anderen Insel. Sie sind auf wunderbare Weise getrennt. Er ist zurückhaltend, in sich gekehrt. Und dennoch fühlt sie sich ihm näher, als sie es seit Jahren mit irgendeinem Mann erlebt hat. Sie findet es bemerkenswert, dass jemand, mit man seit Jahren verbandelt ist, einem wie ein Fremder vorkommen kann, während ein Fremder, den man erst vor wenigen Tagen kennengelernt hat, einem das Gefühl geben kann, in der Welt zu Hause und nicht nur ihm, sondern auch allen anderen näher zu sein.

Warum reden die Leute nicht über solche Dinge?, fragt sie sich. Es gibt nur einen Menschen, der Lust hätte, über dieses Thema zu sprechen, und das ist Belle. Wahrscheinlich würde sie lauter bohrende Fragen stellen und sogar einen TED-Talk dazu im Internet finden. Und dennoch hält Belle sich für dumm. Wie kann eine Frau, die mit solchem Vertrauen durch die Welt geht, so wenig Vertrauen in sich selbst haben? Dafür gibt Maria sich die Schuld. Wie die Mutter, so die Tochter, oder nicht?

Und wo sie schon beim Thema Nähe und Distanz ist: Ihr ist durchaus bewusst, dass sie sich zu sehr auf ihre Tochter stützt, zu viele Gefühle bei ihr ablädt, sie zumüllt. Auch das hat sie mit ihrem Tagebuch durchgesprochen, und auch das will sie ändern, wenn sie so weit ist.

Dieser Gedanke fördert etwas anderes zutage. Etwas, das sie mal gelesen hat, über die Bereitschaft zum Handeln.

Sie versucht sich zu erinnern.

Es war ein Artikel über Selbstvertrauen. Man braucht nicht zu warten, bis man genug Selbstvertrauen hat, bevor man etwas tut, das einem Angst macht. Im Gegenteil, es ist genau andersherum. Selbstvertrauen entsteht dadurch, *dass* man etwas tut, vor dem man Angst hat. Es ist ein Nebeneffekt des Handelns, nicht der Ausgangspunkt dafür.

Jedenfalls so ähnlich, denkt sie.

Maria und Howard sind beide tief in Gedanken.

Sie trinken Tee, essen gebutterte Crumpets, hören Radio.

Keiner von ihnen ist daran gewöhnt, dies zusammen mit jemand anderem zu tun. Howard frühstückt immer allein, und Maria ist beim Frühstück meist so angespannt, dass sie nicht klar denken kann, oder sie redet mit Belle darüber, was sie tagsüber vorhaben.

Haben Sie Lust auf einen Spaziergang durch die Stadt?, fragt sie. Ich muss erst heute Nachmittag zur Arbeit, und ich habe ein paar Sachen zu erledigen.

Ja, sagt er. Warum nicht?

Ich zeige Ihnen Belles Buchhandlung.

Gut, sagt er. Denn was sollte er sonst tun? Es ist unmöglich, hier zu sein, und genauso unmöglich zu verschwinden. Wie immer.

Howards ganzes Leben ist eine Grenzerfahrung.

Im Flur, neben dem goldgerahmten Spiegel und einem von Jons Meeresbildern, zieht Maria ihren Schaffellmantel an.

Ist der schwer?, fragt Howard.

Ja, ist er, aber auf eine gute Art, sagt sie. Und innerhalb von Sekunden hat sie ihn wieder ausgezogen und hält ihn Howard hin, lädt ihn ein, hineinzuschlüpfen. Nur zu, sagt sie.

Und so tut er es.

Der Mantel passt ihm wie angegossen.

Himmel, sagt er.

Sie scheint sich über seinen Ausruf zu freuen. Gefällt er Ihnen?, fragt sie.

Es ist ungewohnt.

Das glaube ich.

Es ist, als würde man im Arm gehalten, sagt er.

Das rührt sie so, dass ihr fast die Tränen kommen. Aber sie schluckt sie hinunter. Denkt, dass er ihre plötzliche Zerbrechlichkeit nicht bemerkt, wenn sie mit ihrer festesten Stimme spricht, mit der sie sich stets die Welt vom Leib hält, wenn die sie zu sehr berührt.

Gut, sollen wir zuerst an den Strand gehen?, sagt sie und streckt die Arme nach ihrem Mantel aus.

Er zieht ihn aus und fühlt sich nackt und klein. Denkt, dass sie seine plötzliche Zerbrechlichkeit nicht bemerkt, als er seinen eigenen, unzulänglichen Mantel anzieht und nach seiner Brieftasche und dem Handy tastet.

Sie führt ihn in der Stadt herum.

Ohne dass sie es weiß, führt sie einen kleinen Jungen durch die Straßen und zum Strand, wo sie auf und ab schlendern und dann noch einmal auf und ab, als gäbe es für ihre Füße nichts anderes zu tun, als diesen Streifen Sand abzuschreiten.

Ohne dass er es weiß, hat er ein kleines Mädchen in einem riesigen Mantel neben sich, das gerne gesehen werden möchte und sich dann von dem Schreck erholen muss, dass jemand sie tatsächlich sieht.

Ich zeige Ihnen meinen Felsen, sagt sie. Kommen Sie, hier entlang.

Es ist ein stürmischer Morgen, die Luft gesättigt von Meeresdunst.

Hier ist es, sagt sie, als sie bei dem Felsvorsprung ankommen. Das ist mein Nachdenkplatz. Hallo, mein Lieber, sagt sie und streicht mit der flachen Hand über den Stein. Da drin ist Kobalt, Rost, Bernstein, Silber, Anthrazit, Jade und Weiß, und das ist nur der Anfang, es gibt noch viel mehr Farben.

Ein Felsen an einem ruhigen Strand, ein treuer Gefährte.

Maria kommt schon seit so vielen Jahren hierher, dass sie das Gefühl hat, er gehört ihr. Sie hat sich extra für ihn ein Kissen genäht und nimmt es immer mit.

Seine Risse sind wie Adern oder wie Straßen auf einer Karte, Schnellstraßen und Landstraßen, eingefahrene Routen und holprige Pfade, gemalt in Purpur und Blau. Andere Felsen in der Nähe sind grüner als dieser, von Flechten überzogen. Die liebt Maria auch, aber auf andere Weise. Sie erinnern sie an das Moos, das sie schon seit jeher bewundert: seine Zähigkeit und Wurzellosigkeit, seine Fähigkeit, mit winzigen Fäden die ganze Welt zu überziehen.

Wie finden Sie ihn?, fragt sie.

Sehr schön, sagt er, aber ich muss mich draufsetzen, um ganz sicher zu sein.

Nur zu.

Er lässt sich auf dem Felsen nieder. Nicht übel, sagt er.

Dann erzählt sie ihm das mit den Flechten und dem Moos, das die Welt überzieht, und es scheint ihm zu gefallen.

Sie erzählt ihm das mit den Rissen im Stein, die wie Straßen aussehen, und er sagt, ja, da haben Sie recht. Ich mag Ordnance-Survey-Karten. Sydney sagt, das ist mein Spleen.

Mittlerweile sind noch mehr Leute am Strand – ein Mann mit einem Metalldetektor, eine Gruppe joggender Frauen und ein Paar mit einem Pudel.

Howard und Maria gehen zum Flutsaum. Sie schauen den Wellen zu, die fast bis zu ihren Füßen heranrollen und sich dann wieder zurückziehen.

Maria hebt einen Kieselstein auf und wirft ihn ins Meer. Können Sie das?, fragt sie. Ich meine, dass der Stein auf dem Wasser hüpft?

Ich hab's noch nie probiert, sagt er.

Wollen wir?

Sie sammeln die flachsten Steine, die sie finden können, und versuchen, sie über die Wasseroberfläche hüpfen zu lassen.

Ich fürchte, wir sind absolute Nieten, sagt Howard.

Wir brauchen jemanden, der uns zeigt, wie es geht, sagt Maria und blickt auf den letzten Stein in ihrer Hand. Er ist hart und glatt und schön und von einem bläulichen Weiß.

Sie fragt sich, wie alt dieser Kieselstein wohl ist, wie lange es dauert, bis Sand und Meer eine Oberfläche so glatt geschliffen haben.

Sie steckt ihn in die Tasche ihres Schaffellmantels. Bald wird er das erste Objekt auf ihrem Schreibtisch sein. Dem Schreibtisch, den sie erst noch kaufen muss. Der sozusagen extra für diesen Stein angefertigt wird.

Ich hätte Lust auf ein zweites Frühstück, sagt sie. Ich habe zurzeit ständig Hunger, werde irgendwie nie satt. Mögen Sie schon wieder was essen?

Ich kann es gern versuchen, sagt Howard. Vor allem, wenn es dazu einen Tee gibt.

Und während Maria gebratenen Speck und Ei isst, ertappt er sich zu seiner eigenen Überraschung dabei, wie er von einer Frau spricht, die in dieser Stadt gestorben ist. Einer Frau, die auch seine Frau gewesen ist. Er sagt es schnell, während er einen Keks isst, als wäre es nichts Besonderes.

Und während er Rote-Beeren-Tee trinkt, ertappt sie sich dabei, wie sie ihm den Stab abnimmt und damit weiterläuft. Doch obwohl sie läuft, bleibt er an ihrer Seite. Ihr Herz schlägt ganz schnell, als sie spricht. Von einem Mann namens Andy.

Ich weiß, es ist nicht dasselbe, sagt sie, ganz bestimmt nicht, aber ich war verlobt, ich war noch ein halbes Kind, erst neunzehn, aber ich hatte eine Zukunft, und dann hatte ich keine mehr. Finden Sie es nicht seltsam, dass bei uns beiden die erste Liebe gestorben ist?

Das passiert wahrscheinlich ziemlich oft, sagt er, aber erst wenn die Leute älter sind. Sie und ich waren noch jung – Sie ganz besonders. Jemand hat mir mal geraten, zu einer Trauergruppe zu gehen, aber ich mochte nicht. Um ehrlich zu sein, lese ich lieber einen Gedichtband über Trauer.

Er sieht, wie sie unter dem Tisch nach ihrer Tasche langt. Moment, sagt sie. Sie packt die Tasche auf ihren Schoß, kramt darin und zieht zwei zusammengefaltete Bogen Papier aus dem Geröll ihres Lebens. Da, bitte, sagt sie. Gedichte. Die trage ich schon seit Jahren mit mir herum. Verraten Sie es bitte niemandem, aber ich habe sie aus einem Bibliotheksbuch herausgerissen.

Wie bitte?

Ich weiß, es ist furchtbar. Aber ich konnte einfach nicht anders.

Banausin.

Ihr gefällt, wie er das sagt, wünscht sich, er würde es noch mal sagen.

Denken Sie bitte nicht schlecht von mir, sagt sie. Normalerweise mache ich so was nicht.

Falls es Sie tröstet: Ich habe mal ein ganzes Buch aus einer Bibliothek gestohlen.

Das finde ich nicht so schlimm, weil man nichts vermisst, wenn man gar nicht wusste, dass es da war. Aber stellen Sie sich vor, Sie leihen ein Buch mit Gedichten aus und entdecken, dass ein paar Seiten fehlen. Da denken Sie doch, das waren die bedeutsamsten Gedichte, oder nicht? Sie würden unbedingt wissen wollen, warum jemand sie herausgerissen hat, warum sie ihm so wichtig waren. Sie würden sich fragen, ob sie Ihnen genauso wichtig gewesen wären.

Ich glaube, wir vermissen sehr wohl, was nie da gewesen ist, sagt er.

Wie denn das?

Ich glaube, wir spüren, was fehlt, selbst wenn wir es nie gekannt haben. Es ist wohl eine Art unbewusste Sehnsucht.

Maria würde ihm am liebsten irgendein Buch in die Hand drücken und ihn bitten, daraus vorzulesen.

Sie haben eine sehr schöne Stimme, sagt sie.

Ach wo, sagt er.

Doch, wirklich. Das hat man Ihnen doch bestimmt schon öfter gesagt.

Nein, nie. Was ist jetzt mit den Gedichten?

Ach so, ja, sagt sie und blickt hinunter auf die Seiten. Ich habe mich darin gesehen, und es kommt nicht oft vor, dass ich mich sehe. Deshalb konnte ich nicht riskieren, sie zu verlieren. Mir ist erst später eingefallen, dass ich sie auch einfach hätte abschreiben können. Ich bin wirklich schrecklich.

Sehen Sie sich im Spiegel?, fragt er.

Bitte?

Ich habe mich nur gefragt, wie wörtlich Sie das gemeint haben, dass Sie sich nicht sehen. Leiden Sie vielleicht an Prosopagnosie?

Proso-was?

Gesichtsblindheit. Manche Menschen können vertraute Gesichter nicht erkennen, nicht mal ihr eigenes. Im Fernsehen lief mal eine Sendung darüber.

Nein, daran leide ich nicht. Aber wie interessant, davon habe ich noch nie gehört. Die Frau, die ich im Spiegel sehe, ist jemand, der mir ähnelt. Verstehen Sie, was ich meine?

Ja, sagt er.

Ich sehe mich auch manchmal in einer Galerie, wenn ich durch das Schaufenster blicke.

Und was machen Sie in der Galerie?

Ich arbeite. Mit aufgekrempelten Ärmeln.

Seine Augen sind halb geschlossen, aber er ist nicht müde. Er stellt sich diese andere Maria Norton vor, wie sie in einer Galerie arbeitet. Sie spürt das, und es gefällt ihr. Jetzt existiert die andere Maria auch in jemand anderem. Und er lacht sie nicht aus, sagt nicht, dass es absurd ist.

Hier, hören Sie mal, sagt sie und liest aus einem der Gedichte vor:

Dein Bild, seine Traurigkeit,
war tröstend und niederschmetternd.
Und erst da verstand ich,
dass wir nur dann wahren Trost finden,
wenn wir uns zu Boden strecken lassen.

Er weiß nicht, was er dazu sagen soll. Er sieht sie lange an.

Auch sie sieht ihn an, sein stoppeliges Gesicht. Seine traurige Rauheit.

Danke, dass Sie mir erzählt haben, was mit Ihrer Frau passiert ist, sagt sie, obwohl sie gar nicht mehr über seine Frau sprechen. Sie müssen sehr stark sein.

Er verzieht das Gesicht. Das bin ich ganz und gar nicht, sagt er.

Ich fühlte mich damals so allein gelassen, sagt sie, ich glaube, das war der Grund, warum ich mit Jon gegangen bin. Aber Sie sind stärker als ich. Sie haben ja offensichtlich keine Angst vorm Alleinsein, wenn Sie, wie Sie erzählt haben, keine neue Frau kennenlernen wollen.

Er überlegt einen Moment.

Ich weiß nicht, ob das stimmt, sagt er. Ich meine, dazu habe ich keine klare Meinung.

Zum Alleinsein?

Zur Angst.

Sie blickt aus dem Fenster, sieht, wie die Surfer kommen und sich bereit machen, ins Wasser zu gehen.

Darf ich etwas sagen?, fragt sie.

Was denn?

Wegen Sydney.

Hmm.

Na ja, sie war doch noch ein Kind, nicht?

Er nickt.

Es war nicht ihre Schuld, sagt sie.

Er erzählt ihr, dass er immer ein Foto von Ila auf dem Nachttisch hatte, mit Sydney als Baby auf dem Arm. Aber jedes Mal, wenn er es ansah, konnte er nichts anderes denken als *Unser Mädchen hat uns auseinandergerissen.*

Es war ein Unfall, sagt sie.

Ich weiß, sagt er.

Sie sieht, dass er jetzt ganz in seinen Gedanken versunken ist. Und dass er sich dabei alles andere als wohlfühlt.

Ich hoffe, Sie nehmen mir nicht übel, dass ich das gesagt habe.

Er lächelt und berührt kurz ihre Hand. Nein, tue ich nicht.

In Marias Kopf blitzt ein Bild auf, von einem Engel auf einem Dach.

Etwas ist anders, seit sie die Frau gesehen hat.

Kann jemand in einem merkwürdigen Winkel in ein Leben treten, von hoch oben, und es verändern?

Während sie zur Buchhandlung gehen, erzählt sie ihm von einem Memoir, das in der Samstagszeitung besprochen wurde und das sie kaufen will. In dem Buch geht es um eine Frau, die erst mit sechzig aufgeblüht ist, und da sie selbst achtundfünfzig ist, glaubt sie, es könnte gut für sie sein, diese Geschichte zu lesen, vielleicht sogar inspirierend, und was er dazu meint?

Ich finde, aufblühen ist ein gutes Wort, sagt er.

Ja, nicht?

Seine volle Kraft finden, gesund und munter und lebendig sein.

Genau, sagt sie. Diese Frau ist Aktivistin geworden, aber mir würde es schon reichen, mein Leben ein bisschen mehr zu genießen und mich irgendwie ausdrücken zu können.

Pflanzen und Menschen können nur in der richtigen Umgebung aufblühen, sagt er.

Sie stellt sich all das Gemüse in Belles Schrebergarten vor und dann sich selbst, in die Erde gepflanzt. Erstaunlicherweise ist es kein morbider Gedanke. Wachsen, gedeihen, erblühen, denkt sie.

Hoffen Sie, eine Späterblühende zu sein, Ms Norton?, fragt er.

Und Sie, Mister Smith?, fragt sie.

Sie suchen nach dem Memoir.

Es tut mir wirklich leid, sagt Maria zu Belle. Ich kann mich weder an den Namen der Autorin erinnern noch an den Titel, aber ich bin ganz sicher, dass es einen weißen Umschlag mit roter Schrift hatte.

Belle kennt das schon. Letzte Woche hat eine Kundin nach einem Roman mit einem spilligen Baum vorne drauf gefragt. Ich weiß ganz genau, dass da ein spilliger Baum drauf war, sagte die Frau mit einer Verzweiflung, die Belle noch nie bei einem Kunden erlebt hat, nur bei ihren Autoren.

Ist es gerade erst erschienen?, fragt Belle.

Ja, sagt Maria.

Das schränkt es ja immerhin ein kleines bisschen ein.

Oh, gut, sagt Maria. Was soll denn das mit dem Anstecker?

Belle stöhnt. Das ist Yvonnes neueste Idee. Die Kunden sollen auf der Homepage unsere *Leistung* bewerten, und dann nehmen sie an einem Preisausschreiben teil.

Wie erniedrigend, sagt Maria.

Belle küsst ihre Mutter auf die Wange. Dann lass uns mal nach deinem Buch schauen.

Und während sie suchen, klingelt das Glöckchen, und die Tür geht auf.

Es ist Yvonne, die auf Belle zumarschiert und etwas über eine bevorstehende Lesung sagt, für die sie größere Räumlichkeiten brauchen als den Laden. Sie ist nur kurz gekommen, um die Mails dazu auszudrucken.

Howard ist damit beschäftigt, Bücher aus dem Regal zu ziehen und sich die Cover anzuschauen. Er sucht nach der Geschichte einer Späterblühten, damit er sie einer Frau geben kann, die er kaum kennt. Eine seltsame Beschäftigung, in Anbetracht dessen, dass er eigentlich weit weg sein und bei Marks & Spencer arbeiten sollte. Er staunt, wie leicht es ist, in das Leben eines anderen Menschen zu treten und sein eigenes zu vergessen. Das ist also der Grund, weshalb Leute wegziehen und irgendwo von Neuem beginnen, denkt er. Es gibt so viele Arten von Distanz, alle miteinander verbunden, aber doch recht unterschiedlich. Da ist die emotionale Form: Abspaltung, Ablenkung, Verdrängung. Dann gibt es die Zeit, die vergeht – seiner Ansicht nach eine überschätzte Form der Distanz. Und dann ist da noch die physische Form, die sich in Metern und Kilometern bemessen lässt.

Er macht sich etwas vor. Das hier ist nicht irgendein Ort, es gibt keine wirkliche Distanz zwischen jetzt und damals, hier und dort. Er befindet sich in der Stadt, in der sein Leben endete und trotzdem weitergegangen ist, was wiederum ganz bestimmt eine Form von Wahnsinn ist. Bis zu dem Zeitpunkt hatte er geglaubt, Wahnsinn überkäme nur Leute, die ganz anders waren als er, die eine Veranlagung dafür hatten. Doch Wahnsinn ist nicht wählerisch. Bei einem Verlust kann er jeden treffen.

Und seit sie hier sind, ist Howard so überfordert, dass er absolut nichts fühlt.

Abspaltung, Mister Smith. Darin sind Sie richtig gut.

In Marias Gegenwart entspannt er sich, selbst wenn sie aufgedreht ist. Sie ist ein Körper neben ihm, jemand, mit dem er reden kann.

Er fragt sich, ob er heute Nachmittag oder heute Abend zu Sydney gehen soll. Oder gar nicht. *Unmöglich, hier zu sein, unmöglich, zu verschwinden.* Es gibt Dinge, die gesagt werden müssen, aber er weiß nicht, ob er je die Worte dafür finden wird.

Maria hält eine Ausgabe von *Der Wind in den Weiden* hoch, die jemand falsch einsortiert hat. Oh, das habe ich als Kind geliebt, sagt sie.

Mein Sohn hat es auch sehr gemocht, sagt Howard.

Maria versucht sich zu erinnern, wann sie zuletzt mit einem Mann einkaufen gegangen ist, aber es gelingt ihr nicht. Wahrscheinlich, als sie im Bettenladen die neue Matratze gekauft haben, was sie an Andy erinnert hat, sodass sie auf der Toilette weinen musste.

Hallo, Maria, sagt eine Stimme. Was für eine seltene Ehre.

Hallo, Yvonne, sagt Maria.

Yvonne sieht zu Howard, dann wieder zu Maria. Willst du uns nicht vorstellen?, sagt der Blick.

Das ist Howard Smith, sagt Maria. Er und seine Schwiegertochter sind ein paar Tage bei uns zu Besuch.

Howard ergreift Yvonnes knochige Hand.

Wie ich sehe, führst du wieder deinen Flokati spazieren, sagt Yvonne zu Maria.

Was?

Ich meine deinen Mantel. Wo hast du den eigentlich her? Aus einem Teppichgeschäft?

Sehr witzig, sagt Maria.

Sie erinnert sich, wie sie ihren Mantel in einem Secondhandladen gefunden hat. Er hing unter einem Schild mit der Aufschrift GROSSARTIGER HERRENMANTEL. Ihr gefiel nicht nur der Mantel selbst, sondern auch die Vorstellung, dass er einst einem großartigen Mann gehört hatte. Vielleicht färbt ja ein bisschen was von seiner Großartigkeit auf mich ab, hatte sie vor fünfzehn Jahren zu Jon gesagt, als sie samstags noch gemeinsam in die Stadt gegangen waren und anschließend in einem der Cafés mit Blick aufs Meer zu Mittag gegessen hatten.

Ich habe ihn hier in einem Laden gekauft, sagt Maria.

Ach ja? Wo denn?, fragt Yvonne.

Weiß ich nicht mehr.

Dann muss es ja schon ziemlich lange her sein.

Ich habe ihn heute Morgen anprobiert, sagt Howard. Er fühlt sich *fantastisch* an.

Na, wenn Sie meinen, sagt sie. Kann ich euch irgendwie helfen?

Belle kümmert sich schon um uns, sagt Maria.

Sie ist ein braves Mädchen, sagt Yvonne.

Das ist sie, sagt Maria.

Als sie wieder draußen sind, nachdem Maria das Buch der Spätblühten erstanden hat und Howard sieben Ordnance-Survey-Karten, gehen sie eine Weile schweigend weiter, wobei sie hier und da innehalten, um in ein Schaufenster zu blicken.

Diese Frau, sagt Maria.

Welche Frau?

Die aus der Buchhandlung. Belles Chefin, Yvonne Partridge.

Ah ja, sagt er.

Die vögelt mit meinem Mann.

Er bleibt stehen.

Reizend, nicht?, fügt sie hinzu, fassungslos, dass sie das eben tatsächlich gesagt hat. Ach, was soll's, denkt sie. Das hier ist eine Gratistherapie bei einem Fremden, der bald wieder verschwunden ist. Also nutz die Gelegenheit.

Macht Ihnen das nichts aus?, fragt er.

Ich weiß es nicht.

Auf den Seiten ihres blauen Notizbuchs dachte sie, sie wüsste es. Sie fand es schrecklich und vulgär. Aber jetzt, hier mit Howard, ist sie sich nicht mehr sicher.

Ich weiß nicht, ob es mir etwas ausmacht, sagt sie.

Er schüttelt den Kopf.

Und sie denkt, soll ich? Soll ich ihm sagen, dass es ab und an auch eine andere Art körperlichen Betrugs gibt? Einen, der an Stellen, die man nicht sieht, blaue Flecke hinterlässt. Manchmal vergehen Jahre, bis Jon es wieder tut, aber trotzdem. Ihr Körper vergisst es nicht.

Nein, denkt sie. Das ist nicht der richtige Ort, und Howard ist nicht der richtige Mensch dafür.

Weiß er, dass Sie es wissen?, fragt er.

Ganz bestimmt nicht, sagt sie.

Meine Güte. Ich dachte, so was gibt es nur im Fernsehen.

Was, Affären?

Nein, dass jemand es schafft, zu schweigen, obwohl er von der Affäre weiß. Wie machen Sie das? Wie können Sie so ruhig und vernünftig bleiben?

Wer sagt, dass ich ruhig und vernünftig bin? Außerdem ist es kompliziert. Ich selbst habe nämlich keine Lust, mit ihm zu schlafen, wissen Sie. Also –

Sie weiß nicht, wie sie den Satz beenden soll. Sie seufzt. Vielleicht funktioniert es fürs Erste, sagt sie. Und es ist doch wie in dem Song, nicht?

Welcher Song?

»I Can't Make You Love Me«.

Von George Michael? Der ist sehr traurig, sagt er.

Ja, nicht? Zu schade, dass er nicht mehr lebt. George Michael, meine ich.

Aber, Maria –

Ja?

Ich weiß nicht, wie ich es sagen soll.

Einfach raus damit.

Ich kenne Sie ja erst seit ein paar Tagen, aber – verzeihen Sie, wenn ich so direkt bin – es kommt mir gar nicht so vor, als ob Sie wollten, dass er Sie liebt.

Was?

Und – und Sie scheinen ihn auch nicht sehr zu lieben.

Sie versteift sich. Seine Worte sind nicht das Problem, aber sie kommen zu schnell und zu früh. Sie ist noch damit beschäftigt, ihr Geständnis zu verdauen, die Tatsache, dass sie es laut ausgesprochen hat, anstatt es nur in ihr verschwiegenes Notizbuch zu schreiben.

Und Sie wissen also, ob jemand einen anderen liebt oder nicht?, sagt sie. Nach ein, zwei Tagen?

Tut mir leid, ich bin Ihnen zu nahe getreten, sagt er.

Mag ja sein, dass er ein mieser Ehemann ist, aber er ist *mein* mieser Ehemann, meine Welt.

Wollen Sie in einer miesen Welt leben?, fragt Howard.

Leben wir nicht alle in einer miesen Welt?, entgegnet Maria.

Dagegen kann er nichts einwenden.

Absolut nichts.

Entweder man verträgt es,
oder man verträgt es nicht

Heiß, verschwitzt, roter Kopf.

Wer hat die Heizung hochgedreht?

Was wird die Hitze mit all den Büchern machen?

Vor allem mit denen über Eis und Schnee und Grausamkeit und Hass.

Sie kommt sich vor wie in einer Sauna.

Eine Buchhändlerin in einer Sauna, die gar keine Sauna ist, sondern eine Buchhandlung.

Die Buchhändlerin trägt ein Thermounterhemd, ein T-Shirt, eine Strickjacke und Jeans.

Sie macht die Hausaufgaben, die die Lehrerin ihr aufgegeben hat.

Was für eine Lehrerin sagt einer anderen Frau, sie solle fantasieren?

Eine, die man gerne näher kennenlernen würde.

Belles neueste Entdeckung, abgesehen von den Hitzewallungen, ist, dass es erstaunliche Kräfte freisetzt, wenn einem jemand sagt, dass man gar nicht asexuell wirkt.

Sie hat angenommen, dass die Leute ihr fehlendes Begehren einfach akzeptieren, so wie Dexter. Dass sie sagen: Schön, wenn es dich glücklich macht, jedem das Seine. Oder: Logisch, so viel, wie du zu tun hast mit den Hunden und dem Schwein und den Ottern und dem Schrebergarten und deinen Freunden aus dem Pub und den Autoren und den Podcasts und den Romanen und den TED-Talks und deiner Mutter.

Und dann kommt eine Fremde und fordert sie heraus.

Du wirkst sogar ziemlich leidenschaftlich, hat sie gesagt.

Was in diesem Fall bedeutete: *Du wirkst wie jemand, der mit jemandem vögeln sollte.*

Heilige Schmeißfliege!

Vielleicht hast du dein Ding noch nicht gefunden, hat sie gesagt. Das, was deinen Kahn zum Schwimmen bringt.

Und was Belle im Moment verwirrt, ist, dass ihr Kahn anfängt zu knarzen und sich zu bewegen. Bisher wusste sie nicht mal, dass sie einen hat. Es ist erschreckend und auch ein bisschen grotesk, wie die Worte dieser Frau –

Aber jetzt mal langsam.

Noch schwimmt ihr Kahn nicht.

Mit anderen Worten: Es gibt immer noch niemanden, mit dem sie gerne vögeln würde.

Zumindest fällt ihr niemand ein.

Aber immerhin liegt der Kahn nicht mehr *ganz* auf dem Sand.

Er hat sich ein bisschen bewegt.

Und zwar heute Morgen am Strand, als Ruth Hansen gesagt hat, sie sei leidenschaftlich.

Da ist der Bug ins Wasser gerutscht.

Da ist etwas mit ihr passiert.

Bedeutet das etwa, dass sie mit *ihr* schlafen will?

Nein.

Aber sie ist offen dafür, dass es jemanden geben könnte, für den sie Leidenschaft empfindet.

Dass so jemand auftauchen oder zumindest existieren könnte.

Sie räumt Bücher in die Regale, während sie versucht, ihre Gedanken auf etwas Sexuelles zu richten.

Es ist bloß ein Experiment, denkt sie. Also beruhige dich und schalte den Ofen runter.

So ist es besser.

Die Türglocke klingelt.

Sie ist es. Die Unruhestifterin, Kahnbewegerin, Hausaufgabengeberin.

So schnell sieht man sich wieder, sagt Ruth.

Hi, sagt Belle. Meine Chefin ist nicht da. Na ja, vorhin war sie da, aber sie ist schon wieder weg.

Schade. Ich komme gerade aus der Bibliothek – ganz schön beeindruckend für so eine kleine Stadt. Wie war der Tag bisher?

Ach, Sie wissen schon.

Ruth nickt. Ich dachte, ich könnte Sydney was zu lesen besorgen.

Da sind Sie hier richtig.

Wie ist denn das da im Schaufenster, das lange Gedicht?

Die frühe Manifestation der Liebe?

Ja, genau.

Das ist im Wesentlichen politisch, erst zum Ende hin, als der Dichter sich verliebt, wird es eher wie ein Memoir in Gedichtform. Er glaubt, die Liebe ist genauso kaputt wie unsere ganze Gesellschaft, nur eines von vielen Übeln.

Klingt gruselig, sagt Ruth. Wir mögen eher was mit schwarzem Humor.

Wir?, fragt Belle. Sie lesen dieselben Bücher?

Nein, sagt Ruth. Natürlich nicht. Wir lesen sehr unterschiedliche Bücher, aber wir mögen beide schwarzen Humor.

Verstehe, sagt Belle. Lesen Sie dasselbe Buch zur selben Zeit?

Darauf folgt ein langes Schweigen.

Mit dem Schweigen ist es wie mit dem Alkohol – entweder man verträgt es, oder man verträgt es nicht. Belle verträgt es nicht.

Tut mir leid, das war eine seltsame Frage.

Schon gut, kein Problem.

Ich bin ein bisschen neben der Spur, um ehrlich zu sein. Vielleicht brüte ich was aus. Aber wahrscheinlich sind es nur die Kopfschmerzen. Die kriege ich oft, vom vielen Kaffee.

Das Glöckchen klingelt erneut.

Ein Mann kommt herein, in einem langen Mantel, einem grünen Kleid und Doc Martens. Und mit einem Bart und einer Ausstrahlung, die Ruth sofort gefällt, erfrischend schräg.

Hi, sagt Belle. Ich dachte, du hättest heute frei.

Dexter zieht den Mantel aus. Habe ich auch, sagt er. Aber ich habe beschlossen, angesichts von Yvonnes Unterdrückung demonstrativ mein wahres Ich zu zeigen. Ich finde, das ist die einzig richtige Art, darauf zu reagieren.

Und das ist dein wahres Ich?, fragt Belle.

Manchmal. Übrigens hast du mich gewissermaßen dazu inspiriert.

Ich?

Ja, mit deiner Offenheit gestern.

Oh, sagt sie und versucht, Ruths hochgezogene Augenbrauen und ihre unverhohlene Neugier zu ignorieren.

Sie stellt die beiden einander vor und wundert sich, dass sie sich mit Küsschen auf die Wange begrüßen, statt sich die Hand zu geben. Sie fragt sich, ob Ruth womöglich mit Dexter flirtet. Nein, das bildet sie sich bestimmt nur ein. Aber es gefällt ihr nicht.

Und jetzt sehen die beiden sie erwartungsvoll an. Warum wohl?

Dann begreift sie. Dexter wartet auf einen Kommentar zu seinem Aufzug, zu seinem wahren Ich.

Sie weiß nicht, was sie sagen soll, und überlegt hektisch; sie will ihn nicht verletzen. Panik erfasst sie, ihr wird schon wieder heiß. Los, sag was, irgendein Adjektiv, Herrgott noch mal.

Ich finde, du siehst schön aus, sagt sie.

Schön?, denkt sie.

Ja, denkt sie.

Schau, wie er lächelt.

Schau ihn dir an, in seinem Kleid.

Sie könnte schwören, dass sie den Rauch aus den Schornsteinen aufsteigen hört. Katzen, die auf Dächern herumschleichen. Den Versöhnungssex eines Paares durch ein offenes Fenster. Nähmaschinen, die über T-Shirts surren. Fische, die im Meer die Richtung wechseln. Eine eiserne Wetterfahne, die sich im Wind dreht. Eine Frau, die sich in einem Krankenhausbett aufsetzt. Die Hand ihrer Mutter, die sich zu einer Faust ballt. Das sind Halluzinationen, denkt sie. Das ist der Klang von Dexter in einem Kleid. Sie hört, wie alle Autorinnen, mit denen sie je zu tun hatte, nach einem Gin Tonic fragen. Wie Stuart, ihr geliebter Wolfshund, sagt, ich rieche Sex an dir. Wie ihre Großmutter kurz vor ihrem Tod sagt, Belle, deine selbst gezogenen Möhren sind die leckersten, die ich in meinem ganzen Leben gegessen habe. Sie hört, wie sich wächserne rosafarbene Blüten öffnen. Wie eine Armbanduhr, die repariert wird, wieder zu ticken beginnt. Wie ein Einbrecher eine Alarmanlage auslöst. Sie hört Eulen, die in einem hohlen Baum nisten. Das Schnaufen eines Igels im Garten einer Polizistin. Pinsel auf Leinwänden. Kirschblüten, die herabrieseln. Otter, alle Otter, die durch alle Flüsse gleiten. Leute, die in der Bibliothek schnarchen, der Bibliothek, deren Schließung sie verhindert haben, indem sie mit Schildern durch die Stadt marschiert sind, auf denen stand WER EINE BIBLIOTHEK RETTET, RETTET SEELEN.

Oh, danke, sagt Dexter.

Macht

Jon ist in seinem Atelier und versucht, ein Bild fertigzustellen, das er eigentlich schon letzte Woche hätte abliefern sollen. Er hat sich so weit erniedrigt, Auftragsarbeiten anzunehmen, und wünschte, er hätte es nicht getan.

Er malt die Katze einer Frau.

Großer Gott, so weit ist es also mit mir gekommen, denkt er und blickt in die boshaften Augen des unvollendeten Tiers, dessen großes, schnurrhaariges Gesicht ihn von der Leinwand aus verspottet, ihm sagt, dass er jetzt ein Handlanger ist, kein richtiger Künstler mehr. Wenn sich herumspricht, dass er Haustiere malt. Was hat er sich bloß dabei gedacht?

Er gibt Yvonne die Schuld, mit ihrem teuren Geschmack. Sie will mit ihm ein Wochenende in einem Fünfsternehotel verbringen. Sag deiner Frau, du bist bei einem Mal-Workshop, schlug sie vor. Ich muss nicht an irgendwelchen *Workshops* teilnehmen, sagte er. Dann erzähl ihr halt, was du willst, sagte sie, Hauptsache, es gibt Champagner und ein tolles Essen. Er stand nackt neben ihrem Bett. Willst du das wirklich alles, Yvonne? Die Liebe sollte doch reichen. Hast du nicht alles, was du brauchst, direkt vor deiner Nase?, sagte er und klatschte sich auf seinen Bauchansatz.

Jetzt starrt er aus dem Fenster und denkt an Yvonne und daran, dass er sie manchmal hasst. Gleichzeitig weiß er, dass er von ihr besessen ist. Wirklich und wahrhaftig besessen. Wie konnte das passieren?, fragt er sich. Sie ist unausstehlich, und sie gibt ihm das Gefühl, eine Niete zu sein. Trotzdem ist er verrückt nach ihr. Jedes Mal, wenn er sich vornimmt, Schluss zu machen, kriegt er die Kurve nicht und kommt wieder angekrochen. Das ist würdelos für einen Mann wie ihn, der normalerweise sich und die Frauen in seinem Leben im Griff hat. Er schrumpft, er ist ein schrumpfender Mann, und alles wegen Yvonne.

Und ein schrumpfender Künstler, denkt er, als er sich wieder der Katze zuwendet, die seine Tage zäh macht, ihn ständig auf die Uhr blicken lässt.

Er setzt sich an den Schreibtisch, greift nach dem iPad und checkt seine Mails. Dann öffnet er seine Künstlerseite auf Twitter und postet ein Zitat von einem anderen Maler. Jon sammelt Zitate über Kunst und postet jeden Tag eins davon.

Er googelt *Gartenateliers*, springt von Seite zu Seite und recherchiert, wie viel es kosten würde, sich einen Schuppen in den Garten bauen zu lassen. Darüber denkt er schon eine ganze Weile nach, weil er so aus dem Haus käme, ungestörter wäre. Maria findet die Idee dekadent und überflüssig. Du hast doch schon ein Zimmer mit Meerblick zum Malen, was willst du denn noch?

Dann geht er die Nachrichten durch: Kultur, Ausland, Inland, Lokal, immer in der Reihenfolge. Er trinkt aus der Brandyflasche, die er in seinem Schreibtisch aufbewahrt, und wandert von Story zu Story.

Ach, sagt er. Sieh mal einer an.

Da ist ein Foto von dieser Frau, Sydney Smith, wie sie im Dunkeln draußen vor dem Secondhand-Spielzeugladen auf dem Gehweg liegt, Arme und Beine verdreht.

Er vergrößert das Bild und verkleinert es wieder. Fragt sich, wer es aufgenommen hat. Maria war es jedenfalls nicht. Und sie hätte niemals zugelassen, dass jemand anders in ihrer Gegenwart ein Foto macht.

Was bedeutet, dass es jemand aufgenommen haben muss, *bevor* sie dort ankam.

Was bedeutet, dass sie nicht als Erste dort war.

Also ist ihre Theorie von der *besonderen Verbindung* und das ganze Geschwafel von *glücklicher Fügung* gequirlte Scheiße.

Du bist voller Scheiße, Maria.

Macht. In seinen Händen.

Er spürt, wie er sich entspannt, wie seine Schultern sinken.

Er seufzt laut. Nein, es ist eigentlich kein Seufzen, eher ein lustvolles Stöhnen.

Jetzt steht er auf und geht zu dem unvollendeten Bild.

Na, mein Kätzchen, sagt er und bleckt die Zähne, wie er es immer tut, wenn er spürt, dass er einen Kampf gewinnen wird.

Er steht breitbeinig da, den Rücken durchgebogen, den Bauch vorgeschoben, und starrt die Katze an.

Dann nimmt er den Pinsel und tupft einen winzigen Klecks Farbe auf ihre Nase.

Planlose Muße

Belle ist im Black Hole und trinkt Cider mit Dexter. Es ist das erste Mal, dass sie zusammen im Pub sind. Sie haben eine Sondersitzung einberufen, um über den Feedback-Wettbewerb zu sprechen, den Yvonne ihnen aufgezwungen hat.

Ich finde, wir sollten mal darüber reden, wie wir damit umgehen wollen, hat Belle nachmittags gesagt. Vielleicht nachher im Pub?

Warum nicht, hat er geantwortet.

Und so sitzen sie jetzt in blauen Samtsesseln am Kamin.

Eine Möglichkeit wäre, den Plan zu sabotieren, sagt Dexter. Wir könnten richtig schlechte Bücher vorschlagen und versuchen, ein möglichst mieses Feedback zu bekommen.

Oh, das ist gut, sagt Belle.

Wir könnten das Ganze umkehren und schauen, wer von uns der schlechteste Buchhändler ist.

Das gefällt mir, sagt sie und fragt sich, ob er weiß, dass das Kleid die Farbe seiner Augen betont.

Sie verspürt den Drang, ihre Hand auf sein Bein zu legen. Auf seinen Oberschenkel, um genau zu sein.

Die Erkenntnis lässt sie ganz still sitzen.

Behalte bloß deine Hände bei dir, denkt sie.

Maria und Howard sitzen auf dem gelben Sofa in der Küche, trinken ihre zweite Flasche Wein und sprechen über den Tod. Seit ihren Bekenntnissen morgens am Strand können sie an nichts anderes denken.

Während sie nachmittags in der Praxis war und den Leuten den Zahnstein entfernt hat, erinnerte Maria sich daran, wie sie nach Andys Tod in der Ecke seines Schlafzimmers kauerte, den Kopf auf den Knien und die Hände auf dem Kopf, als wartete sie darauf, dass noch eine Bombe fiel.

Am frühen Abend, als er bei Sydney im Krankenhaus war und es nicht fertigbrachte, sich für seine Kälte während der letzten Tage zu entschuldigen, hat Howard sich Fragen überlegt, die er Maria stellen will.

Wie lange waren Sie mit Andy zusammen?, fragt er.

Wie lange hat es gedauert, bis Sie mit Jon zusammenkamen?, fragt er.

Wie war Ihre Ila so?, fragt Maria. Wie nett, dass Sie sich beim Schätzen des Gewichts eines Frettchens kennengelernt haben.

Ila war auch politisch, sagt er, aber auf eine stille Art, wissen Sie? Nicht so wie Ihr Andy.

Ihre Ila.

Ihr Andy.

Wissen Sie, was seltsam ist?, sagt Howard. Ich bin wirklich davon ausgegangen, dass ich ein paar Jahre nach ihrem Tod wieder jemanden kennenlernen würde. So ist das doch normalerweise, oder? Ich dachte, Sydney und Jason würden eine neue Mum haben. Aber so ist es nicht gekommen. Es gab einfach niemanden, den ich genauso wollte wie sie. Im Sommer werde ich siebzig, und ich habe siebenunddreißig Jahre allein gelebt. Können Sie sich vorstellen, nach so langer Zeit wieder mit jemandem zusammenzuleben? Und wozu soll das gut sein? Aber das Seltsame dabei ist, Maria, wie lebendig sie mir immer noch erscheint. Je älter ich werde, desto weniger erinnere ich mich an Alltagskram und desto mehr erinnere ich mich an sie. Es ist, als würde sie näher kommen. Glauben Sie – nun ja ...

Was glaube ich?, fragt sie.

Glauben Sie, das liegt daran, dass ich dem Tod näher komme und damit auch ihr? Klingt das verrückt?

Nein, und ja, sagt sie.

Liegt es dann am Gedächtnis? Daran, dass das Gehirn mit dem Alter nachlässt?

Ich glaube, es liegt daran, dass Sie aufgegeben haben.

Dass ich was aufgegeben habe?

Sie lächelt kurz und senkt dann den Kopf.

Habe ich etwas Falsches gesagt?, fragt er.

Ganz und gar nicht, sagt sie und sieht ihn wieder an. Aber Ihre Frage von eben: *Wozu soll das gut sein*. Die bringt sie näher.

Er denkt darüber nach, versteht es aber nicht.

Wir sind wohl hoffnungslose Fälle, wir zwei, sagt sie.

Finde ich nicht, sagt er.

Ohne Hoffnung bleibt uns nur die Nostalgie.

Sehr tiefsinnig.

Das habe ich in einem Roman aus den Fünfzigerjahren gelesen. Ich liebe solche melancholischen Romane.

Sehen Sie das so?, fragt er. Glauben Sie, Nostalgie ist eine Form von Hoffnungslosigkeit?

Vielleicht, sagt sie.

Maria hat sich noch nie als jemanden gesehen, der eine Meinung zu Dingen wie Hoffnung und Nostalgie hat. Sie hat keine Ahnung, wo diese Worte herkommen und wer sie ausspricht.

Howard schenkt ihnen Wein nach. Tja, dann bin ich wohl ein nostalgischer alter Trottel, sagt er.

Und ich bin ziemlich betrunken, sagt sie.

Sie erzählt ihm von den Träumen, die sie in letzter Zeit hat, und dass sie ihr wirklicher erscheinen als die Wirklichkeit, und dass ihr dadurch alles andere unwirklicher erscheint, vor allem sie selbst. In einem dieser Träume, sagt sie, habe ich zu Andy gesagt, dass ich um das *ungelebte Leben* trauere.

Muss an der Luft liegen oder am Wasser, sagt er. Meine Träume wecken mich hier immer wieder auf. Ich bin so müde von all der Träumerei.

Sie sehen wirklich etwas angeschlagen aus, sagt sie.

Besten Dank auch, erwidert er.

Du?, sagt Belle. Kann ich dich mal was fragen?

Klar, sagt Dexter.

Macht es dir nichts aus, dass alle dich anstarren?

Wer starrt mich an?

Alle.

Es stimmt. Gestupse, Getuschel, warum zum Henker hat er ein Kleid an?

Ich versuche, nicht daran zu denken, sagt er.

Tut mir leid, sagt sie. Du läufst also sonst nicht im Kleid rum.

Doch, manchmal, aber nur zu Hause oder wenn ich am Meer spazieren gehe. Im Pub bin ich damit noch nie gewesen.

Warum dann jetzt?, fragt sie.

Weil du mich eingeladen hast, sagt er.

Maria steht an der Spüle und lässt Wasser in den Kessel laufen, um Tee zu kochen.

Howard sitzt immer noch auf dem Sofa.

Im Radio läuft eine Sendung über Parasiten. Der Sprecher erklärt, dass eine Spezies sich von der anderen ernährt und dass der Mensch oft Wirt für Hunderte verschiedener Parasiten ist.

Igitt, sagt Maria und schüttelt sich.

Mich juckt's schon überall, sagt Howard.

Mich auch.

Jetzt erklärt jemand anders, welche Rolle die Parasiten in der Evolution spielen, wie sie sich fortbewegen und verbreiten und anpassen.

Es ist, als wären diese Leute hier in der Küche und würden nur zu ihnen sprechen.

Howard hat nicht mehr so entspannt mit jemandem Radio gehört, seit Sydney und Jason zu Hause ausgezogen sind. Musik schon, vor allem mit Ruth, aber das ist nicht dasselbe. Da wählt er eine Schallplatte aus und spielt sie ihr vor, um sie zu unterhalten. Das hier ist planlose Muße – gemütlich in der Küche sitzen, durch die Sender schalten und hören, was einem gerade unterkommt. Er hätte nie gedacht, dass das auch jemand anderem gefallen könnte. Dass es genug sein würde.

Er lehnt sich zurück in die durchgesessenen Polster und hört zu.

Was für einen Tee soll ich machen?, fragt Maria. Ingwer-Zitrone? Oder Sonnenhut-Himbeere?

Was halten Sie davon, wenn wir noch auf einen Absacker ins Pub gehen? Gibt es ein nettes hier in der Nähe?

Wirklich?, fragt sie.

Ich sitze jeden Abend zu Hause und trinke Kräutertee, sagt er.

Langweiler, sagt sie mit einem Zwinkern.

Maria hat seit Jahren nicht mehr gezwinkert. Liebevolle Neckerei ist nicht so ihr Ding, nicht mal, wenn sie betrunken ist. Sie sieht aus, als wollte sie einem Kind beibringen, wie man zwinkert.

Howard lacht.

Wollen Sie wirklich ins Pub?, fragt Maria.

Nur wenn Sie mögen, sagt er. Aber ich hätte da eine etwas seltsame Bitte.

Und die wäre?

Kann ich Ihren Schaffellmantel anziehen?

Sie lacht und spürt ein Kitzeln in der Magengrube.

Sie sind achtundfünfzig und neunundsechzig und fühlen sich wie fünfzehn.

Sie haben die Mäntel getauscht.

Sie hat vergessen, Jon Bescheid zu sagen, dass sie ins Pub wollen.

Sie gehen durch die dunklen Straßen zum Black Hole.

Oh, sehen Sie mal, sagt Maria, als sie das Pub betreten. Da ist meine bezaubernde Tochter.

Sie steuern auf Belle und Dexter zu.

Dexter steht auf und küsst Maria auf die Wange. Er bietet an, etwas zu trinken zu holen, und fragt, ob sie sich dazusetzen wollen.

O nein, denkt Belle. Können die sich keinen anderen Platz suchen?

Lieber Himmel, sagt Maria, als sie Dexters Aufzug bemerkt.

Belle hält den Atem an.

Was für ein *fantastisches* Kleid, sagt Maria. Bist du transgender, mein Lieber?

Nein, sagt er. Wenn ich es wäre, hätte ich mir wahrscheinlich den Bart abrasiert.

Wieso das denn?, fragt sie. Warum solltest du dich nicht als Frau fühlen und trotzdem einen Bart haben? Was definiert denn eine Frau? Also, ich fänd's toll, mir einen Bart wachsen lassen zu können, wenn mir nach Veränderung zumute ist.

Dexter weiß nicht, was er darauf erwidern soll.

Mum, bist du betrunken?, fragt Belle, hauptsächlich, um Dexter vor diesem Wortschwall zu schützen. Sie erkennt ihre Mutter nicht wieder, und auch nicht den Mantel, den sie anhat. Was ist denn das für ein Mantel?, fragt sie.

Das ist meiner, sagt Howard.

Warum habt ihr die Mäntel getauscht?

Warum sollte ich nicht den Mantel eines Mannes anziehen?, entgegnet Maria.

Genderqueer, sagt Howard.

Ja, genau, sagt Dexter triumphierend, denn das trifft es auf den Punkt: Er ist triumphierend genderqueer, allerdings normalerweise nur zu Hause, nicht im Black Hole.

Wisst ihr, sagt Maria, ich fand es schon immer albern, dass nur Frauen Röcke und Kleider tragen, vor allem, wo die Männer das ganze Gebamsel da unten haben. Das muss in Hosen ja furchtbar warm und schwitzig werden. Da ist so ein Rock doch viel praktischer und luftiger.

Mutter, sagt Belle und wünschte, sie würden sich alle hinsetzen, damit die Leute aufhören, herüberzustarren, und sie wünschte, ihre Mutter hätte nicht das Wort *Gebamsel* benutzt.

Ich versuche, Kunstfasern zu vermeiden, sagt Howard.

Wer ist dieser wunderbare Mann?, denkt Dexter.

Ich glaube, wir kennen uns noch nicht, sagt er und streckt die Hand aus. Ich bin Dexter.

Howard Smith, freut mich, Sie kennenzulernen. Ich habe mal versucht, mir einen Bart wie Ihren wachsen zu lassen, aber er war ganz ungleichmäßig und dünn. Wie kriegen Sie Ihren so üppig?

Ich pflege ihn mit Kokosöl.

Tatsächlich?, sagt Howard. Am liebsten würde er den Bart anfassen, ihn zusammendrücken, fühlen, wie er in seiner Hand nachgibt und sich wieder ausdehnt, erst flach und dann wieder flauschig wird.

Dexter nickt. Kann ich euch etwas zu trinken holen?, fragt er zum zweiten Mal.

Dann steht er an der Bar und bestellt zwei Wein und zwei Cider. Alle im Black Hole haben zugesehen, wie er durch den Raum gegangen ist, außer Maria und Howard, die Belle zu ihrem interessanten Kollegen beglückwünschen.

Willst du zu 'ner Kostümparty?, fragt die Frau hinter der Bar, als sie den Wein einschenkt.

Dexter wappnet sich, versucht, die überraschende Wärme von eben festzuhalten, als Howard so beiläufig *genderqueer* gesagt hat.

Nein, ich ziehe nur ab und zu ein Kleid an, sagt er.

Du hast 'ne gute Figur, sagt die Barfrau, während sie ihr Kinn im Takt der Musik bewegt, als wäre dies der einzige Teil ihres Körpers, der tanzen darf.

Sie macht sich über mich lustig, denkt er.

Danke, sagt er.

Ich müsste ein Jahr Diät machen, um da reinzupassen. Wo hast du es her?

Von Hobbs. Aber aus dem Outlet, nicht aus dem Laden in der Stadt.

Sie nickt stumm vor sich hin, während sie den Cider zapft. Ich denke nie daran, da mal zu schauen, sagt sie. Mittlerweile ist es total schwer, was Schönes zu finden. Ich hasse es, Klamotten zu kaufen, du nicht?

Kommt drauf an, ob ich Jeans haben will oder ein Kleid. Das sind natürlich ganz unterschiedliche Herausforderungen.

Logisch. Also, falls du mal 'ne zweite Meinung hören willst, komme ich gerne mit.

Meinst du das ernst?

Na klar. Aber darf ich dir einen Rat geben?

Nur zu.

Ich würde den Anstecker abnehmen. Der ist 'n bisschen schräg, um ehrlich zu sein.

Das findet sie schräg, denkt er. Nicht die Kombination aus Bart und Kleid, sondern den kleinen Anstecker mit der Aufschrift WAREN SIE MIT MEINEM SERVICE ZUFRIEDEN?

Willst du ein paar Schweinekrüstchen dazu?, fragt sie. Oder Chips? Oder Kekse?

Ja, warum nicht.

Alles drei?

Wennschon, dennschon.

In Marias Küche geht es ungewöhnlich hoch her.

Belle und Dexter machen Toast für alle. Maria und Howard spielen betrunken Ball mit Stuart und Otto. Und Ruth sitzt auf dem Sofa, zurück von einem langen Spaziergang mit den Hunden, und denkt: Meine Güte, was ist denn hier los. Sie sagt Ja zu dem angebotenen Whisky, weil dies wohl gerade nicht der richtige Ort ist, um nüchtern zu sein. Sie schickt Sydney eine Nachricht: *Schläfst du schon? Ich denke an dich. Dicker Kuss.*

Jon lässt sich nicht blicken, obwohl er sie bestimmt hören kann. Für ihre Hausgäste ist es, als würde er gar nicht hier wohnen. Aber nicht für Maria, sie spürt seine Anwesenheit die ganze Zeit.

Sydney antwortet: *Hi, meine Süße. Ist heute laut hier, die Frau im anderen Bett ist mit Medikamenten vollgepumpt und stöhnt die ganze Zeit. Lieb dich.*

Sie setzen sich an den Tisch, zu Toast, Tee und Whisky.

Stuart hebt immer wieder den Kopf und schnuppert, wie ein Wolf im Wald, der gleich losheult.

Maria holt ein Stück Cheddar aus dem Kühlschrank, schneidet ihn in Würfel und sucht in den Schubladen nach der Packung Cocktailspieße, die sie vor Jahren mal gekauft hat.

In diesem Moment erscheinen ihr Cocktailspieße enorm wichtig.

Belle geht nach oben und kommt mit ihrem Autogramm von David Essex und einem Buch über Otter zurück. Siehst du, sagt sie zu Dexter, die habe ich wirklich. Das war nicht erfunden.

Du bist echt 'ne Marke, sagt er.

Und übrigens: Dieses blöde Buch, von dem du so schwärmst, *Die frühe Manifestation der Liebe*, finde ich total bescheuert und abgehoben.

Was du nicht sagst.

Ja. Und ich esse lieber mein eigenes Gemüse, als für teures Geld ins Restaurant zu gehen.

Schön, sagt er, wenn wir jetzt bei *dem* Thema sind: Ich verbringe lieber den ganzen Abend mit einem abgehobenen Roman, als mir einen schwachsinnigen Kinofilm anzusehen.

Ach ja? Und ich gehe lieber mit dem Schwein vom Nachbarn spazieren, als mich vor die Glotze zu setzen.

Und ich bleibe lieber allein, als mir das Herz rausreißen und zertrampeln zu lassen.

Oh, sagt Belle. Meine Güte.

Was machen die da?, flüstert Howard.

Keine Ahnung, flüstert Maria zurück. Vielleicht irgendein modernes Paarungsritual.

Howard zuckt die Achseln. Die Jugend von heute, sagt er.

Ja, Jon kann sie hören. Er ist stocksauer. Dieser infernalische Lärm, diese Fremden in seinem Haus. Dabei kann man doch nicht arbeiten, und er muss arbeiten, muss diese verdammte Katze fertig kriegen.

Er legt den Pinsel hin, holt das iPad und setzt sich damit ans Fenster.

Es ist noch da, natürlich, im Internet verschwindet nie etwas. Das Foto von Sydney Smith. Auf der Seite mit den Lokalnachrichten gibt es eine Follow-up-Story, die sich eingehender mit der Tatsache befasst, dass jemand das Foto gemacht und keine Hilfe geleistet hat, und was das bedeutet, was es aussagt, ob es das Symptom einer kranken Gesellschaft ist. Jeder ist jetzt Reporter, jeder ist Journalist, aber was ist mit der persönlichen Verantwortung?

Das Foto hat drei neue Diskussionspunkte geliefert: wie die Touristin nach dem Sturz aussah, dass sie hilflos liegen gelassen wurde und inwieweit dieser Moment voyeuristisch und symbolisch ist. Bitte schreiben Sie uns Ihre Meinung.

Seit Jon das Foto entdeckt hat, trägt er es in sich wie einen Witz, den er erzählen will, eine knackige Pointe. Und er hat den genussvollen Augenblick hinausgeschoben, wollte warten, bis Marias Gäste zu Bett gegangen sind, damit er mit ihr allein ist, wenn er es ihr sagt. Aber was soll's, denkt er jetzt. Ist es nicht sogar noch besser, wenn sie alle dabei sind?

Er steht auf und geht nach unten.

Als er seine eigene Küche betritt, kommt er sich vor, als käme er zu spät zu einer Party, zu der er nicht eingeladen war.

Fickt euch doch alle, denkt er, als er hineinmarschiert und das iPad mitten auf den Tisch legt.

Die Küchentür öffnet sich, und die Hunde springen auf.

Was ist denn hier los?, fragt Jon.

Wir sind ein bisschen angeschickert, sagt Maria. Hast du deine Muschi fertig?

Allgemeines Gelächter.

Er geht mit gereizter Miene an den Hunden vorbei, schiebt einen Teller mit angebissenem Toast beiseite und legt sein iPad auf den Tisch.

Was soll das?, fragt Maria.

Ich habe hier etwas, das euch vielleicht interessiert, sagt er.

Alle schauen auf den Bildschirm, außer Ruth, die vom Sofa aus nichts sehen kann.

Maria blickt zu Howard und dann wieder auf das iPad.

Von allen Schweigevarianten, die sie bisher erlebt hat, ist diese am vielsagendsten, aber sie bemerkt sie nicht.

Was ist das?, fragt Howard.

Ich fürchte, Ihre Tochter, sagt Jon.

Und warum hast du dieses Foto?, fragt Maria.

Habe ich nicht, sagt Jon. Es ist im Netz, auf den Nachrichtenseiten.

Was?, sagt Howard. Er spürt Ruths Hand auf seiner Schulter, als sie sich vorbeugt, um auf den Bildschirm zu sehen.

Jemand hat dieses Foto gemacht und sie dann da liegen lassen, sagt Jon.

Jetzt schauen auch Belle und Dexter genauer hin, und Ruth ist blass geworden, und Stuart schnuppert wieder, riecht die Veränderung in der Atmosphäre, den abrupten Wetterwechsel.

Tut mir leid, Maria, sagt Jon, aber du warst nicht diejenige, die sie gefunden hat. Jemand anders war vor dir da. Das mit der tieferen Bedeutung und der besonderen Verbindung war also leider Quatsch. Ich dachte, das solltest du wissen.

Maria hat die Augen geschlossen. Sie sieht breite Farbstreifen: Safran, Schwarz, Mandarine. Hinter ihren Lidern brennen Tränen. Wieder einmal hat Jon ihr einen Schlag verpasst. Aber diesmal ist es anders.

Sie steht auf, stößt den Stuhl weg und starrt ihren Mann an.

Es gibt keinen Grund zu heulen, sagt er.

Oh, für dich gibt es ja nie einen Grund, sagt sie.

Ruth hat das iPad mit zum Sofa genommen. Sie beugt sich darüber, berührt den Bildschirm, berührt Sydney. Mein armer Schatz, sagt sie, zu schockiert und fassungslos, um zu weinen.

Jetzt erhebt sich auch Howard. Warum feixen Sie?, fragt er.

Ich *feixe* doch nicht, sagt Jon.

Das da ist meine Tochter.

Ich weiß, sagt Jon. Ich wollte doch nur –

Ja?

Ich wollte nur zeigen, dass –

Jon hält inne. Überlegt, was er sagen soll.

Howard tritt einen Schritt auf ihn zu. Wie würden Sie es finden, wenn ich Ihnen ein Foto von *Ihrer* Tochter zeigen würde, die schwer verletzt auf dem Boden liegt, und niemand hilft ihr?, fragt er.

Belle turnt ja nicht auf Häusern herum, sagt Jon.

Wie bitte?

Na ja, wenn man auf Dächern herumspringt, ist man doch selbst schuld, oder? Ich meine, was erwartet sie denn, in ihrem Alter? Und was soll das Ganze überhaupt?

Wie können Sie es wagen, sagt Howard. Meine Tochter macht das schon immer, schon seit sie Kind war. Sie trainiert jeden Tag stundenlang. Sie *springt* nicht *auf Dächern herum*, sie weiß ganz genau, was sie tut.

Hören Sie, sagt Jon. Ich finde, wir sollten –

Und finden Sie es wirklich angebracht, uns dieses Foto zu zeigen? Ruth und mir? Es bricht einem das Herz, sagt Howard.

Otto, der es aufgegeben hat, auf Toasthäppchen zu warten, läuft zu Ruth. Sie hebt ihn hoch und legt die Arme um ihn. Jetzt ist etwas zwischen ihr und der Welt, ein warmer Körper, Augen, die sie ansehen.

Dexter isst weiter, um sich abzulenken. Er hasst Konflikte. Wer hat das Foto gemacht?, fragt er.

Das weiß niemand, sagt Jon. Es wurde anonym an die Zeitung geschickt.

Ich finde, den sollten sie verhaften, sagt Dexter.

Ganz meine Meinung, sagt Belle.

Man kann jemanden nicht dafür verhaften, dass er nichts tut, sagt Jon.

Doch, das kann man, sagt Dexter. Haben Sie das von der Frau mitgekriegt, die ins Meer gefallen ist? Und der Mann, der bei ihr war, hat einfach nur dagestanden und zugesehen, wie sie ertrunken ist. Kann sein, dass er betrunken war, aber auf jeden Fall wurde er wegen unterlassener Hilfeleistung und fahrlässiger Tötung verurteilt.

Sydney ist ja nicht *tot*, sagt Jon.

Ruth überläuft ein Zittern. Sie vergrößert das Foto.

Aber die Situation ist ganz ähnlich, sagt Belle. Dieser Mensch war da, hat aber keine Hilfe gerufen.

Howard schenkt Whisky in ein Glas und bringt es Ruth. Er hebt Otto von ihrem Schoß und setzt sich zu ihr.

Die Familien sind jetzt getrennt.

Jon hat sie getrennt.

Belle sieht ihre Mutter an. Was ist das für ein Ausdruck auf ihrem Gesicht?, überlegt sie.

Wie glücklich du eben ausgesehen hast, sagt Maria.

Was?, fragt Jon.

Du hast so glücklich ausgesehen, als du reingekommen bist.

Unsinn.

Der Gedanke, mir etwas wegzunehmen, hat dir richtig Spaß gemacht, nicht?

Maria, diese Leute sind hier, weil du denkst, du hättest die Frau gefunden.

Nein, Jon, sie sind hier, weil ich sie eingeladen habe, weil ich sie hier haben möchte, weil ich mit Leuten zusammen sein und mich um Leute kümmern möchte, *die nicht du sind.*

Also, entschuldige mal –

Sie schüttelt den Kopf. Nein, ich entschuldige nicht. Nicht mehr. Du und diese grässliche Yvonne, ihr habt einander wirklich verdient.

Was hat Yvonne denn damit zu tun?, fragt Belle.

Maria wendet sich zu ihrer Tochter. Tut mir wirklich leid, Liebes, aber dein Vater vögelt mit ihr. Schon ewig.

Ich fasse es nicht, sagt Belle.

Das ist ja widerlich, sagt Dexter.

Stimmt das, Dad?, fragt Belle. Das stimmt doch nicht, oder?

Natürlich nicht, sagt Jon.

Du lügst, sagt Belle.

Weißt du, was? Es ist mir völlig egal, sagt Maria. Dein Gesicht eben, der Ausdruck auf deinem Gesicht. Das hat mir den Rest gegeben. Ich verlasse dich, Jon. *Ich verlasse dich.*

Der Satz aus ihrem Notizbuch. Den sie immer wieder geschrieben hat, wie eine Strafarbeit in der Schule.

Sei nicht albern, Maria. Yvonne bedeutet mir nichts. Sie ist bloß –

Bloß was?

Mir ist schlecht, sagt Belle. Mir ist kotzübel. Kann ich bitte heute Nacht bei dir auf dem Sofa schlafen?, fragt sie Dexter.

Er steht auf, wischt die Krümel von seinem Kleid und streckt die Hand aus. Komm, sagt er.

Warum haben Sie denn ein *Kleid* an?, fragt Jon.

Lass ihn in Ruhe, sagt Belle.

Im Gegensatz zu dir hat Dexter Eier in der Hose, sagt Maria. Auch wenn er grad ein Kleid anhat.

Wieder herrscht Schweigen.

Dexter beißt sich auf die Lippen, um nicht zu lachen. Er fühlt sich geschmeichelt, aber auch irgendwie nackt.

Ich verlasse dich, sagt Maria. Ich will, dass du mir meinen Anteil vom Haus auszahlst. Und ich will, dass du bis dahin zu Yvonne ziehst. Und zwar sofort.

Deinen Anteil am Haus? Jon lacht höhnisch.

Seit einem Jahr nimmt Maria Vitamine, um den Nebel aus dem Kopf zu bekommen. Sie hat Blutuntersuchungen machen lassen, um zu sehen, ob irgendwelche Mängel vorliegen oder die Schilddrüse nicht richtig arbeitet, doch alle Werte waren vollkommen normal. Warum dann dieser Nebel?, hat sie die Ärzte immer wieder gefragt. Warum diese Lethargie? Vielleicht liegt es nur am Adrenalin oder am Wein, aber jetzt ist ihr Kopf klar.

Ist ja wohl nicht dein Ernst, sagt Jon.

O doch, sagt sie.

Ich will aber nicht zu Yvonne ziehen, das ist mein Haus, ich arbeite hier.

Du arbeitest nicht. Du lamentierst herum, tust dir leid, besäufst dich und produzierst grottenschlechte Bilder.

Er schnappt nach Luft.

Tut mir leid, sagt sie, aber so ist es.

Und da dreht er sich um und geht hinaus. Er zerrt ein paar Sachen aus den Schubladen, stopft sie in eine Reisetasche und verschwindet zu Yvonne.

Das hat ihm den Rest gegeben.

Nicht die Tatsache, dass seine Frau sich von ihm trennen will.

Nicht die Tatsache, dass sie ihn vor die Tür gesetzt hat.

Nicht die grässliche Bande in seiner Küche.

Sondern ihre Bemerkung über seine Kunst.
Grottenschlechte Bilder.
Das hat gesessen.
Er taumelt durch die Straßen.
Es tut so weh, dass er kaum laufen kann.
Wem gehören diese Beine, diese Arme?
Es sind die Glieder eines Amateurs, eines Dilettanten, eines Pfuschers.

Jon hat immer nach einer Regel gelebt: Wenn du etwas nur lange genug tust, wirst du irgendwann gut darin. Heißt es nicht, dass man zehntausend Stunden braucht, bis man etwas wirklich gut kann? So etwas wie ein angeborenes Talent gibt es nicht, nur üben, üben, üben.

Daran glaubt er.
An dieser Lüge hat er sich festgehalten.
Und Maria hat die ganze Zeit die Wahrheit gewusst.
Das hätte er von seiner Frau nie erwartet.

Und er massiert ihr die Füße, und sie hören Radio

Als er nachts im Bett liegt, hört er, wie sie mehrmals die Treppe runter- und wieder hochläuft. Sie findet verständlicherweise keine Ruhe. Wer würde nach so einem Abend schon gut schlafen? Oder nach so einem Leben. Erst Andys Tod und dann, wie sie Howard gestern Morgen am Strand erzählt hat, der Augenblick, als sie ihren frischgebackenen Ehemann angesehen hat, voll Entsetzen darüber, was sie fühlte und was nicht. Aber man muss mit seinen Entscheidungen leben, hat Maria gesagt, und besser dieser Teufel als ein wunderbarer Mann, der dann wieder aus meiner Welt verschwindet. Das überlebt man nicht zweimal.

Wer sagt das?, fragt er sich jetzt, während er sein Kissen zurechtrückt und versucht, eine bequeme Position zu finden.

Er kann auch nicht schlafen.

Jon ist nicht mehr im Haus, aber seine Abwesenheit hat eine Art elektrische Spannung erzeugt.

Man kann es hören, das leise Summen und Knistern.

Und diese Schritte, treppauf und treppab.

Es kehrt einfach keine Stille ein.

Aber ist es wirklich das?, überlegt er. Oder ist es die Entdeckung, dass Maria Norton ihn wirklich interessiert?

Wie sie zusammen Radio gehört haben.

Das hat er sehr genossen.

Die anderen Frauen, die paar, die nicht Ila waren und mit denen er geschlafen hat, bevor sich alles in nichts auflöste.

Wenn es mit ihnen schöne Momente gab, dann war es die Freude, von seiner eigenen Schwere abgelenkt zu werden, oder die Hoffnung, dass sich aus oberflächlichem Genuss etwas Tieferes entwickeln würde. Aber mit Maria spazieren zu gehen, ihr zuzuhören, wie sie ihm von ihrem geliebten Felsen am Strand erzählte oder Zeilen aus einem herausgerissenen Gedicht vorlas, mitzuerleben, wie sie betrunken und laut wurde, mit ihr in der Küche zu sitzen und über Parasiten zu sprechen, ja, ausgerechnet Parasiten.

Er träumt von ihr, obwohl er wach ist. In seinem Traum sitzen sie auf einem Sofa, breit und weich und hellblau, und sie hat die Lesebrille hochgeschoben und die Beine auf seinen Schoß gelegt, und er massiert ihr die Füße, und sie hören Radio.

Er springt aus dem Bett, zieht sich einen Pullover über den Schlafanzug und geht nach unten.

Sie ist in der Küche, liegt mit Stuart auf dem Sofa. Ein lustiger Anblick, wie dieser Riesenhund sich an seine Besitzerin schmiegt und sie fast unter sich begräbt.

Kriegen Sie da unten überhaupt Luft?, fragt er.

Das ist gemütlich, sagt sie. Er ist so schön warm, und Stuart riecht gut.

Wirklich?

Er riecht nach Weetabix und Lammwolle.

Ich nehme an, Sie können nicht schlafen, sagt er.

Nein.

Er bemerkt, dass sie die Schlafanzughose unten in die Socken gesteckt hat. Soll ich Ihnen einen Tee kochen?, fragt er.

O ja, gerne. Wie Sie sehen, kann ich mich im Moment nicht bewegen.

Kein Problem. Ich glaube, ich weiß, wo Sie den Tee aufbewahren.

Hängeschrank ganz rechts, sagt sie.

Er setzt Wasser auf. Spült zwei Becher. Gibt eine Portion getrocknete Früchte in die kleine blaue Kanne, schaltet das Radio ein und dreht den Ton leise.

Tut mir leid, sagt er.

Was tut Ihnen leid?

Dass Sie in so einer schwierigen Situation sind.

Tja, sagt sie, da kann man nichts machen.

Hmm, sagt er.

Gerade eben, bevor Sie runtergekommen sind, habe ich gedacht, dass ich mir nichts mehr wünsche, als allein zu sein. Ich hätte nie gedacht, dass ich das mal sagen würde, sagt sie und küsst Stuart auf den Kopf.

Aber den Hund nehmen Sie mit, oder?

Natürlich. Und Belle, wenn sie mag.

Er gießt den Tee auf und stellt alles auf ein Tablett.

Ich möchte ein kleines Haus, sagt sie, damit ich nicht so viel putzen muss. Und ich möchte irgendwo ein Foto von Andy aufstellen. Das habe ich nämlich nie getan. Ich möchte an ihm vorbeigehen können, alberne Sachen zu ihm sagen und weinen, wenn mir danach ist.

Howard denkt darüber nach und fragt sich, ob das gesund ist.

Du hast's gerade nötig, denkt er dann.

Sie ist bereits dabei, Pläne zu schmieden. Er hat gedacht, sie stünde unter Schock, wäre unfähig, einen klaren Gedanken zu fassen, gelähmt von der Vorstellung, ihr Leben auseinanderzunehmen. Aber vielleicht ist sie das auch. Vielleicht ist das Marias Art, schockiert und gelähmt zu sein.

Er erinnert sich daran, dass er sie im Grunde gar nicht kennt.

Bei Tagesanbruch, als Howard und Ruth noch schlafen, geht Maria mit Stuart raus.

Du bist so ein braver Kerl, sagt sie und streicht ihm über den Kopf.

Am Strand zieht sie Stiefel und Socken aus, krempelt die Hosenbeine hoch und geht zum Wasser.

Sie watet hinein, es ist eiskalt.

Stuart steht neben ihr und sieht fragend auf ihre Füße.

Keine Angst, mein Junge, sagt sie.

Sie hebt die Arme über den Kopf und atmet tief ein.

Sie stellt sich vor, dass in diesem Ozean der Kummer aller Menschen schwimmt, der Kummer der ganzen Welt.

Sie stellt sich ein Mädchen und einen Jungen vor, die ihre Mutter verlieren.

Einen Mann, der seine Frau verliert.

Sie steht knietief im Schmerz anderer Menschen.

Es ist eine Erleichterung. Sie wird weicher, kann sich leichter bewegen.

Und als sie sich umdreht, sieht sie ein Stück weiter eine andere Frau, ebenfalls allein.

Sie tanzt.

Maria kommt aus dem Wasser und geht zu ihr.

Guten Morgen, sagt Maria.

Guten Morgen, sagt Kate.

Dieses Mädchen, dieser Junge

Und bevor sie abreisen, geht er dorthin.

Weil es jemand tun muss.

Er durchquert die Stadt und folgt dem Küstenpfad.

Der Ausblick von hier oben ist immer noch wunderschön, und es schockiert ihn, verschlägt ihm den Atem.

Er hatte gedacht, die Schönheit wäre verschwunden, zerstört.

Er geht über das Gras bis an den Klippenrand, zu der Stelle, wo es passiert ist.

Es ist schrecklich. Und dennoch nicht so schrecklich, wie er es sich vorgestellt hatte.

Die Szene, die sich vor ihm abspielt, ist hier nicht lebendiger als in seinem Sessel, auf dem Sofa oder im Bett.

Die Hände tief in den Taschen, beobachtet er eine Familie.

Ein Mann und eine Frau Anfang dreißig mit einem Jungen und einem Mädchen.

Der Mann und die Frau sind ins Gespräch vertieft.

Der Junge geht dicht hinter ihnen, den Blick aufs Meer gerichtet.

Vor ihnen wirbelt und rennt das Mädchen. Sie beachten sie nicht, offensichtlich sind sie daran gewöhnt, sehen es ständig. Aber heute ist sie oben auf einer Klippe. Die Sonne scheint ihr in die Augen. Das Meer glitzert und funkelt. Das Mädchen betrachtet die Landschaft nicht, denn sie *ist* die Landschaft, sie ist Teil der Natur, genauso wild wie die kreisenden Seevögel, der

Wind, der Himmel. Kein Gedanke, keine Vorsicht bremst sie, während sie Räder schlägt und in all diese Schönheit hineinspringt, einfach nur ist, ganz im Hier und Jetzt.

Ihre Mutter beginnt zu laufen. Sie ist Instinkt und Liebe, sonst nichts.

Sie streckt die Hand aus. Sie kann ihre Tochter sehen, dort unten auf dem Vorsprung, aber es ist viel zu weit.

Vater und Sohn stehen neben ihr und rühren sich nicht.

Und so springt sie. Aber sie ist für so etwas nicht gemacht. Diese Frau hat viele Stärken, aber körperliche Geschicklichkeit gehört nicht dazu.

Sie landet unglücklich, Schläfe auf Schiefer.

Neben den Füßen des Mädchens ist eine Pfütze aus Blut. Ihre grün-weißen Turnschuhe verfärben sich rötlich.

Und es blutet und blutet.

Schließlich kommen Männer in grellen Uniformen.

Der Mann sieht hinunter auf seine Frau und seine Tochter. Er ist Entsetzen und Scham, sonst nichts.

Diese Scham wird ihn niemals verlassen.

Schäm dich, Howard Smith. Du hast nicht das Geringste getan.

Bei ihrer Beerdigung liest er Sätze von Karteikarten ab, hält eine lausige Rede.

Hinterher kann er sich nicht daran erinnern. Fragt sich, wie er es fertiggebracht hat, vernünftige, zusammenhängende Sätze von sich zu geben. Nicht das wirre Gefasel des Schmerzes.

Heute hat er einen Blumenstrauß mitgebracht, weil das so üblich ist.

Gelbe Rosen.

Er wirft die Blumen auf den Felsvorsprung.

Fragt sich, wozu das gut sein soll.

Er hätte schon vor Jahren hierherkommen sollen. Warum hat er es nicht getan, was war los mit ihm?

Er hat so vieles nicht getan.

Als er sich umdreht, dem Meer den Rücken zukehrt, muss er an den Nadelfilzhasen aus seinem Traum denken.

Waren Sie nie ein Kind, Mister Smith?, hatte er gefragt.

Und plötzlich steht er wie vom Donner gerührt da und sieht sich selbst.

Lange vor Ila und vor Sydney und Jason.

Es ist die Geschichte, die seine Kinder nie gehört haben, die Geschichte ihres Vaters, als er ein Junge war.

Dieser Junge kletterte auf alles, was ihm unterkam.

Dieser Junge rannte und sprang, stets überzeugt, dass er es von hier nach da schaffen würde.

Du machst mich ganz krank vor Sorge, hatte seine Mutter oft gesagt, zu seinen aufgeschürften Ellbogen, seinen schmutzigen Hosen, seinen grasfleckigen Knien.

Eine erstaunliche Information

Und als sie kräftig genug ist, als der richtige Zeitpunkt gekommen scheint, gibt es eine Gardinenpredigt, auf die Ila Smith stolz wäre, wenn sie sie noch miterleben könnte, wenn sie hier in der Küche ihrer Tochter stünde und zusähe, wie Sydney auf Krücken darin herumhüpft und versucht, Ruth bei der Zubereitung der Gemüsepfanne zu helfen. Doch Ruth ist nicht ganz bei der Sache, denn sie trägt diese Gardinenpredigt schon lange mit sich herum, sie hat sie gründlich geübt und will, dass sie sitzt.

Ich will das nicht mehr, sagt Ruth. Mir reicht's. Ich sehe dich kaum. Du bist immer entweder beim Training oder bei der Erholung vom Training. Für alle anderen bist du ein beeindruckendes Spektakel. Aber für mich bist du quasi unsichtbar.

Diese Sätze sind ihr eingefallen, als sie bei Maria waren, und sie hat sie in ihr Smartphone getippt, damit sie sie nicht vergisst.

Und du hättest sterben können, Sydney. Diesmal hättest du wirklich sterben können.

Ich hab's dir doch schon erklärt, sagt Sydney. Das war, weil ich *dort* war.

Ich weiß, aber du hast immer irgendwo Schmerzen, bist immer erschöpft.

Stimmt, sagt Sydney.

Und andere Paare, sagt Ruth, während sie Gemüse schneidet, trinken morgens zusammen einen Tee im Bett, ist dir das eigentlich bewusst? Die stehen nicht in aller Herrgottsfrühe auf, um eine Runde zu laufen.

Okay, sagt Sydney.

Und es heißt ja immer, man soll den anderen so nehmen, wie er ist, weil sich das nicht ändern lässt, aber ehrlich gesagt glaube ich, *wie* du bist, hat nicht unbedingt etwas damit zu tun, *wer* du bist.

Das Thema hat sich jetzt ja ohnehin erledigt, sagt Sydney.

Aber nur so lange, bis du wieder auf den Beinen bist.

Das ist ziemlich optimistisch.

Wirklich?

Außerdem weiß ich, was du mir mitteilen willst, sagt Sydney.

So, was denn?

Dass du mich verlässt.

Ruth hört auf zu schneiden und hält das Messer in der Luft. Was? Wie kommst du denn darauf?

Nicht?

Natürlich nicht, du Dussel. Das hier ist mein Leben.

Meinst du das ernst?

Ja. Wieso denkst du, dass ich dich verlassen will?

Damit rechne ich schon seit Jahren.

Davon hatte ich keine Ahnung. Warum hast du nichts gesagt?

Das ist nicht so einfach.

Natürlich ist es das.

Du hast also nicht vorgehabt, mich zu verlassen?, fragt Sydney. Du hast nicht darüber nachgedacht?

Nein, habe ich nicht. Du machst mich wahnsinnig, ich könnte dich schütteln, und manchmal wünschte ich, ich hätte mich in eine andere verliebt, aber ich habe nicht vor, dich zu verlassen.

Was für eine erstaunliche Information, denkt Sydney.

Was willst du denn dann?, fragt sie.

Ich will dich *sehen*, sagt Ruth. Schau mich nicht an, als wäre ich verrückt. Du bist genauso schlimm wie dein Vater.

Was soll das denn heißen?

Ihr seid beide immer mit einem Fuß aus der Tür. Und das stinkt mir. Wir werden alle nicht jünger. Und ich habe mit Jason darüber gesprochen, er sieht das genauso.

Jason?

Ja.

Wann hast du denn mit Jason gesprochen?

Als du im Krankenhaus warst.

Oh.

Pass auf, ich möchte, dass du dir etwas vorstellst, sagt Ruth. Stell dir vor, was passieren würde, wenn du die ganze Energie, die du ins Freerunning steckst, stattdessen in deine Arbeit und unsere Beziehung stecken würdest. Stell dir die Figuren vor, die Bücher. Stell dir vor, was wir alles zusammen machen könnten. Wir könnten endlich ein *normales* Leben haben.

Sydney nimmt die Sojasoße aus dem Kühlschrank und reicht sie Ruth.

Es könnte sein, denkt sie, dass Ruth sie gerade gebeten hat, sich einen Ort vorzustellen, zu dem sie irgendwann von selbst gekommen wäre, auf ihre eigene Weise und über ihren eigenen verschlungenen Weg voller Missgeschicke und falscher Abzweigungen. Und in Anbetracht dessen, wie sie sich seit dem Sturz und ihrer Rückkehr nach Hause fühlt, sind ihr Kopf und ihr Körper vielleicht sogar schon dabei, diesen Ort zu erkunden – eine neue Art von normalem Leben. Aber jetzt wird es ihr aufgezwungen: *Geh dorthin*. Was natürlich nur eine von vielen Interpretationen ist. Eine andere wäre: *Komm zu mir*. Und noch eine andere: *Ich will dich immer noch.* Sie fühlt sich gewollt und zugleich zurückgewiesen.

Denk in Ruhe darüber nach, sagt Ruth. Dann reden wir noch mal.

Sydney weiß nicht, was das bedeutet. Da ist nur noch Nebel, kein Gut oder Schlecht.

Dann ertönt Gebell aus dem Garten.

Sie hüpft auf ihren Krücken zum Fenster, schaltet das Außenlicht ein.

Otto springt wie ein Karnickel über den Rasen und jagt Helen, die Nachbarskatze. Als er erkennt, dass er sie nicht zu fassen kriegt, dass sie ihm körperlich überlegen ist, springt er noch ein bisschen weiter unter lautem Gebell auf und ab, als wollte er seiner Empörung über diese Ungerechtigkeit Ausdruck verleihen.

Sydney sieht zu, wie Helen mit einem einzigen fließenden Sprung auf dem Dach des Schuppens landet.

Was für eine mühelose Eleganz, denkt sie, die Nase an die Scheibe gedrückt. Was für eine Kraft und Präzision.

Sie sieht zu, wie Helen vom Schuppen zum Zaun springt und dann darauf entlangspaziert, als wäre es nichts.

Helen würdigt Otto keines Blickes. Sein Protest kann ihre Haltung und Balance nicht erschüttern.

Jetzt duckt sie sich und spannt die Muskeln an, dann springt sie hoch auf den Ast eines Baums.

So fähig und leichtfüßig, denkt Sydney.

So unabhängig und frei.

Der Abend, als wir uns im Park geküsst haben

Er treibt auf dem Rücken im beleuchteten Schwimmbecken und fragt sich, warum sie so lange braucht.

Hinter welcher Tür steckst du, Ila?

Das Wasser erscheint ihm kälter als sonst, die Beleuchtung schwächer, der Himmel eher schwarz als tintenblau.

Er schwimmt ein wenig hin und her, um sich aufzuwärmen, und dann zurück zum Rand. Er legt die Arme auf die Mosaikfliesen, stützt das Kinn darauf und wartet.

Dann lässt er sich ins Wasser sinken, taucht unter, kommt wieder hoch und späht vorsichtig über den Rand.

Vor wem versteckst du dich, Howard? In diesen Kreisen ist niemand außer dir.

Das kreisrunde Schwimmbecken. Der Kreis aus Mosaikfliesen, blau und weiß. Dann der gelbe Pfad, die orangen Mosaikfliesen. Und die Stufen, die zu dem äußeren Kreis aus Umkleidekabinen führen. Ilas Stufen.

Sie lässt sich heute Abend Zeit. Er ist ungeduldig.

Ila, ruft er. Ich bin hier, ich warte.

Dann hört er ihre Stimme hinter sich.

Hallo, mein Liebster, sagt sie.

Verwirrt fährt er herum. Sie steht auf der anderen Seite des Beckens, lächelnd und in ihrem Pünktchen-Bikini.

Wo ist sie hergekommen? Sonst öffnet sie immer eine der pastellfarbenen Türen, tritt aus einer der Umkleidekabinen.

Er fragt sich, was nun. Ob er zu ihr schwimmen soll oder ob sie zu ihm kommt, und ob das irgendwie wichtig ist.

Er stößt sich ab, schwimmt unter Wasser auf sie zu. In der Mitte des Beckens taucht er auf, weder hier noch da, weder bei ihr noch fern von ihr.

Ihr Gesicht, wie ein ungeöffneter Brief.

Er kann es kaum ertragen, wie schön sie ist und war und ist.

Und dass ein gutes Gefühl nie einfach nur ein gutes Gefühl ist. Selbst im vollkommensten Augenblick liegt immer auch eine Traurigkeit, ein Verlust.

Erinnerst du dich noch an den Abend, als wir uns im Park geküsst haben?, sagt er. Das war der vollkommenste Augenblick meines Lebens.

Natürlich erinnere ich mich daran, sagt sie und geht die Stufen hinunter ins Wasser.

Warum nimmst du die Stufen?, fragt er. Sonst springst du doch immer über mich hinweg und hältst in der Luft an, damit ich dich anschauen kann.

Ich weiß nicht, sagt sie. Warum diese Nostalgie? Willst du mich nicht erst mal begrüßen?

Hallo, Ila, sagt er und küsst sie.

Warum gerade dieser Augenblick?

Der Abend, als wir uns im Park geküsst haben?

Ja.

Wir waren vorher im Pub gewesen, weißt du noch? Wir wollten zur Bushaltestelle, und da hast du mich plötzlich durch diese Lücke in der Hecke gezogen.

Wenn ich mich richtig erinnere, hast du mich an einen Baum gedrückt, sagt sie.

Ich glaube, es war genau andersrum, sagt er.

Vielleicht, sagt sie und lächelt.

Wir waren noch nicht zusammengezogen. Wir hatten noch alles vor uns.

Stimmt.

Und dann schweigen sie einen Moment. Treten Wasser.

In der Wochenendzeitung gibt es die Rubrik »Frage und Antwort«. Eine der Fragen lautet: Welcher war der schönste Kuss ihres Lebens? Nun, das war meiner. Jeden Samstagmorgen, wenn ich die Zeitung lese, denke ich an den Kuss im Park.

Das macht mich traurig, Howard, sagt sie.

Sei nicht albern, sagt er. An dem Abend warst du jedenfalls zu früh. Als ich ins Pub kam, warst du schon da. Du hast an einem Tisch gesessen, Cider getrunken und in einem Buch gelesen. Ich habe mir das Hirn zermartert, welches Buch das war.

Emily Dickinson, sagt sie.

Wirklich? Ich dachte, es wäre ein Krimi gewesen.

Nein, es war definitiv Emily Dickinson.

Na, dann weiß ich es jetzt, sagt er. An dem Abend haben wir über Kinder gesprochen, darüber, dass wir uns beide welche wünschten. Ich habe mich immer wieder bemüht, dich nicht so anzustarren, nicht so aufdringlich zu wirken. Aber du sahst atemberaubend aus in deinem schwarzen Pulli, der dir immer wieder von der Schulter rutschte.

Es hat geregnet, sagt sie. Es war Februar.

Es war Januar, sagt er. Und es war eisig.

Apropos eisig – das Wasser könnte wärmer sein.

Ja, da hat jemand nicht aufgepasst. Ich werde ihnen Bescheid sagen, wenn ich gehe.

Gut, sagt sie. Wollen wir schwimmen?

Und anstatt, wie sonst, quer durch das Becken zu schwimmen, will sie außen herum, immer am Rand entlang. Er folgt ihr.

Ist dir jetzt wärmer?, fragt er, als sie sich mit ausgestreckten Armen und Beinen auf dem Rücken treiben lassen.

Viel wärmer, sagt sie.

Ila, sagt er. Haben wir einander je –

Was?

Haben wir einander enttäuscht? Haben wir gestritten, uns gelangweilt?

Natürlich haben wir das.

Dann habe ich das offenbar nicht abgespeichert.

Abgespeichert?, sagt sie. Was für ein seltsames Wort. Klingt, als ginge es um einen Computer.

Du hast doch nie einen Computer benutzt.

Ich gehe mit der Zeit.

Das ist allerdings wahr, sagt er.

Jetzt sieht sie ihn an, sieht hinunter auf seinen Körper, der sich im Wasser bewegt.

Du hast eine neue Badehose, sagt sie.

Stimmt.

Dunkelblau, sehr dezent. Deine rote gefiel mir besser.

Ich finde, ich bin ein bisschen zu alt für eine knallrote Badehose.

Seit wann denn das?

Sein Gesicht wird ernst. Es gibt so viel, worüber wir reden müssen, sagt er.

Ich weiß, Liebster.

Sydney war im Krankenhaus.

Sie streicht sich die Haare aus den Augen. Ich weiß, sagt sie. Dachtest du, ich würde sie nicht besuchen?

Du warst da?, fragt er.

Natürlich.

Er senkt den Kopf, blickt auf die geometrischen Muster unter ihren Füßen. Oh, sagt er.

Das Foto, das du von ihr gemacht hast, zusammen mit Ruth und Maria, das gefällt mir, sagt sie.

Wie hast du das denn gesehen? Schnüffelst du im Haus herum?

Ich schaue ganz gerne, was an deiner Pinnwand hängt.

Hat es dir denn nichts ausgemacht, da hinzugehen?, fragt er. Ich meine, an den Ort, wo du –

Ich gehe oft dorthin, schon immer. Sie berührt Howard am Kinn und hebt seinen Kopf, zwingt ihn, sie anzusehen. Ich bin stolz auf dich, sagt sie.

Nicht.

Und ich finde Maria nett.

Maria? Was hat sie denn damit zu tun?

Ich sage ja bloß, dass ich sie nett finde.

Sie ist nur eine Freundin. Eigentlich nicht mal das.

Wie schade, sagt Ila.

Howard will nicht weiter über Maria reden. Ihm gefällt nicht, wie es sich anfühlt.

Schluss jetzt, sagt er und spritzt Wasser auf sie.

He, sagt sie und spritzt zurück.

Sie taucht unter, dann schießen ihre Beine aus dem Wasser, kerzengerade. Sie macht einen Handstand.

Angeberin, sagt er zu ihren Beinen, die sich zu einem V öffnen.

Sie taucht wieder auf, zufrieden mit sich.

Ich kann's immer noch, sagt sie.

Sie wirkt glücklicher und jünger.

Erstaunlich, was für eine Wirkung so ein Unterwasserhandstand haben kann, denkt er.

Dann greift er sie und zieht sie an sich.

Erinnerst du dich noch an den Abend, als wir uns im Park geküsst haben?, fragt er.

Wir hatten alles noch vor uns, sagt sie.

Seine Wahrheit oder ein Teil davon

Mit der Post kommt ein Paket, eine lange Pappröhre.
Howard zieht die Plastikkappen von beiden Enden und späht in die Röhre wie in ein Teleskop.
Doch alles, was er sehen kann, ist sein Flur. Er schüttelt die Röhre, bis ein großes, zusammengerolltes Papier herauszurutschen beginnt, in dem sich noch ein kleineres befindet.

Lieber Howard,
ich hoffe, es geht Ihnen gut. Ich denke oft an Sie und frage mich, wie es Ihnen allen ergangen ist.
Ich schreibe Ihnen, weil ich Ihnen etwas schicken möchte. Ich nehme seit einer Weile an einem Malkurs teil, und jetzt habe ich endlich den Mut gefunden, Ihnen eins von meinen Bildern zu schicken. Ich hoffe, Sie nehmen es mir nicht übel, und ich hoffe natürlich auch, dass Sie es nicht ganz schrecklich finden! Wenn Sie es sich anschauen, seien Sie bitte nachsichtig, und denken Sie daran, dass ich noch Anfängerin bin.
Es macht solchen Spaß, Leute zu malen! Im Moment versuche ich mich an einem Porträt von Belle und Stuart, an dem ich in ihrem Schrebergarten arbeite. Wir haben einen kleinen Campingkocher gekauft, damit wir uns einen Tee kochen können, während sie sich um das Gemüse kümmert und ich male.
Ich habe auch ein Selbstporträt gemalt, das mich selbst

überrascht hat. Auf dem Bild bin ich eine Automechanikerin, ganz mit Öl beschmiert. Ich bastele an einem Motor herum, nehme ihn auseinander und reinige ihn. Ich weiß nicht, warum, aber ich glaube, ich bin beides, die Mechanikerin und der Motor.

Howard, ich möchte mich auch dafür entschuldigen, dass ich mich so lange nicht gemeldet habe. Ich brauchte ein bisschen Zeit für mich. Ich hoffe, Sie verstehen das.

Ich habe gerade das Gästezimmer in meinem kleinen Haus renoviert, und allmählich fühle ich mich dort zu Hause. Wenn Sie Lust haben, mich mal zu besuchen, sind Sie herzlich willkommen, sofern es Ihnen nichts ausmacht, wieder hierherzukommen.

So, ich muss jetzt Schluss machen. Gleich treffe ich mich mit Belle und Dexter, um etwas völlig Verrücktes zu tun – die beiden haben mich überredet, mit zu ihrem Pilateskurs zu kommen, und wir trainieren im Wasser, auf diesen Stand-up-Paddling-Brettern. Das sollten Sie sich mal ansehen, da gibt's was zu lachen. Ich bin ein hoffnungsloser Fall, aber Dexter ist sogar noch schlimmer.

Rufen Sie doch mal an, aber nur, wenn Sie wirklich Lust dazu haben.

Liebe Grüße

Maria Norton.

PS: Ich habe ein neues Radio, so richtig hightech, das würde Ihnen bestimmt gefallen. Wenn ich abends da sitze und zuhöre, frage ich mich oft, ob Sie wohl auch gerade zuhören.

Er lächelt darüber, dass sie mit ihrem vollen Namen unterschrieben hat.

Das Bild liegt neben ihm auf der Treppe. Er rollt es auseinander, breitet es auf seinen Knien aus.

Er betrachtet es lange.

Der Mann, der ihm entgegensieht, lächelt. Er sieht erschöpft aus. Er hat silberne Stoppeln am Kinn und traurige Augen, aber das ist nicht alles. Er sieht aus, als hätte ihm jemand gerade einen Witz erzählt, jemand, den er sehr gernhat, und der Moment ist fast vorbei, aber noch zeigt sich alles auf seinem Gesicht: Zuneigung, Albernheit, das Vergehen der Zeit.

Irgendwie ist es Maria gelungen, etwas von Howards Jugend einzufangen, obwohl sie ihn damals gar nicht gekannt hat.

Er kneift die Augen zusammen, versucht zu verstehen, wie er darauf kommt, denn sie hat ihn nicht jünger gemacht, keineswegs.

Dann begreift er. Das Bild erinnert ihn an Fotos von früher, aus der Zeit, als er jung war. So einfach ist es, und so kompliziert.

Er kennt diesen Mann und auch wieder nicht, er erinnert sich an ihn und auch wieder nicht.

Wir denken immer, es sind andere, die wir vermissen, nicht wir selbst.

Doch Howard hat diesen Mann vermisst.

Er legt das Bild hin. Es rollt sich sofort wieder zusammen.

Er sitzt unten auf der Treppe, gegenüber seiner Haustür.

Der Gedanke, dass jemand, nein, dass *sie* stundenlang vor einer Leinwand gestanden hat, um ihn zu malen, sein Wesen zu ergründen, seine Wahrheit oder einen Teil davon.

Ihn zu ergründen.

Er hat gedacht, sie hätte ihn längst vergessen.

Wie in Zeitlupe beugt er sich vor, schlingt die Arme um die Knie wie ein Junge.

Er stellt sich vor, wie Maria ihn fragt, ob ihm das Bild gefallen hat, und er darauf sagt, ja, vielen Dank, es gefällt mir sehr.

Und dann steht er auf.

Er greift nach dem Brief und liest ihn noch einmal von vorn.

Anmerkung der Autorin

Das St. Ives in diesem Buch ist der Fantasie der Autorin entsprungen. Es ist zwar von dem St. Ives in Cornwall inspiriert und lose daran angelehnt, aber die Ortsbeschreibungen in diesem Roman sind frei erfunden.

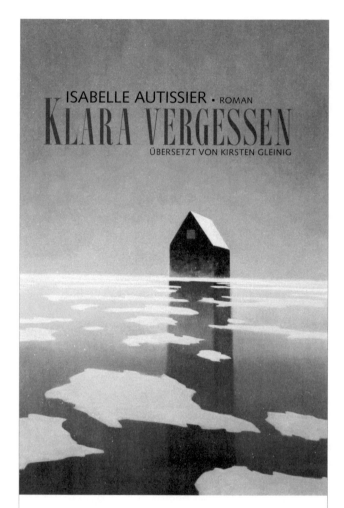

Von der Autorin von *Herz auf Eis*:
Isabelle Autissiers großer Generationen-
roman über drei Schicksale, einen Verrat
und die Gefahr des Schweigens.

»Dieser Roman nimmt den Leser mit
auf ein gewaltiges Abenteuer.«
Lire

Isabelle Autissier
Klara vergessen
Roman
336 Seiten, gebunden
mit Schutzumschlag und Lesebändchen
€ 24,– [D]
ISBN 978-3-86648-627-0

Arezu Weitholz
Beinahe Alaska

mare

Eine Erzählung über das Beinahe-Ankommen, auf Reisen wie im Leben: witzig, nachdenklich, befreiend und von warmherzigem Sarkasmus.

Arezu Weitholz
Beinahe Alaska
192 Seiten, gebunden
mit Schutzumschlag und Lesebändchen
€ 20,– [D]
ISBN 978-3-86648-640-9

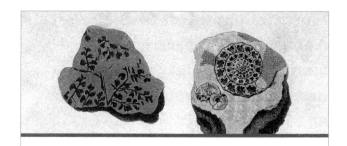

ANNE VON CANAL

Mein Gotland

Erzählungen von Wind, Zeit und Einsamkeit

mare

Sturm und Schiffbruch, Ingmar Bergman
und die Villa Kunterbunt:
Stimmungsvoll und poetisch erzählt
Anne von Canal von einer Landschaft
im Meer, von ihrer Winterinsel Gotland.

Anne von Canal
Mein Gotland
144 Seiten, gebunden
mit Schutzumschlag und Lesebändchen
€ 18,– [D]
ISBN 978-3-86648-623-2